Jacques Diouf
Le levain de l'espérance

Entretien avec le Pr. Mohamed Nadir Aziza

Sociétés Africaines et Diaspora
Collection dirigée par Babacar SALL

Sociétés Africaines et Diaspora est une collection universitaire à vocation pluridisciplinaire orientée principalement sur l'Afrique et sa diaspora. Elle accueille également des essais et témoignages pouvant servir de matière à la recherche. Elle complète la revue du même nom et cherche à contribuer à une meilleure connaissance des réalités historiques et actuelles du continent. Elle entend également œuvrer pour une bonne visibilité de la recherche africaine tout en restant ouverte et s'appuie, de ce fait, sur des travaux individuels ou collectifs, des actes de colloque ou des thèmes qu'elle initie.

Déjà parus

Assises nationales du Sénégal. Bilan et perspectives de refondation, 2011.
Mody NIANG, *Le clan des Wade. Accaparement, mépris et vanité*, 2011.
Mandiaye GAYE, *La problématique de la citoyenneté au Sénégal,* 2011.
Amadou-Mahtar M'Bow, *Aux sources du futur*, 2011.
Amadou-Mahtar M'Bow, *Le monde en devenir*, 2011.
Fadel DIA, *Wade-Mecum ou le wadisme en 15 mots-clés*, 2010.
Thierno DIOP, *Léopold Sédar Senghor, Majhemout Diop et le marxisme*, 2010.
Mandiaye GAYE, *Le Sénégal sous Abdoulaye Wade. Banqueroute, corruption et liberticide,* 2010.
Me Boucounta DIALLO, *La crise casamaçaise. Problématique et voies de solutions*, 2009.
Abdou Latif Coulibaly, *Contes et mécomptes de l'ANOCI,* 2009
Mame Marie FAYE, *L'immolation par le feu de la petite-fille du président Wade,* 2008.
Abdou Latif Coulibaly, *Loterie nationale sénégalaise : chronique d'un pillage organisé*, 2007
Abdou Latif Coulibaly, *Affaire Me Sèye : un meurtre sur commande, 2006*
Mody NIANG, *Qui est cet homme qui dirige le Sénégal ? 2006*
Mamadou DIA, *Radioscopie d'une alternance avortée,* 2005.
Mamadou DIA, *Echec de l'alternance au Sénégal et crise du monde libéral,* 2005.
Mody NIANG, *Me Wade et l'alternance : le rêve brisé du sopi* 2005.

Jacques Diouf

Jacques Diouf
Le levain de l'espérance

Entretien avec le Pr. Mohamed Nadir Aziza

L'Harmattan

5-7, rue de l'École-Polytechnique ; 75005 Paris

http://www.librairieharmattan.com
diffusion.harmattan@wanadoo.fr
harmattan1@wanadoo.fr

ISBN : 978-2-296-57033-7
EAN : 9782296570337

Sommaire

PRÉFACE

De l'irrésistible ascension d'un fils de Saint-Louis du Sénégal

Avec la diligente et experte collaboration de Mohamed Nadir Aziza, Jacques DIOUF vient d'achever le présent ouvrage, qui est la narration de « l'irrésistible ascension » qui a conduit ce fils du Sénégal, de Saint-Louis, où il est né en 1938, à Rome, où il vient, en 2011, d'achever un troisième mandat à la tête de la FAO, la plus grande des agences spécialisées des Nations Unies. Parcours exemplaire, emblématique de notre époque contemporaine en ce qu'il voit un homme noir, né dans un pays encore sous domination coloniale, parachever une carrière publique active à la tête d'un des hauts lieux où s'effectue la gouvernance mondiale contemporaine.

Cependant, Jacques Diouf n'est ni le seul ni le premier Sénégalais à avoir effectué ce parcours improbable, Amadou Mahtar Mbow l'y ayant précédé dans la position de Directeur Général de l'UNESCO. D'autres fils de ce pays se sont, dans la même période et dans divers domaines, acquis une stature et une visibilité d'échelle mondiale. D'où le Sénégal tient-il cette fertilité de la ressource humaine qu'il produit ? Provient-elle du terreau de sa culture, faite de la rencontre, problématique d'abord, propice et finalement apaisée de plusieurs cultures ? S'agirait-il plutôt de la prédisposition à l'ouverture et à la synthèse bonifiante de la ressource humaine qui en est issue ?

Jacques comme son aîné Amadou Mahtar Mbow sont originaires respectivement de l'embouchure et du delta (Walo) du fleuve Sénégal, aires de contacts, d'influences et de brassages séculaires entre ethnies, cultures, et religions négro-africaines, saharo-soudaniennes et euro-atlantiques coloniales.

Par ses ascendants paternels et maternels, Jacques Diouf est le prototype du produit de ces brassages. Son père, Fara Diouf, sérère né à Matam en pays Halpular, avait fréquenté l'école française et s'était hissé à la station enviée de fonctionnaire du cadre supérieur de l'administration financière coloniale. Sa grand-mère maternelle, Fatou Diouf Waly, est issue de la famille de Bour sine Coumba Ndofféne Diouf. Son grand père maternel, Ahmeth Gora DIOP, d'ethnie Ouoloff, de culture arabo-musulmane avait su faire montre, dès la première moitié du 19e siècle et en pleine période coloniale, d'un dynamisme entrepreneurial qui, partant d'activités commerciales portant sur des produits du cru et des produits manufacturés importés de Bordeaux et Marseille, s'était étendu à des activités dans les domaines de l'immobilier, du transport fluvial, de la construction de chalands. Il s'était, de la sorte, acquis, pour l'époque, une fortune d'autant plus remarquable par son volume qu'il avait tenu, pour ce faire, à concilier l'observation stricte des préceptes de la sharia et les techniques commerciales et comptables modernes. Il avait usé de cette fortune pour développer un mécénat qui a permis d'accueillir dans la capitale coloniale quelques-uns des pères fondateurs des obédiences soufies confrériques de l'Islam sénégalais. Ahmeth Gora, qui appartient à la confrérie Qadria, a joué sa partition dans l'instauration de cette atmosphère unique de convivialité et d'estime entre toutes les confréries, qui, jusqu'à tout récemment, a caractérisé la pratique islamique sénégalaise.

Ainsi, du fait de l'époque et du lieu de sa naissance, Jacques Diouf était situé sur une des trajectoires du monde nouveau en voie d'édification, ceux de la « mondialisation », puis de la « globalisation ». Le franchissement des étapes suivantes dans cette trajectoire allait, pour beaucoup, dépendre des mérites, de la pugnacité et des qualités de l'individu placé sur la ligne de départ, comme il en va de tout cheminement initiatique. Les lignes et seuils à franchir pour tous les Sénégalais nés avant et jusqu'à la décennie des années 30 étaient le passage de l'éducation et de la culture orale traditionnelles à celles qui usaient de l'écriture, arabe puis française ; venait ensuite l'accès au système éducatif moderne de type colonial et son parcours cantonné à des niveaux et des fonctions internes à la colonie. Au nombre des lignes et seuils à franchir on peut énumérer, comme le fait Jacques Diouf dans son cas, le passage de l'éducation traditionnelle, dans la famille élargie, de culture orale, de la chambre maternelle à celle de la grand-mère, puis auprès du père, auprès des frères et sœurs des parents génétiques. C'est, dans ce cercle qui va s'élargissant, que s'effectue l'initiation à la morale, à l'éthique, aux valeurs de solidarité. C'est alors que l'enfant franchit un deuxième seuil, celui de l'éducation religieuse musulmane, en langue arabe. L'enfant suit ce cursus en solidarité avec sa classe d'âge. Il s'initie ainsi à la religion et à la tradition, y compris quand arrivera, pour les garçons, le moment de la circoncision, qui marque une étape importante d'intégration sociale. C'est à ce stade que seront inculqués à l'enfant les fondamentaux qu'il n'oubliera plus, comme le courage, l'endurance, la persévérance, l'estime de soi, les solidarités familiales, générationnelles et sociales à observer et à honorer toute sa vie durant.

L'étape qui suit est celle de l'accès au système éducatif moderne de type colonial, qui se fait dans une langue étrangère, usant de l'écriture, et dont le parcours est cantonné à des niveaux et à des fonctions internes au territoire colonial considéré. Jusqu'aux années 30, ce système éducatif engendrait entre les sujets colonisés et les colonisateurs des relations paradoxales, du type « je t'aime, moi non plus.» De la part du colon, l'ouverture concédée était parcimonieuse quant au niveau de qualification, restreinte à celle d'auxiliaires subalternes de l'administration coloniale auquel pouvaient prétendre ceux des indigènes qui allaient jusqu'au bout du cursus. Ainsi, le colonisateur voulait et ne voulait pas instruire l'indigène. Celui-ci, à son tour ne voulait pas et voulait l'instruction. Il ne la voulait pas dans la mesure où celle qu'on lui proposait commençait par nier la sienne propre, sa langue, son identité. Il ne la voulait pas dans la mesure où, reposant sur le postulat de l'infériorité de ses facultés intellectuelles par rapport à celles de l'homme blanc, elle restreignait le niveau d'accès à l'instruction qui pouvait lui être concédé.

La prise de conscience de ce présupposé, implicite sinon explicite, de l'infériorité de la race noire dans l'esprit et les politiques du colonisateur blanc, a constitué le défi que, en franchissant les barrières de ce ghetto éducationnel colonial, ont relevé une dizaine d'aînés de Jacques Diouf, nés dans les décennies 10 et 20 du 20e s. Qu'ils s'appellent Lamine Guèye, Léopold Sédar Senghor, Amadou Moctar Mbow, Assane Seck, Kéba Mbaye, Moustapha et Abdoulaye Wade, tous du Sénégal, ou Boubacar Telly Diallo de Guinée, Racine et Mamoudou Touré, Sénégalo-mauritaniens, Joseph Ki-

Zerbo de Haute volta. Ils ont tous réussi à sortir de ce ghetto de « l'apartheid » éducationnel colonial en empruntant diverse voies. Les uns, comme Léopold Sédar Senghor et Joseph Ki-Zerbo, grâce à l'échappatoire que fournissait l'Eglise catholique et la formation de séminaristes ; d'autres en usant de leur service militaire dans l'armée coloniale qui, pendant la guerre, les a conduits en France et leur a ouvert une fenêtre d'accès à l'enseignement universitaire ; et d'autres enfin grâce aux brèches ouvertes dans le glacis colonial par la guerre et les premiers signes du démantèlement du système. Quoiqu'il en soit des échappatoires empruntées, ces premières générations mordirent à belles dents dans le système éducationnel occidental moderne qui jusque là leur avait été refusé.

Dans le cas de Jacques Diouf, et pour en revenir à lui, en sa qualité de citoyen français des Quatre Communes, et du fait qu'il appartenait à une famille aisée, il a pu accéder à une scolarité primaire et secondaire de qualité, sans restrictions. IL a fait ses humanités au Lycée Faidherbe de Saint Louis et a montré autant de dispositions pour les disciplines de culture générale que pour celles de l'enseignement scientifique. Même si, en fin de comptes, il s'est orienté vers ces dernières, il continuera, durant toute sa période de formation autant que tout au long de sa carrière, d'acquérir un savoir et une culture d'« honnête homme », au sens classique du concept. Cette caractéristique apparaîtra à l'évidence tout au long de sa biographie.

On lira avec intérêt son parcours universitaire, des classes préparatoires aux grandes écoles et aux universités françaises, son immersion dans la société française de province et de Paris, son stage au Danemark. Ce natif de Saint-Louis du Sénégal n'avait plus rien à apprendre du savoir, de la culture et de l'identité de l'homme Blanc européen. Aux alentours de la trentaine et bien avant, le voilà à pied d'œuvre, prêt à s'engager.

Le temps est propice. La roue de l'Histoire a continué de tourner. La colonisation est en train de prendre fin, du moins nominalement et sous sa forme la plus cynique, brutale et injuste. Désormais, lui, un jeune noir, Ingénieur, ayant maîtrisé les savoirs scientifique, agronomique, économique et financier, il peut retourner chez lui, au Sénégal qui est preneur de toutes ces qualifications qu'il a acquises. C'est le moment où, un jour de printemps parisien qu'il évoque avec lyrisme, il rencontre une jeune africaine dont il découvrira vite qu'elle appartient à une famille Saint-Louisienne qui a émigré en Côte d'Ivoire depuis une génération. Elle deviendra la chance de sa vie, l'épouse qui l'accompagnera, lui donnera une bonne progéniture et, par sa gentillesse, sa sociabilité, lui attirera de chaleureuses amitiés dans tous les pays et milieux du monde où ils seront appelés à vivre, et dans toutes les carrières qu'il exercera.

C'est ainsi qu'il va travailler pour le Sénégal d'abord, à partir de Paris, dans le bureau européen de l'office de commercialisation de l'arachide (O.C.A) que le gouvernement d'Autonomie interne du Sénégal venait d'y ouvrir, puis au Sénégal même, sur le terrain, et dont les activités étaient centrées sur la production et la commercialisation de l'arachide, quasiment la seule culture de rente industrielle du pays, à l'époque. Quelques années après, en 1965, alors qu'il n'avait que 27 ans, il est choisi par le Sénégal pour diriger, à partir de Lagos, au Nigéria, le Conseil Africain de l'Arachide, créé par les pays africains producteurs de cette denrée, pour coordonner entre eux les politiques de production et de commercialisation de cette matière première. C'est au moment où on discutait de cette nomination qu'un Ministre avait exprimé le point de vue que « rien n'est hors de portée d'un Sénégalais, bien éduqué et formé, quel que soit son âge. »

Ayant achevé, en 1971, deux mandats de 3 ans à la tête du Conseil Africain de l'Arachide, Jacques Diouf allait devoir entamer de nouvelles responsabilités régionales au service des pays africains, dans les domaines de sa compétence. Il est choisi, en 1971, pour ouvrir et diriger, à partir de Monrovia, au Libéria, l'ADRAO, Association pour le développement de la riziculture en Afrique de l'ouest. Cette tâche est initiée et menée à bon terme en 1977, au bout de 6 ans. Il revient au Sénégal et s'immerge aussitôt dans les débats développés au sein de l'intelligencia nationale avec l'encouragement de Léopold Sédar Senghor préparant sans doute, déjà trois ans à l'avance, son départ du pouvoir. Tout de suite après les élections de 1978, Jacques est appelé au Gouvernement, d'abord comme Délégué Général, puis comme Secrétaire d'Etat à la recherche scientifique et technique. De cette nouvelle étape de son parcours, Jacques Diouf dit ceci : « Mes fonctions au Conseil Africain de l'Arachide et à l'ADRAO m'avaient permis de mettre en pratique, au niveau régional, l'enseignement supérieur dont j'avais bénéficié mais aussi de faire l'apprentissage de la diplomatie et des relations interafricaines. Cette nouvelle phase de ma carrière va me permettre d'utiliser les connaissances et expériences de l'OCA et de l'ADRAO en faisant irruption dans un nouveau domaine. Auparavant j'avais travaillé strictement dans l'agriculture : production, technologie, commerce, science sociales et ethnologie. A la recherche scientifique, je vais m'occuper d'un champ plus vaste. Il s'agissait (...) de créer une structure nationale de recherche ».

Son passage comme membre du gouvernement ne durera qu'une période de cinq ans pendant laquelle il entreprit et était sur le point de réaliser ce grand œuvre de mise en place d'une politique nationale de recherche. Mais les variations, pas toujours rationnellement explicables des jeux politiciens, eurent pour effet inattendu de réorienter ce technicien et homme d'action impeccablement bien préparé, vers des fonctions parlementaires et de militantisme « à la base ». Cet intermède parlementaire et politique ne dura qu'un an et demi à peine, 1983-1984. Trop à l'étroit dans l'arène stérilisante des jeux politiciens, il va retrouver le dynamisme, l'élan et l'action au niveau régional d'abord, dernière marche avant le niveau du tout monde. Jacques dit simplement et sobrement « ... il y a eu (...) le choix assumé de ne pas continuer mes fonctions à l'Assemblée Nationale, qui a eu pour conséquence la recherche d'autres options ».

Ces « autres options » qui, en dix ans, le conduiront, après élection, au poste de Directeur Général de la FAO, comprendront les épisodes du CRDI (1984-1985), de la BCEAO (1985 – 1990) et, à partir des sièges des Nations Unies et de la Banque Mondiale, l'épisode de l'admirable campagne menée par lui-même, de main de maître, avec l'appui de la diplomatie sénégalaise et celui que lui ont prêté les nombreuses institutions internationales et les personnalités que les étapes précédentes de sa carrière lui avaient permis de connaître.

Il nous faut lire cette biographie de Jacques Diouf, pour nous enrichir de la somme qu'elle représente en matière de savoir, d'expérience humaine, de connaissance de notre monde contemporain. On lira avec fascination l'admirable galerie de portraits qu'il nous offre d'hommes d'Etat, d'hommes de science, d'artistes, de chercheurs du monde entier. Jacques Diouf n'a rien oublié de ce qu'il a jamais appris, depuis les fondamentaux de son identité

Saint-Louisienne jusqu'à l'instruction et la culture générale reçues de l'école occidentale, ainsi que la formation scientifique et technique du professionnel de l'agronomie. Chemin faisant, il s'est hissé, du particulier local au global planétaire. A partir de ce point de vue de Sirus il a observé, vu, connu, jugé des réalités, des faits et des hommes appartenant à tous les pays du globe.

Les leçons et les savoirs qu'il en a déduits sont exposés clairement dans la relation qu'il nous donne de sa vie, jusqu'à la fin des dix huit années qu'il a passées à la tête de la FAO. La lecture de son témoignage peut permettre à toute la jeunesse de notre monde globalisé, celle des périphéries de l'Occident, celle de l'Afrique Noire en particulier, de répondre avec assurance et confiance à la fameuse question : « Quo usque non ascendam ? »

Cheikh Hamidou KANE

INTRODUCTION

La première fois que j'ai entendu parler de Jacques Diouf, ce fut en 1973, à mon arrivée au siège de l'Organisation de l'Unité Africaine à Addis Abeba, en Éthiopie où je devais prendre mes fonctions de Conseiller du Secrétaire général de cette Organisation, M. Nzo Ekangaki et de Directeur de l'Information de l'OUA.

A l'occasion du Xème anniversaire de la naissance de cette Organisation, j'avais fait établir un Répertoire des Centres régionaux œuvrant, en Afrique, dans différents domaines.

C'est en supervisant cette compilation que j'appris que Jacques Diouf dirigeait, à Monrovia, une Association pour le développement de la riziculture en Afrique de l'Ouest (ADRAO) dont il continuera à s'occuper, jusqu'en 1977.

Ce nom retint mon attention parce que j'ai toujours cru à la construction d'une Afrique unifiée non par le haut, de manière autoritaire et imposée, mais par étapes successives, en commençant par rapprocher des ensembles régionaux et même sous –régionaux. En conséquence, les organes spécialisés dans différents domaines économiques, sociaux, scientifiques et culturels et se proposant d'œuvrer dans une dimension régionale ou sous – régionale, m'intéressaient de manière particulière. Je retins facilement le nom de Jacques Diouf d'autant plus que mon Répertoire m'apprit qu'il avait déjà assumé, dès 1965 à Lagos, la fonction de Secrétaire exécutif d'un autre organe spécialisé de dimension également régionale : le Conseil africain de l'arachide.

C'est, un peu plus tard, à la fin des années '70, à l'occasion d'une mission que j'avais effectuée à Dakar pour le compte de l'UNESCO que j'avais rejoint à la fin de ma mission à l'OUA, que j'ai eu l'occasion de le rencontrer, de manière rapide et fortuite, en assistant à une séance du Club « Nation et Développement », un *think - tank* aux réunions duquel Jacques Diouf avait l'habitude de participer aux côtés de personnalités sénégalaises que je connaissais et appréciais : Moustapha Niasse, Amadou Mahtar M' Bow, Alioune Sene, Bara Diouf, etc.

Qui aurait pu penser que ce premier et fugitif contact allait aboutir, plus de trois décades plus tard, à des retrouvailles à Rome où, après ma retraite de l'UNESCO, j'avais accepté une offre du Ministre italien des Affaires étrangères, M. Franco Frattini de diriger une Fondation, l'Osservatorio del Mediterraneo qu'il avait fondée pour contribuer au renforcement de la coopération méditerranéenne dans tous les domaines.

Jacques Diouf achevait, quant à lui, son dernier mandat à la tête de la FAO, dans la même ville.

Un jour, il me demanda de bien vouloir revoir la version arabe d'un ouvrage qu'il avait consacré à évoquer la mémoire de son grand-père.

De cette première coopération est née l'idée de réaliser ce livre–entretien qui tente de restituer les différentes étapes de son parcours existentiel, professionnel, intellectuel et spirituel et de dévoiler une personnalité riche et multiple : un homme enraciné dans sa terre mais ouvert au monde, un croyant assuré de sa foi musulmane mais respectueux de celles des autres, un intellectuel fasciné par l'action, un scientifique passionné par la culture et les arts, un homme de tradition attaché aux vertus de l'innovation ; en somme, un homme à qui « rien de ce qui est humain n'est étranger » comme le disait un grand et antique compatriote de mon Ifriqiya natale, Térence.

Les entretiens qui ont abouti à la rédaction de ce livre, m'ont rappelé ceux que j'avais eus avec le Président Léopold Sédar Senghor et qui avaient donné naissance à un ouvrage : « La poésie de l'action » paru à Paris, en 1980.

Ainsi, le fil d'Ariane mystérieux du destin m'a permis d'établir un pont entre deux personnalités en provenance du même pays et de la même culture qui furent et demeurent si proches de mon cœur et de mon esprit.

Sans doute, grâce à l'entremise bienveillante du baobab tutélaire dont l'image m'accompagne partout où je me trouve.

Mohamed Nadir Aziza

CHAPITRE I

Entre les bras du fleuve :
Une enfance Saint-Louisienne

MOHAMED Nadir AZIZA : Le 1er août 1938, vous voyez le jour à Saint-Louis du Sénégal. Je pense que nous pouvons commencer cet entretien par l'évocation de l'environnement, aussi bien physique qu'historique et intellectuel dans lequel vous venez au monde, dans cette ville emblématique du Sénégal qui était son ancienne capitale.

JACQUES DIOUF : Je suis né dans l'île de Saint-Louis, à l'embouchure du fleuve Sénégal, dans une famille traditionnelle. Mon père, Fara Diouf, était un haut fonctionnaire du Trésor et ma mère, Aïssatou Diop Hameth, s'occupait de la famille et de la maison. La ville, base principale des activités de l'administration, dispose de résidences, de bureaux et de maisons de commerce. De l'autre côté de l'île, vers la mer, se trouve la Langue de Barbarie, avec le quartier des pêcheurs. Elle comprend Guet Ndar, du côté sud, Ndar Toute, au nord, et le marché au centre. Les pêcheurs doivent traverser une barre de sable pour débarquer leurs caisses remplies de poissons. Les bateaux marchands, parfois des voiliers, entrent dans un chenal pour livrer leurs marchandises sur les quais du grand bras du fleuve. Un pont, construit initialement par Faidherbe, permet le mouvement des personnes et des véhicules au dessus du petit bras du fleuve. L'île comporte un quartier sud, surtout résidentiel avec des immeubles à étages, modernes, donnant sur des rues à angle droit bien goudronnées, bordées de trottoirs. Au centre, l'hôtel du Gouvernement est devenu à l'indépendance, par la magie des mots de Senghor, la Gouvernance. Elle comporte deux magnifiques massifs de verdure. L'un, côté jardin, avait été nommé « grande place » parce que les retraités de la ville s'y retrouvaient dans des conversations que les jeunes s'évertuaient à deviner avec beaucoup d'imagination et parfois d'impertinence. L'autre massif de verdure, côté cour, constituait l'entrée d'honneur. En face, la place du Gouvernement avec la statue de Faidherbe, était flanquée des deux anciennes casernes d'Orléans, les Rogniants sud et nord. De l'autre côté de la résidence du gouverneur, se trouvaient les bureaux administratifs et le parking des véhicules. Face au pont Faidherbe à sept tabliers dont le second tourne pour laisser passer les bateaux, existait une seconde entrée, à côté des bureaux de la poste. Le quartier nord était un mélange de maisons de commerce et de résidences. Ses magasins d'alimentation côtoyaient la fine fleur de l'élégance. « Tass sa Ngoro » avait la réputation de rompre les idylles des hommes qui ne pouvaient acheter ses beaux tissus pour leurs fiancées parfumées chez « Coryse Salomé ». Nahas habillait les jeunes dandys de la ville pour les soirées de théâtre et de bal à la salle des fêtes ou à la bourse du travail. Le quartier de Sor relie la ville avec le reste du pays soit en direction de l'intérieur du Sénégal, ou à l'opposé vers la Mauritanie.

Les lieux de culte existaient avec les mosquées du nord, de la pointe sud et de Minbaar ainsi que l'église au centre. Le collège Blanchot, ancienne « Ecole des otages[1] », les écoles Duval et Brière de l'Isle assurent avec les coraniques de Serigne Mukhsin Diop et Modou Cissé, l'enseignement de la jeunesse.

J'ai grandi entouré d'eau. La maison de famille à un étage était située à trente mètres des quais du grand bras du fleuve. C'était une époque assez calme, du moins au début, puisqu'un an après ma naissance, la grande guerre 1939-45 éclatait.

– Existait-il, dans la topographie de Saint-Louis, cette bipolarité de la ville, typique de l'urbanisme colonial, entre une ville « européenne » et une ville « autochtone » ?

– A Saint-Louis la délimitation de la ville ne se faisait pas entre les occupants occidentaux et les nationaux. La stratification était basée sur le statut social, sans considération de race. Il y avait trois catégories de citoyens : les Français d'origine métropolitaine, les Métisses et les originaires des quatre communes : Saint-Louis, Rufisque, Dakar et Gorée. La différenciation était plutôt religieuse, mais pas tout à fait d'ailleurs, puisque

---

[1] A l'époque coloniale, l'administration exigeait que les rois et les chefs qui avaient fait leur soumission envoient leurs enfants à l'école occidentale.

dans le quartier de Keurtiane, où les Chrétiens étaient auparavant majoritaires, il y avait aussi des musulmans. A ma naissance, toutes ces zones étaient occupées d'un bout à l'autre de l'île. Saint-Louis ressemblait à une ville méridionale française. Dans d'autres pays d'Afrique, où il n'y avait pas d'autochtones citoyens, les populations françaises et indigènes étaient séparées et vivaient dans des quartiers différents.

– D'où venait, historiquement, cette particularité du peuplement ?

– Au Sénégal, la naissance dans l'une des quatre communes donnait droit à la citoyenneté française. Les autres habitants étaient des indigènes, corvéables et taillables. Ainsi à la suite de la mobilisation pour la grande guerre, un frère pouvait vivre dans des conditions de grand confort avec des camarades soldats de France et devenir officier, tandis que l'autre, né hors des quatre communes, végétait en troufion à la gamelle, avec les tirailleurs en chéchia rouge des autres colonies. A Saint-Louis affluaient les populations des zones rurales. On y trouvait toutes les ethnies du pays et des autres possessions françaises.

– Après avoir évoqué le cadre physique de la ville de Saint-Louis au moment de votre naissance, passons à la description du milieu familial.

– Mon père était l'un des hauts fonctionnaires du Trésor et ma mère s'occupait de la maison, comme cela se faisait dans les sociétés traditionnelles. Quand je suis devenu un peu plus grand, une sage-femme, Mame Magatte Fall, ayant veillé sur mes premiers pas dans la vie, avait la gentillesse de me garder chez elle, jusqu'à ce que mon père sorte du travail le soir et vienne me chercher pour me ramener au bercail. Une seule maison séparait les deux domiciles. Mon grand-père, personnalité connue pour ses activités commerciales, était parti s'installer à Rosso, à la frontière avec la Mauritanie, pendant quatre ans, puis ensuite à Médine, au Soudan français. Son commerce florissant en avait fait l'un des hommes les plus riches de son époque. Ses contacts avec les premiers dirigeants de la confrérie religieuse de la Khadriya, lui avaient permis d'établir des relations avec les familles maures, plus tard renforcées par des liens matrimoniaux. Quatre ans après, il a voulu aller plus loin, à la limite du fleuve Sénégal et au contact des grands cours d'eau qui traversaient le Soudan français, le Niger, la Guinée et la

Gambie. Il a ainsi pu étendre ses comptoirs jusqu'à la lisière du Sahara. Il avait installé l'un de ses petits frères à Tombouctou, un autre à Bafoulabé, et lui s'occupait avec le plus jeune de Médine et de Kayes[2]. Ma grand-mère avait quitté sa famille de Diakhao, dans le Sine, pour rejoindre son mari à Saint-Louis. J'ai ainsi eu une double culture wolof par mon grand-père maternel, et sérère à la fois par ma grand-mère maternelle et mon père, qui était pourtant né en pays halpulaar et se rattachait à une branche familiale de cette ethnie.

Ma grand-mère maternelle, très bienveillante, est celle qui m'a éduqué, avec ma mère, plus stricte. Mon père est mort quand j'avais à peine trois ans et demi. Ma grand-mère est restée une sérère, plus précisément, une « sine-sine ». Elle continuait à vivre comme dans sa famille à Diakhao, mais sous l'influence de l'élégance de la capitale. Lorsqu'il venait aux réunions du Conseil colonial, le Bour Sine[3] Mahekor Diouf avait sa chambre à la maison, à côté de celle de sa cousine. Quand je suis allé sur les « Baobolong » et à Diakhao montrer à ma plus jeune fille le parcours de ses ancêtres, ma tante Coumba Mody Diouf m'a raconté l'arrivée d'une des femmes du Bour à Saint-Louis. Ma grand-mère, en la voyant, a dit aussitôt : « Il faut qu'on lui trouve vite un habillement avec une touche plus citadine qui soit à la hauteur de son rang ». Elle a été conduite aussitôt chez la coiffeuse maure, dont le style faisait fureur alors, et ensuite elle a été pourvue des atours nécessaires pour être à la mode. Ma grand-mère était gardienne des valeurs culturelles du Sine. Ainsi après la mort de mon père, je passais la nuit dans sa chambre. Elle me racontait le soir les aventures de mes ancêtres et me parlait de la vie de mes oncles et de mon grand-père. Les contes sont une partie importante de la formation des enfants. Un incident m'a profondément marqué quand j'avais à peine quatre ans. Un soir, alors que j'étais endormi, il y a eu du bruit à l'extérieur de la chambre. Ma grand-mère m'a réveillé en me disant : « Mame Jacques, va voir ce qui se passe et ouvre la porte ». Je me suis levé et je me suis approché de la double porte, l'une vitrée et l'autre avec persienne. Dans le hall d'entrée face à la chambre et juste avant la cour, il y

---

[2] J'ai consacré à mon grand-père un ouvrage évoquant sa figure et son œuvre. Voir Jacques Diouf, *Hamet Gora Diop, Homme de religion, Homme d'action*, Paris, Présence africaine, 2011.

[3] Roi du Sine.

avait une lampe suspendue projetant une ombre agrandie qui, du haut de mes trois pommes – on devrait plutôt dire des mangues – me semblait gigantesque. J'ai donc dit à ma grand-mère « Je ne veux pas ouvrir, j'ai peur ». Elle me répondit furieuse : « Peur ? Tu es un homme, comment peux-tu avoir peur ? A quoi cela sert que tu sois dans ma chambre pour me défendre si tu n'es même pas capable d'aller ouvrir la porte ? A partir de maintenant tu ne passes plus la nuit dans ma chambre. » A ce moment-là, j'ai entendu une voix et j'ai ouvert la porte. J'ai été très, très malheureux. Je suis resté une semaine interdit de chambre de grand-mère. Ce fut un véritable pilori moral. Après cette épreuve, elle m'a permis de revenir dans sa chambre. A partir de ce jour, j'ai décidé de ne plus jamais avoir peur. Cette attitude, je l'ai conservée toute ma vie, en la poussant parfois jusqu'à la bravade. En préparation militaire, j'ai choisi l'option « combattant d'élite » et j'ai peiné sur les « parcours du combattant » répétés et les exercices d'attaque avec des grenades offensives et fumigènes. A mon retour des études en France, j'ai fait du parachutisme sportif et je porte encore sur la joue droite des traces de brûlures des sustentes. Quand, après le saut, je me suis rendu dans une pharmacie pour acheter un désinfectant en attendant de voir mon docteur le lendemain, un vieil homme s'est enquis de l'origine de ma blessure. Après mes explications, il a dit : « Vous êtes donc un militaire. » Surpris de ma réponse négative, il m'a demandé si j'étais rémunéré pour faire du parachutisme sportif. J'ai indiqué qu'au contraire, je devais payer une contribution pour être membre du Club parachutiste. Interloqué, il a mis fin à l'entretien avec ces mots : « Vous devez être complètement fou. » A Monrovia, j'ai suivi des cours de pilotage d'avion et je n'ai pas oublié la sensation brusque d'aspiration au cours de l'exercice de « décrochage ». Je n'ai pas pu terminer le programme de formation à cause de mes nombreux voyages en mission. Souvent des personnes me demandent : « N'as-tu pas peur, toi qui es toujours dans les avions ? », et je leur réponds : « Peur de quoi ? », en pensant à ma grand-mère. Comme tous les jeunes de mon âge, j'ai subi sans broncher l'épreuve de la circoncision, chez un infirmier bambara du quartier Sor, après la traversée du pont Faidherbe à l'aube dans une calèche, au trot rythmé de sonorités métalliques, d'un cheval bien ferré, accompagné de mon grand-frère Moussa Diouf. Les chants de « Kassak », « les Lingués », bâtons pour saluer les femmes, et les randonnées à « Gouye Sédelé » « Baobab partagé » ont marqué les étapes rituelles de la célébration du passage de l'enfance à l'adolescence.

– Parlons, à présent, du peuplement de la ville où se mélangeaient plusieurs ethnies africaines, mais aussi des Maures et des Français. Comment se composait le peuplement de la ville ? Et comment intégrait-on ces différences ?

– La situation singulière de Saint-Louis était due au fait que c'était le microcosme du Sénégal. La ville était également devenue la capitale de la Mauritanie, dont le Conseil territorial siégeait à Ndar Toute. Il y avait un afflux de personnes de tous les pays de la colonie. Du Sénégal même venaient les Wolof du Walo, du Cayor et du Baol, les Halpulaar du fleuve, les Maure du Trarza, les Sérère du Sine et du Saloum, les Lebou du Cap-Vert, les Soninké, les Sarakolé de Bakel, les Joola et Mandingue de Casamance. Mais les autres habitants étaient des Bambara du Soudan, des Malinké et des Soussou de Guinée, des Mina du Togo et des Yoruba du Dahomey. Il y a eu un métissage très fort entre ethnies africaines. Au fil du temps les mariages avec des Français de métropole ont diminué. C'est par les Métisses d'ailleurs qu'est née la culture des Signares, femmes aristocrates, épouses ou concubines à la beauté tropicale immortalisées par le pinceau de l'Abbé Boilat. Elles possédaient des biens importants et s'adonnaient au commerce ainsi qu'à la production de briques et de tuiles en terre cuite.

– Y avait-il des tensions, comme il y en a eu plus tard, entre les populations maures et les populations africaines ?

– A Saint-Louis, il y avait la « pax franca ». Les tensions entre les ethnies ont eu lieu auparavant, à l'époque de mon grand-père, entre les Wolof du Walo, et les Maure du Trarza, ainsi que des alliances avec les Halpulaar. El Hadj Omar, qui appartenait à cette ethnie, a mené la guerre religieuse contre les Français. Au sud, les royaumes du Djolof, du Cayor, du Baol, du Sine et du Sine Saloum ont guerroyé entre eux dans des luttes de succession et contre les Français pour garder leur souveraineté.

– Saint-Louis était un peu l'épicentre de toutes ces luttes.

– Saint-Louis était une base française qui a joué un rôle déterminant, avec la présence du Gouverneur notamment, dans les luttes entre les différentes dynasties des royaumes du Sénégal, de la Mauritanie et du Soudan.

– Dans ses relations avec la France, Saint-Louis a connu, me semble-t-il, un épisode particulièrement distinctif, puisqu'au XVIIIe siècle, un habitant de la ville a réclamé aux États généraux l'octroi de la citoyenneté française aux habitants de la ville…

– L'histoire des « Très humbles doléances et remontrances des habitants du Sénégal aux citoyens tenant les États généraux » est assez cocasse. L'acteur principal de cet épisode de l'histoire de la ville était un aventurier, Dominique Lamiral, employé aigri d'une société de traite négrière et mu par tout sauf les idéaux de liberté de la Révolution française. Les personnalités mulâtresses qui ont adopté ces « cahiers » sous la présidence de leur maire Charles Cormier, le 15 avril 1789, n'ont fait que défendre leurs privilèges contre les monopoles des sociétés métropolitaines. Elles ont réussi dans leurs démarches, au demeurant, avec l'approbation du décret du 23 janvier 1791. La représentation du Sénégal à l'Assemblée nationale de la France a été supprimée, puis rétablie, au gré des idéologies des régimes en France, sous la 2ème République, puis l'Empire, et enfin la 3ème République. Les fonctions de maire de Saint-Louis sont devenues importantes avec l'extension de ses responsabilités aux fonctions administratives et ensuite budgétaires. Faidherbe, le Gouverneur de Saint-Louis, a joué un rôle capital dans la modernisation de la ville, par la construction des ponts et les travaux d'assainissement. C'est le Gouverneur Brière de l'Isle qui, en réalisant le barrage du Marigot de Lampsar, a réglé le problème de l'eau. La pose d'une canalisation et la construction d'un château d'eau à Sor ont permis de compléter les travaux.

Les expéditions militaires au Walo, dans le Trarza, sur le fleuve Sénégal et plus tard au Soudan français, au Niger et en Guinée, sont parties de Saint-Louis. C'était le chef-lieu de la présence française et la tête de pont de la colonisation en Afrique de l'Ouest.

– En dehors de Faidherbe, quelles autres figures ont marqué l'histoire moderne de Saint-Louis ?

– Il y a le sergent métisse, Paul Holle, qui a défendu le Fort de Médine jusqu'à l'arrivée de Faidherbe. Une des rues de Saint-Louis portait son nom, à l'époque de la colonisation. Il y avait les gouverneurs, notamment l'un des derniers, qui était d'origine antillaise, Wiltord, dont le stade de la ville portait le nom. Ils ne pouvaient pas rester longtemps à leur poste sans le soutien des notables saint-louisiens. Il y avait les traitants[4] dont Pedre Alassane, mon arrière-grand-père, le roi du thé, qui importait ses marchandises d'Angleterre. Il y avait aussi d'autres grands personnages dont la ville porte l'empreinte, notamment des chefs religieux. Les fondateurs des grandes confréries musulmanes ont ainsi passé un certain temps à Saint-Louis ; ceux de la Khadriya, notamment Cheikh Sidiya Baba et Cheikh Saad Bou, qui venaient les mois d'avril-mai dans la ville. Pour la Tijaniya, il convient de noter la présence d'El Hadj Malick Sy. Cheikh Serigne Bamba, de la Muridiyya a d'ailleurs été interné dans des conditions pénibles à Saint-Louis sur décision du Conseil colonial, avant d'être déporté au Gabon.

Du côté français, Mermoz a fait la première traversée de l'Atlantique de Saint-Louis du Sénégal à Natal, au Brésil. Il y a encore les photos des pionniers de cette aventure de l'aéropostale à l'hôtel de la Poste, où il résidait. La pointe extrême de l'embouchure du fleuve sur la Langue de Barbarie, s'appelle encore l'hydrobase, parce que les premiers appareils qui décollaient pour la traversée de l'Atlantique ou en direction de la France étaient des hydravions. Actuellement la zone est un centre touristique avec sur la droite l'Océan Atlantique, et sur la gauche les deux bras du fleuve se rejoignent en direction de la mer. Cette épopée de l'aéropostal est restée dans les mémoires. C'est l'une des pages glorieuses de l'histoire de Saint-Louis.

– Revenons à un aspect plus personnel et permettez-moi de vous poser une question peut-être un peu indiscrète. Comment se fait-il qu'un croyant et pratiquant musulman comme vous, se prénomme Jacques ?

– A Saint-Louis, c'est une chose commune, pas seulement dans ma famille. Il est courant, chez les musulmans, d'avoir des prénoms comme François, Pierre, Paul, Jean, Jacques, ou Sophie, Marie, Diane, Thérèse, Lisson, etc.

---

[4] Commerçants nationaux qui importaient des articles modernes et collectaient des produits locaux pour le marché des pays africains.

C'est d'abord un effet de cette longue coexistence entre les familles chrétiennes et musulmanes, renforcée par des relations de famille à travers des mariages. En outre, il est dans la tradition sénégalaise de donner à son fils ou à sa fille le prénom de parents ou d'amis. Nombre d'enfants s'appellent Jacques à cause de moi, en témoignage d'affection de leurs parents à mon égard. C'est aussi une preuve de tolérance. L'Islam au Sénégal est ouvert, tout simplement parce qu'il est authentique. Il est donc respectueux de ce que disent le Coran et les Haddiths, qui reconnaissent les « Hommes du Livre ». L'Islam considère que les grands fondateurs des religions monothéistes qui ont précédé l'Islam, sont des prophètes, auxquels sont dus respect et reconnaissance. Je n'ai jamais compris ceux qui essayaient de créer un conflit entre les trois religions révélées. Ce n'est pas ce qu'on m'a appris à l'école coranique, ni ce que j'ai lu dans les livres saints. Et parce que je suis prêt à donner ma vie pour ma liberté, dont celle de choisir ma foi, je comprends que quelqu'un d'autre que moi ait la même attitude, bien que nous ayons des convictions religieuses différentes. L'histoire nous a, par contre, enseigné que les hommes, au nom de la foi, à des époques successives et dans différents pays, ont volé, violé, torturé, tué, même leurs coreligionnaires, par fanatisme ou pour la conquête des richesses et du pouvoir.

– En ces temps d'ostracisme et de rétractations identitaires, quelle belle leçon de tolérance que cette ouverture et cette appropriation de l'ensemble de l'héritage monothéiste et de la fraternité abrahamique.

– J'ai essayé de respecter ces principes dans mes relations, tout au long de ma vie, avec mes camarades de classe, mes amis, mes relations de travail. Le hasard a voulu que le lieu d'affectation de ma dernière fonction publique internationale soit Rome. Cela m'a permis de développer d'excellentes relations avec le Vatican. Ainsi, le Pape Jean-Paul II est venu au premier Sommet mondial de l'alimentation que j'ai organisé en 1996 et il m'a reçu en audience plusieurs fois. Le Pape Benoît XVI a également participé au Sommet mondial de 2009. J'ai, en outre, été le premier musulman invité au Synode des Evêques africains. Certes, c'est un hasard, mais je pense aussi que ces rencontres sont advenues grâce à l'esprit de tolérance dans lequel j'ai été élevé et à l'attachement profond à ma religion. Les convictions distinctes ne sont pas antinomiques. Elles devraient, au contraire, susciter la curiosité et le désir de mieux connaître l'Autre et l'impératif de traiter sa croyance avec le même respect qu'on souhaite voir traiter la nôtre. C'est aussi une des leçons que j'ai tirée de la vie de mon grand-père. Il a coexisté pacifiquement et même amicalement avec les communautés chrétiennes. Au demeurant, c'est chez lui qu'il y a eu la rencontre des Chrétiens et des Musulmans pour protester contre la suppression du Tribunal musulman par un Gouverneur, Ernest Roume. Cette action commune a permis, quelque temps après, de faire rétablir cette juridiction à Saint-Louis. En outre, mon grand-père, qui était de la Khadriya, a toujours veillé à ce que toutes les confréries travaillent ensemble et soient unies dans l'Ummah. A la mosquée de Minbaar qu'il avait construite, il veillait à ce que les prières soient dirigées, à l'occasion de la nuit de Mouloud, à tour de rôle par des imams appartenant à la Tijaniya, à la Khadriya et à la Muridiyya. C'est aussi dans sa mosquée que, pour la première fois, les Tijan ont pu faire leur *Wazifa*[5], ce qui était interdit par l'administration coloniale dans l'île. Il avait dit à cette occasion : « Les Français ont raison. L'administration est propriétaire des lieux publics, mais ma maison est une propriété privée, et si les Tijan veulent faire leur *Wazif*a, ils peuvent venir chez moi ». Ils ont saisi l'opportunité, au vu et au su de l'administration qui n'a pas réagi.

Il a utilisé ses ressources financières pour aider les pauvres et construire des mosquées au Sénégal, au Soudan (Mali), effectué plusieurs fois le pèlerinage à la Mecque, et réalisé des puits dans les lieux des « Deux Saintes Mosquées » et invité les dignitaires de l'Arabie à Saint-Louis. Il avait été reçu à ces occasions par Hussein Ibn Ali, le souverain, défait plus tard par Abdoul Aziz Ibn Saoud, qui a réunifié les différentes régions de Najd, Hijaz et Asir, sous le nom d'Arabie saoudite. Il a voyagé au Maroc, à Alexandrie et à Jérusalem pour acquérir des livres. Il est allé jusqu'en Perse, où il a rencontré le souverain qui lui a donné, en échange de cadeaux, une très belle tunique que la famille conserve encore aujourd'hui.

– Ce sont des leçons de vie que vous recevez du grand-père sur la tolérance et de la grand-mère sur la maîtrise de la peur. En un mot, une école de la

---

[5] Voir Jacques Diouf, *Hamet Gora Diop, Homme de religion, Homme d'action*, Présence africaine, Paris, 2011.

vie. Qu'en est-il, dans cette prime éducation, dans cet éveil à la vie, de l'apprentissage dispensé par les savoirs traditionnels, si importants en Afrique ?

– Le syncrétisme de l'éducation coranique et occidentale mais aussi des pratiques traditionnelles et « signares » est certainement ce qu'il y a de plus important dans notre éducation. D'abord il y a les contes, narrés de manière brillante, par nos cousines et nos tantes qui nous berçaient jusqu'à ce que nous dormions. Ils reposaient tous sur un fondement éthique. C'était une manière très habile de nous expliquer ce qui est bien et ce qui ne l'est pas. Par exemple, « Coumba qui a une mère et Coumba orpheline », décrit deux enfants dont l'une, mal éduquée, parle trop, se mêle de tout, etc. Je ne vais pas en raconter toutes les péripéties, mais la morale de l'histoire est qu'il faut être poli et prévenant, savoir se taire et éviter de se mêler de ce qui ne vous regarde pas. Chaque conte transmettait un message particulier, notamment la nécessité d'être valeureux. Ma grand-mère, en me punissant pour avoir eu peur, ne faisait que m'enseigner la culture guelwar, celle des dirigeants sérères.

Il y avait aussi les dictons, les fables et les épopées. Ils faisaient appel à l'imaginaire. L'enfant était représenté en chevalier qui défendait une belle fille, face à d'autres guerriers. C'étaient des aventures à la gloire du courage, et des réminiscences des luttes héroïques de nos ancêtres.

Il y avait encore à Saint-Louis les derniers vestiges de l'éducation des Signares. Ces dames de la noblesse métisse ont d'ailleurs, avec les lampions que portaient la nuit les servantes qui les accompagnaient, légué à la cité la tradition des « fanals de Saint-Louis ». A l'occasion des soirées de fin d'année, la ville organisait un carnaval et un concours de réalisations artistiques d'édifices mobiles, en bois et en papier découpé, accompagnés d'un défilé de chanteurs qui entonnaient en chœur des compositions aux accents mélancoliques. C'était l'étalage nocturne de sons et d'images puisés aux sources de traditions authentiques. Les fanals n'ont malheureusement plus l'éclat et la splendeur des fêtes d'antan même s'ils ont été ressuscités avec beaucoup de bonne volonté. L'éducation Signare était celle des bonnes manières occidentales. Comment se comporter à l'égard des jeunes filles, et se tenir au cours des repas, etc. A la maison, je ne voyais apprêter la table que lorsqu'il y avait des invités étrangers. En observant le rituel déployé à ces occasions, j'ai aussi appris à être tolérant car lorsque les convives arrivaient, on leur servait du vin, alors que personne chez nous n'en buvait. Je n'ai jamais accepté de boire une goutte d'alcool au cours de ma vie. Mais quand un chrétien vient chez moi, je lui fais servir les boissons de son choix. Il faut avoir ses valeurs mais ne pas les imposer aux autres. De plus, on doit honorer ses hôtes. Je me souviens d'être allé chez celle qu'on appelait « Yayou MBotaye », c'est-à-dire la mère des classes d'âges, quand j'étais tout petit, je devais avoir trois ans environ. Dans le salon, il y avait des chaises d'un côté avec des petites filles et des banquettes de l'autre avec des petits garçons. Il y avait une table au milieu avec des verres, des jus de fruit et des gâteaux. Pour que l'événement soit un ballet bien orchestré, des explications étaient données auparavant et les rôles bien définis. On venait nous dire « Toi c'est à celle-ci qu'il faut donner ceci, et à un autre, voilà ce qu'il faut remettre à celle-là ...». Je dois avouer que j'ai détruit tout l'agencement savamment dosé. En effet, je préférais une autre jeune fille que celle qu'on n'avait désignée. C'est donc à elle que j'ai offert le gâteau. Le garçon qui avait été choisi pour elle s'est fâché. Et la jeune fille qui devait recevoir mon cadeau, s'est mise à pleurer. Vous imaginez la grande confusion et le désespoir de la « Yayou MBotaye ».

– Est-ce qu'en plus de son objectif didactique, la transmission des savoirs traditionnels ne s'accompagnait pas d'un éveil de la sensibilité poétique et d'une émulation de l'imagination ?

– Saint-Louis était une capitale moderne, une ville avant-gardiste, mais elle gardait aussi ses croyances ancestrales. Nous croyions à des êtres surnaturels qui éveillaient en nous, des craintes irrationnelles. Quand nous allions nous coucher, nous pensions au cheval à trois pattes qui était supposé se promener dans la rue avant le lever du jour. Il m'arrivait de me réveiller la nuit pour vérifier, à travers les persiennes, s'il allait passer.

Il y avait les « deum », humains qui volaient les âmes des personnes. Nous évitions prudemment de passer devant les maisons de certaines familles qui avaient la fâcheuse réputation d'appartenir à ce groupe inquiétant. Le génie du fleuve s'appelait Mame Coumba Bang, elle était d'ailleurs considérée comme bienfaisante et elle régnait sur les eaux. A ma grande surprise, j'ai découvert que cette croyance existait aussi au Ghana, sous le nom de Mamy Wata, et à travers l'ethnie Yoruba, jusqu'au Brésil, notamment à Salvador de Bahia, avec la déesse de la mer, Yemandjé.

Une troisième figure allégorique faisait rêver les enfants grâce à un mélange de permissivité et de bravade. C'étaient les ceddos. L'emploi de consonnes géminées pour écrire ce mot a été à l'origine d'une querelle homérique entre le Président Senghor et Sembène Ousmane, le réalisateur d'un film sur ce thème. Ce dernier a porté le débat devant les étudiants dans un amphithéâtre d'université américaine en disant qu'au Sénégal on pouvait mettre un cinéaste en prison pour « faute d'orthographe ». Ces guerriers du Cayor et d'autres régions avaient un comportement ambivalent. Ils étaient en effet irréligieux, buvaient beaucoup, proféraient des jurons. Cependant ils étaient courageux et fidèles, prêts à mourir pour respecter leur serment et défendre leur roi. C'est pourquoi on parle de la mentalité ceddo. C'était un mélange d'irrévérence et de loyauté.

– Après l'école coranique, vient l'école primaire. Comment aviez-vous réussi à concilier ces deux enseignements, les deux langues – l'arabe de l'école coranique et le français –, voire les deux espaces mentaux que l'un et l'autre apprentissage véhiculent ?

– J'ai eu beaucoup de chance d'être entré à l'école très jeune, puisqu'à l'époque il fallait avoir 8 ans et plus pour être admis dans les classes primaires. J'ai pu commencer mes études dès 6 ans. J'ai donc été, pendant toute ma scolarité et ce jusqu'à la fin du lycée, le plus jeune de ma classe. C'était grâce à mon oncle, Doudou Diop, le cousin de ma mère, qui était enseignant. J'ai donc pu bénéficier très tôt des avantages de cette formation.

Mais j'ai toujours regretté qu'à cette époque on n'ait pas conjugué les deux systèmes d'enseignement qui existaient alors. L'école coranique était notre « maternelle » où l'accent était mis sur les exercices de mémorisation. Profitant de la capacité d'absorption des jeunes cerveaux, on leur apprenait à réciter les sourates du Saint Coran. C'est ensuite que l'on veillait à ce qu'ils sachent lire et écrire. Cette étape était une première révolution mentale, puisque beaucoup de civilisations originelles africaines sont orales. Au stade suivant, on enseignait les premiers éléments de la pratique de l'Islam, les différents types de prières, leur préparation et leur exercice, le jeûne, etc. L'apprentissage de la langue et de la grammaire arabes devait suivre plus tard, de même que l'étude du droit, de la poésie et de l'histoire.

Le jour où nous sommes entrés à l'école française, nous nous sommes retrouvés dans un autre système. Tout le processus antérieur de formation s'est arrêté. Je pense qu'on aurait pu concilier les deux types d'enseignement. Il aurait été possible de suivre les cours de l'école occidentale et consacrer une partie des jours fériés et des vacances à la formation coranique. Ce fut une occasion manquée de complémentarité culturelle entre l'enseignement du français et de l'arabe. Je suis sûr que cette symbiose aurait été excellente pour le dialogue des cultures. Nous n'avons pu comprendre l'Islam qu'à l'âge adulte, grâce notamment aux traductions du Saint Coran et des Hadiths, en français et en anglais. Je dois souligner qu'en sixième, au lycée après un début d'enseignement de l'anglais, il nous a été proposé le choix alternatif de l'arabe. J'ai immédiatement saisi l'occasion. Mais après deux mois sans professeur, j'ai dû revenir à la classe antérieure. Je me souviens des propos de mon professeur qui m'a dit goguenard : « Alors, on revient à ses premières amours ? ». J'ai bien fait de reprendre les cours d'anglais, cette langue m'a été fort utile au cours de ma carrière.

L'école française c'était l'introduction à l'efficacité, par la méthode et l'organisation. J'ai appris la présentation des idées ainsi que la catégorisation des différentes activités humaines et naturelles. J'ai en outre été formé à l'ordre et la discipline. Nous devions être en rangs, les petits devant, les grands derrière. Les sons de cloche rythmaient les cours et les récréations. J'ai appris une nouvelle langue, son vocabulaire, sa grammaire, sa composition ses règles, etc. Si l'école coranique m'a fait passer de l'oralité à l'écriture, l'école française m'a permis d'acquérir la rationalité et la logique. Par la suite, j'ai commencé à apprendre l'histoire, mais seulement celle de la France et de nos « ancêtres les Gaulois ». Plus tard, au lycée, j'ai été initié à la diversité des peuples et des espaces du monde. Mon horizon intellectuel s'est agrandi aux dimensions de l'humanité.

– Mais l'enfance subsiste sous la carapace de l'apprentissage, avec ses élans ludiques…

– A l'école primaire, en fin de semaine, nous prenions chez nos amis le thé, les trois verres « normaux » selon le rituel maure. Nous allions en promenade dans les différents quartiers de la ville. Au début, nous ne nous éloignions pas trop de l'île. Mais il nous arrivait de temps en temps de faire des escapades, de l'autre côté des deux bras du fleuve. Au lycée, nous avons commencé à aller à la plage. Nous nous cachions parce qu'on nous interdisait les baignades, considérées comme dangereuses. Les plongées dans le grand bras du fleuve étaient exclues pour moi. Les enfants de mon âge s'ébattaient et plongeaient dans l'eau, juste au niveau du prolongement de la rue de notre maison. Ma mère pouvait donc me voir du balcon. Il n'était pas question de prendre le risque d'aller plus loin car ces endroits étaient réputés dangereux. En effet, les espaces creux dans la digue qui protège l'île, provoquaient des phénomènes d'aspiration avec des risques de noyades. On appelait ces zones « waxandé », les malles d'où l'on ne ressortait pas. C'étaient cependant là des lieux propices à la pêche à la ligne. Les carpes et sardines pullulaient tellement que nous rejetions les poissons-chats, considérés de moindre qualité. A la mer, avant de plonger dans les vagues, il fallait dessiner une étoile sur le sable, prendre avec les doigts les cinq points d'angle et les frotter sur sa poitrine. Ce rite était censé être une garantie contre les noyades, mais il a failli ne pas être suffisant pour moi. Un jour, j'ai été pris dans un tourbillon d'où je ne réussissais pas à me sortir. Heureusement, une jeune fille qui nageait non loin de moi, s'était rendue compte de la gravité de ma situation et m'a tendu la main. Elle n'était pas dans l'entonnoir d'eau. J'ai donc pu m'accrocher à ce point fixe pour sortir de la zone dangereuse. Inutile de dire que j'ai aussitôt pris mes habits pour rentrer chez moi. Pendant quelques temps j'ai évité de surfer sur les vagues. A cette époque, j'allais chez ma tante, décédée malheureusement, qui habitait à Ndar Toute. Elle m'adorait et je le lui rendais bien. J'attendais chez elle jusqu'à ce que mes yeux rougis par l'eau de mer reprennent leur aspect habituel avant de retourner à la maison. Il y avait une grande complicité entre ma tante et moi. Avec mes amis nous allions aussi faire des randonnées, appelées « neeran », à Guet Ndar, où les pêcheurs, très généreux avec les enfants, nous donnaient des œufs de poisson. Les femmes les faisaient frire à la maison avec un mélange de condiments dont elles gardent jalousement le secret. Ils faisaient le bonheur de nos papilles gustatives.

C'était la période d'abondance avant l'arrivée des navires de pêche industrielle, ces mauvais génies venus de pays lointains et oracles des jours de disette. Ils ont bouleversé la vie de communautés paisibles qui, depuis des temps immémoriaux, tiraient d'une mer prodigue les mulets, mérous, dorades et brochets de l'opulence familiale. C'est ainsi que les pirogues de pêche devinrent des moyens de transport pour les émigrés clandestins à destination de Las Palmas et autres îles des Canaries. Nombre d'aventuriers, jeunes animés d'espoir, partirent à l'assaut des vagues déchaînées avec pour slogan « Barça wala barsak » – « Barcelone ou le purgatoire ». Ils ont souvent terminé leur escapade marine de manière tragique. Au bout de leur course éphémère, ils ont rencontré le cauchemar. Les tombeaux de sable des plages et l'eau du ressac avaient remplacé l'Eldorado des villes dont ils avaient tant rêvé.

L'école primaire avait des instituteurs sénégalais de grande qualité comme NDiaga Touré, MBaye NDiaye, Diene Macodou, etc. Ils nous ont donné une rampe de lancement inégalée pour notre envol intellectuel. Mon dernier maître est devenu directeur de Cabinet d'un ministre. L'écrémage des meilleurs enseignants, dès l'obtention de l'autonomie interne politique a causé une grande perte au Sénégal. Ils ont été sollicités pour occuper des postes administratifs, parce qu'il n'y avait pas assez de cadres nationaux à cette époque.

– Avant de terminer avec l'évocation de l'enfance saint-louisienne pour parler de la période adolescente de votre vie, je souhaiterais vous demander comment vous qualifierez la prime période de votre vie ? A-t-elle été ce « vert paradis de l'enfance » dont parle Baudelaire ?

– C'était une période d'insouciance et celle d'une vie agréable. J'ai gardé un excellent souvenir de mon enfance qui a été très heureuse. Il m'arrive encore de rêver à certains épisodes. Mes parents m'adoraient. En outre, nous vivions dans une société où l'éducation était collective. Elle n'était pas seulement assurée par la mère et le père, mais aussi par les oncles et les amis de la famille. Quand les aînés vous voyaient en ville, ils vous manifestaient une affection profonde. J'allais souvent rendre visite à des membres de la famille. Nous fréquentions nos cousins et nos cousines. Notre société n'était pas riche, mais elle nous permettait de satisfaire les besoins essentiels et d'avoir bien des loisirs.

L'excellence des relations humaines créait une grande qualité de vie. Certaines privations ont été provoquées par la guerre 1939-45. Cependant mon père, fonctionnaire, recevait des « bons de rations », qui permettaient d'acheter les produits nécessaires. L'école primaire était une période de vie en partage. L'être humain n'était pas seulement un individu replié sur soi, mais un élément d'un groupe sociétal solidaire. Il y avait sans doute une stratification en fonction de la situation des familles, mais à l'école, ces différences disparaissaient. Les amitiés se nouaient au gré des affinités spontanées et des complémentarités de caractère. En cette période de prime jeunesse on nous donnait ce que nous demandions, car nous avions déjà appris à ne pas exagérer et à avoir le sens de la mesure. On nous laissait une grande liberté. En ville, nos oncles et les amis de nos parents nous emmenaient dans les boutiques pour nous acheter des bonbons et des produits alimentaires, des habits et des chaussures. On les rapportait à nos parents bien sûr, car il ne fallait jamais accepter quelque chose de quelqu'un sans en informer sa famille. Nous devions toujours expliquer l'origine de ce que nous avions reçu.

A Saint-Louis, les distractions ne manquaient pas. Il y avait une salle des fêtes, celle des syndicats, et le patronage chrétien. Nous y allions pour des soirées de bal et de théâtre ou des séances de culture physique. Nous étions membres d'associations sportives, comme « La Saint-Louisienne ». C'est à son siège chez Maître Babacar Seye que j'ai appris à jouer au ping-pong. De temps en temps, c'était le terrain de basket qui nous attirait. Le fils de Mame Mayé Cor Diouf, Makhfou, avait dû me porter sur ses épaules pour que je puisse, pour la première fois, mettre un ballon dans le panier du terrain du collège Blanchot. Plus tard, nous avons joué au football et au volley-ball au stade Wiltord. Les fêtes de fin d'année et le réveillon – « Ribidjon » –, étaient l'occasion de réjouissances jusqu'au lever du jour. Les retraites aux flambeaux et les feux d'artifice, la nuit, étaient suivis de spectacles, le matin et l'après-midi, avec les régates et courses, corsées parfois par des chavirages de pirogues de « Dack », « Poudoxolle ». La place Faidherbe était le rendez-vous pour les jeux : courses avec les jambes dans des sacs, escalade de mâts huilés, « faux lions », mais dans tous les quartiers il y avait des tam-tams « Sabar » et danses traditionnelles.

– Est-ce que vous pensez que, selon la formule célèbre, « L'enfant est le père de l'homme » en ce qu'une enfance détermine, en partie au moins, le destin de l'adulte ?

– Je pense que l'enfant c'est au moins soixante pour cent de l'homme. C'est à ce jeune âge que les fondements de la vie s'acquièrent. Il s'agit des bases culturelles et éthiques, du savoir être et du savoir-vivre par l'éducation mais aussi la connaissance et la praxis.

– Allons plus loin dans la divination. Vous êtes né un 1er août sous le signe du Lion. Croyez-vous à la prédétermination d'une vie par l'influence des étoiles ?

– Non. Mais je suis quand même obligé de reconnaître que je retrouve dans mes velléités de réaction certaines des caractéristiques du Lion. Je ne crois pas à l'influence des étoiles, parce que je suis persuadé que mon destin est déterminé par Dieu et par ce que je fais.

Mon approche de la question du destin et de la prédestination est fondée sur la foi et l'humanisme. On m'a enseigné, en croyant, à prier pour que Dieu me protège et m'accorde ses bienfaits. Mais, on m'a aussi appris, en tant qu'homme, à assumer la responsabilité de mes actes. Notre destin est écrit à notre naissance, mais il est tracé dans le sillon de nos actions et dépend de ce que nous ferons des chances qui nous sont données dans la vie. Un de mes amis, un rien mécréant mais avec un certain sens de l'humour, dit que : « Le bon Dieu ouvre des fenêtres d'opportunité, mais Il les referme vite si on ne s'empresse pas pour saisir immédiatement les occasions qu'Il offre ».

Chapitre II

Apprendre à être

– Après l'école coranique, vous entrez au Lycée Faidherbe où vous entamez une nouvelle séquence de vie. C'est comme un rite de passage...

– Après le concours d'entrée en sixième, je rejoins le Lycée Faidherbe de Saint-Louis, qui était considéré comme un établissement prestigieux à côté du Lycée Van Vollen Hoven de Dakar. A cette époque, les cadres des pays africains sous domination française étaient formés, dans leur grande majorité, au sein de ces deux institutions. J'y ai rencontré des Sénégalais des différentes régions du pays. C'était donc un creuset de l'unité nationale. Mais nous avions aussi des amis du Dahomey, du Togo, de la Côte d'Ivoire, du Soudan français, du Niger, de la Guinée, de la Haute Volta, etc.

Au lycée, les études ont été plus approfondies et les disciplines plus marquées. Les sciences exactes, naturelles ou littéraires, étaient complémentaires. C'est aussi à cette époque que nous avons fait la connaissance des professeurs français qui m'ont laissé un excellent souvenir.

En classe de terminale, nous avons vu revenir de France le premier enseignant sénégalais de physique, M. Ismaela MBaye. Le professeur M. Moumouni Djermakoye, venu du Niger comme examinateur, nous a fait passer des épreuves du baccalauréat. Les enseignants français étaient formés dans la pure tradition laïque apparente dans les conflits inénarrables entre le curé de campagne et le maire communiste, interprétés de façon inoubliable par Fernandel et Gino Cervi dans la célèbre série cinématographique, *Don Camillo*. Ils croyaient en leur mission de formation. Ils avaient des comportements et des caractères différents, qui variaient de l'extrême disponibilité, amabilité, altruisme même, au froid professionnalisme. Notre professeur de philosophie, M. Vigneau, nous recevait chez lui et nous pouvions ouvrir son frigidaire et manger ou boire de ce qui s'y trouvait. Quand il y a eu les grèves au lycée, ce fut le seul professeur qui à son passage recueillait les applaudissements de ses élèves. Il expliquait ses cours en se basant sur des exemples de la vie réelle. Pour faciliter la compréhension des concepts de hasard et de mal, il citait l'exemple d'un enfant que sa famille envoie acheter du pain. Respectant l'ordre naturel de la hiérarchie familiale, il se trouve dans la rue pour se rendre chez le boulanger. Il est alors heurté par un objet lourd tombant d'un étage selon la loi de la gravité – « Rencontre de phénomènes qui appartiennent à des séries indépendantes dans l'ordre de la causalité », selon Cournot –. L'enfant meurt, provoquant le mal – « Genre de tristesse et principalement ce qui frustre l'attente », selon Spinoza –. J'ai pensé à Vigneau en visitant à Leipzig, au cours des négociations du Traité international sur les ressources phytogénétiques, la cave « Auerbachs Keller » à Grimmaische Strasse, où Goethe dégustait son vin. Je n'ai pas oublié le cours de ce philosophe sur le dieu des poètes : « félicité, cœur, amour, dieu (...) Le sentiment est tout, les noms ne sont qu'un vain bruit, qu'une vaine fumée qui obscurcit la clarté des cieux. ».

Monsieur Vanuxem, notre professeur de gymnastique, a voulu se battre avec son collègue français du Lycée de Dakar après l'avoir apostrophé avec « Vos minimes ont laissé femme et enfants à la maison », lors d'un match de football un peu viril où j'avais été blessé par un adversaire bien plus grand que moi. C'est dire à quel point ils étaient attachés à leurs élèves.

D'autres professeurs étaient tout aussi rigoureux dans leur souci de former leurs élèves pour qu'ils soient parmi les meilleurs, même s'ils maintenaient une distance aristocratique avec les potaches. J'ai eu d'excellents enseignants en sciences naturelles, physique et chimie, histoire et géographie. Les professeurs de mathématiques étaient de grande qualité, sauf celle de la classe de seconde. Elle a dégradé notre formation et contrarié notre engouement pour cette matière. Malgré des efforts de rattrapage en terminale, c'est seulement en classe préparatoire aux grandes écoles, en France, que notre professeur, agrégée, a pu me redonner le goût des mathématiques. Cet écueil n'avait cependant pas diminué notre capacité à instrumentaliser les mathématiques au service de Cupidon : « La tangente de vos yeux, perpendiculaire à la médiatrice de mon cœur, forme avec l'axe de notre union un triangle rectangle, dans lequel je me cache pour calculer le sinus de votre beauté et le cosinus de votre divin sourire. » Qui oserait opposer poésie et science après cette tirade ? Lors d'une mission à Turin, j'ai découvert le fameux « Ristorante del Cambio », où le comte Camille Benso de Cavour avait pris un repas après la proclamation de la guerre contre l'Autriche. Il avait prononcé à cette occasion la célèbre phrase : « Aujourd'hui nous avons fait l'histoire, maintenant allons manger. » Je me suis souvenu du cours de M. Georgin, mon professeur d'histoire, toujours de blanc vêtu. Il nous avait expliqué avec brio les similitudes et dissemblances du processus de l'Unité en Italie et en Allemagne. Le style en finesse du Piémontais qui devait naviguer entre le roi Victor Emmanuel II, le guerrier Garibaldi et l'empereur Napoléon III, contrastait avec la rigueur prussienne arrondie par la diplomatie du comte, devenu prince. Otto Eduard Leopold Von Bismarck devait aussi composer avec Guillaume Ier pour mener les différentes guerres. Mon professeur d'espagnol, M. Menoux, nous a non seulement fait aimer la langue de Cervantes, malgré la traduction ardue du « Bálsamo de Fierabrás », extrait de *L'Ingénieux Hidalgo Don Quichotte de la Manche*, il nous a enchantés avec les exploits de « Rodrigo Díaz de Vivar » de *Cantar de mio Cid*. Il a également levé un coin du voile de la littérature d'Amérique latine avec *Chile, país de rincones*, de Mariano Latorre. Nous avons donc bénéficié d'une des meilleures formations que l'on pouvait recevoir. Dans les écoles de France nous étions ainsi parmi les premiers dans nos différentes classes. Mais c'est seulement au cours des études universitaires que nous avons commencé à approfondir notre connaissance de la culture et de l'histoire du Sénégal ainsi que celles de l'Afrique. *Les Contes et Nouveaux contes d'Amadou Koumba* de Birago Diop, *L'Enfant noir* de Camara Laye, *Coup de pilon* de David Diop, *Maïmouna* de Abdoulaye Sadji, *Aube africaine* de Keita Fodeba, *Soundiata* de Djibril Tamsir Niane, *L'aventure ambiguë* de Cheikh Hamidou Kane, etc., nous avaient cependant entrouvert le monde fascinant de la littérature africaine.

Au lycée, le scoutisme, mouvement mondial avec une branche sénégalaise, avait suscité nos premières luttes idéologiques. Le serment de l'éclaireur avait fait l'objet de discussions passionnées. Fallait-il dire « Fidèle à ma patrie » ou « Fidèle à mon pays » ? Fallait-il porter le chapeau classique ou le « tingade » traditionnel des Halpulaar que nous avons fini par adopter ? Nous avons décidé de ne plus être « Éclaireurs de France », mais « Éclaireurs du Sénégal ». A travers ces mouvements de contestation, commençaient à germer les éléments de l'affirmation d'une identité nationale. Ce furent aussi les premières velléités de recherche de repères culturels. Les mouvements politiques africains, la branche locale de la Section française internationale ouvrière (SFIO), le Bloc Démocratique Sénégal (BDS), le Rassemblement démocratique africain (RDA), menaient une lutte idéologique acharnée. Nous vivions ces joutes politiques à travers les journaux et les meetings, mais aussi en suivant les discussions de nos aînés des classes de terminale.

Nous avons élargi notre horizon intellectuel et émotionnel au lycée, grâce aux cours de musique, de dessin et d'histoire de l'art, à côté de la physique, de l'optique, de l'astronomie, etc. Nous avons ainsi découvert la diversité des connaissances et de la culture du monde.

Je dois signaler l'importance des fêtes de fin d'année et surtout de la distribution des prix qui était organisée pour récompenser publiquement, les meilleurs élèves. Au bal je fumais mes deux cigarettes annuelles pour « frimer » devant les jeunes filles. Heureusement, je n'ai pas pris goût à la cigarette. Dès que j'ai fini mes études secondaires, j'ai cessé cet exercice annuel de crâneur. Je regrette qu'il n'y ait plus les occasions solennelles de reconnaître l'effort des élèves en présence de leur famille et de leur communauté. Recevoir, devant tout Saint-Louis, des livres avec des rubans colorés autour, c'était sensationnel, et aussi une grande source de motivation dans les études. A cette occasion, nous faisions aussi du théâtre avec des pièces africaines. J'ai vibré avec le public à l'évocation de la légende de la Reine Pokou des Baoulé, surtout quand elle a décidé de sacrifier son enfant pour calmer les eaux tumultueuses et effectuer la traversée du fleuve afin de sauver son peuple poursuivi par des envahisseurs. C'est aussi par le théâtre que j'ai appris l'existence de l'esclavage et entendu les célèbres chansons « Tabou » et « Babalu », au son du « tam-tam qui résonne sur un rythme fou » ainsi que la supplication : « Ramène-la-moi, l'enfant de chez nous qui est à nous. Comment vivrais-je un jour sans amour ? ». Quelques décennies plus tard, Cesaria Evora reprendra la même complainte en chantant « Sodade », la mélancolie de l'éloignement des jeunes Africains conduits par les Portugais sur le « caminho Pa São Tomé ».

– Pendant ces années de collège et de formation, puis de lycée, vous étiez plutôt attiré par les humanités ou plutôt par les sciences ?

– En réalité, je préférais les sciences car je voulais faire l'École Polytechnique. Je suis pourtant devenu premier ex æquo en philosophie en classe de terminale, avec mon condisciple le regretté Matar NDiaye. Déjà médecin africain, il était venu au lycée pour passer le baccalauréat afin de poursuivre des études de doctorat en France. A son retour au Sénégal, il devint Ministre de la santé puis ambassadeur du Sénégal au Cameroun.

Je suis donc un scientifique passionné par les sciences humaines. Quelques années plus tard, un de mes amis sénégalais, Aloyse NDiaye, professeur de philosophie de l'université de Dakar, qui a ensuite enseigné au Canada, m'a dit : « Jacques, il y a une chose que je ne comprends pas. A chaque fois que je te rencontre à Paris, à la librairie des Presses Universitaires de France à Saint-Michel, c'est devant les rayons de philosophie et pas ceux des sciences. » Je lui ai répondu : « Je fais suffisamment de sciences dans mon travail et quand je viens ici c'est pour pouvoir lire ce qui me plaît. »

Mon professeur de mathématiques en première m'a reproché de n'avoir pas choisi « Maths Elem. » et d'avoir fait « sciences expérimentales ». Mais j'ai eu raison, car j'ai réussi le bac à la première session. J'étais fort en algèbre, mais pas en géométrie, à cause de mes lacunes de la classe de seconde. J'ai donc préféré m'orienter vers une filière où les coefficients entre mathématiques, sciences expérimentales et philosophie étaient plus équilibrés. C'était un choix douloureux puisqu'il me fermait les portes de l'Ecole Polytechnique.

– Pensez-vous qu'en ces temps–là, il y avait déjà ce qu'on a appelé plus tard 'la dictature des maths', qui exerçait une sélection pas toujours fondée ?

– Dans mon cas, il fallait être bon en mathématiques comme base des sciences. Il s'agissait d'approfondir la physique, la chimie et la biologie, mais aussi de développer un socle philosophique qui sera utile plus tard pour apprendre l'éthique des sciences. Ceux qui voulaient faire des mathématiques pures choisissaient « Maths Elem. ». Ceux qui pensaient choisir des humanités s'orientaient vers le « Bac Lettres ». J'ai essayé, pour ma part, de faire la synthèse, ce qui d'ailleurs a facilité mes études d'agronomie. Je n'ai pas fait l'apprentissage des langues classiques, car en sixième j'ai opté pour une autre voie. Après le concours d'entrée au lycée, je suis allé chez l'un de mes aînés pour commencer le latin pendant les cours de vacances. Les exercices de déclinaisons, « Rosa, Rosam » etc. ne m'ont pas particulièrement inspiré. J'ai préféré opter pour les langues vivantes : l'anglais en sixième et l'espagnol en quatrième. Ces connaissances linguistiques m'ont été indispensables plus tard, notamment dans mes fonctions régionales et internationales.

– En plus de cette formation classique du lycée, vous vous adonniez au scoutisme…

– Il faut reconnaître que nos motivations pour faire du scoutisme furent, au début du moins, plutôt prosaïques. On nous avait dit que cet engagement nous permettrait d'avoir des activités de plein air, et qu'en plus il y aurait les jeunes filles avec nous. Nous ne les avons pas beaucoup vues, car le mouvement des garçons et celui des filles étaient bien séparés. Nous étions à l'âge des amours platoniques. Nous écrivions pour les jeunes filles du collège Hamet Fall des cahiers de chants agrémentés de dessins avec fleurs et cœurs percés par les flèches de Cupidon. Elles brodaient des mouchoirs blancs avec du fil vert ou rouge. Elles nous les remettaient à l'entrée du pont, sur le chemin de l'internat de Sor, ou à leur retour à l'arrêt de bus, sur la place Faidherbe.

Le scoutisme a surtout développé chez nous l'altruisme. Dans la société traditionnelle africaine on pense à l'autre, parce qu'on vit ensemble. Il n'y a donc pas une propension à l'individualisme, mais ce sont des relations spontanées dans un cercle de solidarité fermé. Le scoutisme est ouvert mais aussi organisé et structuré. Ce sont les prémices de l'action humanitaire qui va au-delà de l'aumône par compassion ou par conviction religieuse. J'ai appris à nouer le bout de mon mouchoir pour ne pas oublier de faire la bonne action (la b.a.) de la journée. Déjà dans le cadre du lycée, nous avions organisé des cours de vacances gratuits pour les élèves des classes inférieures. Cet exercice a permis de mettre en exergue l'importance primordiale de l'éducation. Nous avons fait l'école des guides pour arriver à l'échelon de commandement du scoutisme. Nous avons dû effectuer des séjours prolongés en zone rurale. Nous avons vécu en plein air, sous des tentes. Nous avons appris à lire les signaux dans la nature, à faire des nœuds compliqués et à développer une habileté manuelle. J'ai appris à donner les premiers soins à des malades ou des blessés, et notamment à faire des attelles en cas de fracture.

Au cours de notre stage de formation à Tassinère dans le Gandiolais, nous avons effectué des prospections en milieu rural. J'ai découvert pour la première fois à quel point le Sénégal profond est hospitalier et accueillant. Pendant deux jours, tout seul, je devais préparer une carte des lieux à visiter et indiquer les moyens d'orientation avec une boussole. Les villages, les cours d'eau et endroits spécifiques devaient être identifiés. Il fallait trouver de la nourriture et un lieu pour passer la nuit. Chaque fois que j'arrivais dans un village, les habitants qui ne me connaissaient pas et n'auraient probablement jamais l'occasion de me revoir, m'ont offert le meilleur accueil. Ils n'ont pas hésité à sacrifier les quelques poulets qu'ils avaient pour préparer les repas. J'ai eu leurs plus beaux pagnes pour me couvrir pendant la nuit, etc. Cette bonté exprimée spontanément m'est allée droit au cœur. Ces personnes n'étaient pas riches. Elles avaient juste de quoi vivre, mais elles étaient prêtes à partager ce qu'elles avaient.

Je n'oublierai jamais cette grande leçon de générosité, si typique de l'éducation traditionnelle de mon pays.

A la fin du stage nous avons entonné avec émotion le chant dédié à Sarr Ousmane Thiané, notre chef scout arraché prématurément à notre affection et à notre respect.

Nous avions aussi des associations culturelles et récréatives. La première s'appelait « L'Atomic Band » et la seconde « Le Matignon ». C'est dire que nous savions déjà voir grand. Les membres se retrouvaient pour travailler ensemble, préparer le brevet et plus tard, le baccalauréat. Nous organisions des soirées théâtrales avec des acteurs en herbe et des bals avec le concours des jeunes filles membres. C'était l'occasion d'apprécier la musique des orchestres locaux et de montrer nos prouesses de danseurs. Mais, nous avions aussi l'opportunité de montrer, face aux contraintes logistiques et aux réalités de la ville, notre capacité de concevoir, réaliser et réussir un projet hors du cadre de l'Ecole.

– Cette double expérience du scoutisme et du mouvement associatif vous a donné le sens du partage. Est-ce que cette expérience de groupe va compter dans vos premiers engagements politiques ?

– Oui, mais avant cela il y a eu l'éducation de base. Au-delà des relations de famille. Il existait une approche quasi communautaire, je dirais même de socialisme primaire dans les rapports et le type de vie que nous menions. Ce n'était pas du tout la micro famille des seuls parents avec leurs enfants. Nous mangions par terre, dans le même plat. Nous passions des nuits blanches à bavarder et raconter des histoires. Nos actions étaient communes. Même dans les clubs sportifs, nous supportions la même équipe, la plupart du temps celle du quartier. Dès cette époque, nous étions prédisposés à une approche sociale de la vie et des relations humaines. Dans ces associations composées comme la population d'une majorité de musulmans, il y avait aussi des catholiques, notamment deux de mes meilleurs amis, l'un, Jacques-Gabriel Gomis, est malheureusement décédé. C'était un journaliste célèbre. L'autre, Evra Cyprien, devenu diplomate, est, je crois, le père du joueur de football de l'équipe de France. C'était le meilleur danseur de tango du groupe. A Noël nous assistions à la messe de minuit, parfois dans l'église, pour attendre nos petites amies catholiques, avant d'aller réveillonner. Nos associations étaient aussi pluriethniques avec des Sérère, Wolof, Halpulaar, Diola, etc.

– Pensez-vous que cet aspect communautaire de l'éducation de base aide à la naissance d'une conscience politique ?

– En réalité, ce qui a fait naître la conscience politique, c'est la compétition entre les partis autour de nous. Le thème majeur à l'époque était la lutte entre les partisans de l'autonomie interne ou l'indépendance, de la balkanisation ou du fédéralisme. Nous allions aux réunions écouter les différents discours. Ainsi en terminale, nous avions déjà quelques idées et opinions sur les grands débats. La question de l'unité entre le parti de Senghor et celui de Lamine Gueye avait suscité bien des passions. Nous suivions les arguments des uns et des autres. Certains étaient favorables à l'Unité avec un groupe optimiste : « Si nous avons été ensemble, c'est que nous pouvons être, de nouveau, unis ». D'autres étaient plus fatalistes : « Nous nous sommes battus, nous avons perdu, maintenant il vaut mieux être de nouveau ensemble au lieu de continuer un combat qui n'apporte rien ». En face, il y avait ceux qui n'avaient pas accepté la scission aboutissant à la création du Bloc Démocratique Sénégalais (BDS). Ils insistaient avec force pour retarder les décisions afin de négocier des conditions meilleures pour une fusion entre les deux partis. Leurs arguments semblaient cependant plus subjectifs.

– Quand avez-vous commencé à penser à l'orientation professionnelle que vous souhaitiez donner à votre vie ?

– Pendant les premières années d'études, j'acquérais sans arrière-pensée, du mieux que je pouvais les connaissances qui seraient nécessaires dans la vie. C'est à partir du premier bac que j'ai commencé à me poser la question de savoir ce que je ferai plus tard. C'était la période de la Loi – Cadre de Gaston Deferre, années de bouillonnement politique. A l'époque, nous avons lancé deux mouvements de grève. C'étaient des revendications, parfois déraisonnables lorsqu'on y repense. Je me souviens de la deuxième qui a été très dure. Il y a eu des blessés, certains élèves ont été hospitalisés. Nous avons également dû subir les railleries de notre professeur de philosophie, M. Vigneau, qui nous a dit : « Vous êtes vraiment nuls. Vous êtes les meneurs et vous êtes les premiers que la police arrête. » J'ai appris pour la première fois ce qu'est la psychologie des foules. Le conflit est né des tenues d'internat que l'on nous donnait chaque année. Nous avions refusé de les prendre car nous voulions l'argent de nos bourses pour acheter nous-mêmes nos habits, sans être astreints à l'uniforme. Il y a eu un débat houleux à l'assemblée générale des élèves. Nous avons essayé de faire entendre raison aux plus jeunes en rappelant que le proviseur avait essayé d'être coopératif en proposant d'accéder à notre demande l'année suivante, car les tenues avaient déjà été achetées et livrées. Un des participants a répondu : « Vous êtes des lâches » et notre réaction a été immédiate : « Allons à la grève et on va voir qui sont les lâches. » C'était de la surenchère, mais si nous avions agi autrement nous aurions perdu notre crédibilité et notre leadership du mouvement. Et comme il fallait s'y attendre, nous avons été débordés. Les plus jeunes sont allés brûler des livres et des cahiers dans les salles de classe. Nous avons essayé de les calmer, mais alors la police et les gendarmes sont arrivés, et nous avons engagé ce que nous avons appelé pompeusement la « bataille du rail ». Nous avons en effet été poursuivis de la place Faidherbe jusqu'aux abords de la gare à Sor. Nous avons jeté des pierres aux forces de répression et nous avons dû refluer à travers les ponts vers Guet Ndar, le quartier des pêcheurs très rebelles, qui étaient la hantise de la police. Quelques mois après, il y eut l'incendie chez eux, ce qui arrivait fréquemment car beaucoup de maisons étaient des cases de paille. Tous les élèves du lycée se sont alors précipités pour traverser le pont afin de les aider, en signe de reconnaissance et de solidarité.

Ces grèves étaient le début de l'action militante, et le refus de certains actes de l'autorité administrative. Les policiers m'ont frappé avec des bâtons et m'ont mis dans leur véhicule « le panier à salade ». Une jeune fille, Younouss Seye, qui est ensuite devenue un peintre célèbre, a réagi en leur lançant des invectives. Elle a eu droit au même traitement. Quand je suis devenu Ministre, c'était l'une des rares personnes qui pouvait entrer dans mon bureau sans rendez-vous. Moustapha Diouf NGalandou, le mari de ma cousine, est venu me sortir du cachot en se moquant de moi tout au long du chemin de retour à la maison. Il était devenu officier supérieur de l'armée sénégalaise, parce que pendant la seconde guerre mondiale en France, il était déjà officier parachutiste. J'ai appris aussi comment on pouvait retourner une opinion défavorable. Le premier jour, nos parents étaient contre la grève et nous disaient d'étudier au lieu de faire des réclamations déraisonnables. Le deuxième jour, les policiers ont utilisé des grenades lacrymogènes. Nous sommes arrivés chez nous les yeux rougis, expliquant qu'ils nous avaient jeté des grenades – en omettant de préciser « lacrymogènes » –. A Saint-Louis on avait encore le souvenir de la guerre 1939-45 et de l'arrivée par la mer des troupes du Général De Gaulle à Dakar. Le Gouverneur, vichyste, avait refusé leur débarquement. Les Anglais ont alors tiré sur la ville. Les garnisons et les navires de guerre qui étaient au port ont riposté. Il y a eu beaucoup de blessés et des morts. Les populations ont fui vers les villes et villages de l'intérieur. A la suite de notre relation du traitement que nous avions subi, Saint-Louis était en émoi. Les femmes étaient descendues dans la rue et les hommes n'avaient d'autre choix que de les suivre. Les autorités ont dû céder et nous laisser tranquilles. C'est dire que le substantif « grenade » était utile, mais le qualificatif « lacrymogène » était plus important.

– Par delà cet engagement militant, comment s'organisait la préparation à l'entrée dans la vie active ?

– Je lisais régulièrement les magazines illustrés, d'aventure et de sport. J'ai impressionné les ministres uruguayens lors d'une visite officielle effectuée des années plus tard en tant que directeur général de la FAO, en rappelant le rôle important de leur pays dans l'histoire du football, notamment leur victoire à la Coupe du monde de 1950, et surtout le but de leur ailier droit, Ghiggia. A l'époque, nous découpions les photos dans les journaux sportifs et nous les mettions dans des albums. Ce but, je l'ai vu et revu tellement de fois qu'aujourd'hui encore je ne peux l'oublier. Ces revues contribuaient aussi à notre culture et à notre connaissance du monde. Mais c'est la réunion au cinéma Rex, en face du Lycée Faidherbe, organisée par l'armée pour les lycéens des classes de première et de terminale, qui a failli faire basculer ma vie.

– Quel était le but de cette réunion ?

– C'était pour convaincre les jeunes Sénégalais de devenir les futurs cadres de l'armée nationale. Deux généraux sénégalais, Fall et Soumaré, avaient fait des exposés brillants et convaincants. Après la rupture de la Fédération du Mali, créée entre les deux pays, l'un est devenu chef d'État major de l'armée du Sénégal, l'autre de celle du Mali. Ils avaient expliqué que la « grande muette » avait besoin d'intellectuels pouvant être admis à l'École des officiers de Saint-Cyr. A partir de la classe de seconde, nous avions fait la préparation militaire chaque jeudi après-midi, au camp Gazeilles, situé dans le quartier de Ndar Toute. Nous y avons appris le maniement des armes, la tactique militaire et les exercices d'endurance. Nous faisions régulièrement le « parcours du combattant », avec la table irlandaise, la montée des échelles de corde et de fer, les sauts depuis les hauts murs, etc. Il fallait ramper dans la boue et faire des exercices de flexion des bras, corps à l'horizontale, en appui sur la paume des mains et la pointe des pieds, Nous devions ensuite parcourir de longues distances sur la route du « pont de Khor » avec un sac de vingt kilos sur le dos, au rythme de chansons comme « Elle descend de la montagne à cheval ». L'instruction était donnée par un major très compétent, qui nous a appris à démonter les MAS 36 et à reconnaître les différents uniformes et grades de l'armée pour respecter la hiérarchie miliaire. Il y a eu des combats simulés avec l'usage de grenades offensives et fumigènes, ainsi que des tirs de fusil et de mitraillette. Cette sensibilisation me prédisposait à envisager l'orientation militaire. Mais c'est l'action des partis indépendantistes qui m'a dissuadé de m'engager dans cette voie. Leurs militants sont venus nous préciser qu'après les études à Saint-Cyr, il fallait un prolongement pratique en Algérie pour la confirmation du grade de sous-lieutenant. Or, nous ne devions pas combattre des frères africains qui, comme nous, luttaient pour leur indépendance.

Par la suite, j'ai voulu choisir la carrière du Docteur Issa Diop. Pendant son internat, il avait fait la connaissance de mon père hospitalisé dans son pavillon. Il lui était très attaché et est devenu un membre de ma famille. A la fin de mes études, c'est lui qui me soignait, ainsi que mon épouse et mes enfants. Déjà au lycée, je le voyais souvent à l'hôpital. Il donnait des soins aux habitants de la ville qui lui manifestaient une profonde reconnaissance. Quand j'ai commencé mes cours de sciences naturelles, c'est le premier qui m'a expliqué que la formule Na venait du nom latin natrium. J'ai commencé à porter un intérêt à sa profession. Une fois, j'ai eu une pneumonie et il m'a gardé chez lui pour surveiller l'évolution de mon état de santé. Nous avons discuté de science, de chimie, de biologie, etc. J'ai trouvé ces sujets très intéressants et j'ai cru que ce serait une bonne idée de faire des études de médecine. J'étais encore hésitant quand j'ai entendu un discours de Mamadou Dia. Il parlait de l'importance de l'agriculture pour l'économie sénégalaise, de l'exploitation des paysans et des conséquences de la monoculture. Il expliquait que cette situation devait changer avec l'autonomie interne qui allait préparer l'indépendance. Il serait alors possible de moderniser l'agriculture, en permettant aux travailleurs du sol d'avoir des revenus décents. Des agronomes compétents sénégalais devraient être formés pour atteindre cet objectif. C'est à ce moment, seulement, que j'ai pensé avoir trouvé ma vocation. Il fallait cependant aller en France pour préparer le concours d'entrée dans les Grandes Écoles. Une bourse d'étude du gouvernement était donc nécessaire mais les délais étaient cependant trop longs. Conformément à nos traditions, la solidarité familiale a joué. Mon oncle, Iba Hameth Diop, a décidé de m'acheter un billet pour le voyage en bateau de Dakar à Marseille. Il avait ajouté : « Si les formalités aboutissent, tant mieux, mais tu ne vas pas perdre ton année scolaire parce que tu attends une bourse. »

– Est-ce qu'en plus du discours de Mamadou Dia, qui vous avait aidé à identifier une vocation naissante, vous ne pensez pas que votre familiarité, dès l'enfance, avec le milieu agricole des environs de Saint-Louis, vos promenades dans la Langue de Barbarie vous avaient prédisposé à cette orientation ?

– Venant d'une ville, la capitale du Sénégal, il peut paraître paradoxal de choisir un métier rural. Saint-Louis était cependant assez emblématique de la diversité de l'environnement. Il y avait certes dans l'île des rues, des trottoirs, des maisons à étages. Le plan de la cité avait été préparé dès 1829, avec ses rues à angle droit, etc. Mais il y avait encore, surtout dans la partie extrême du quartier sud, des jardins avec des outils aratoires, des bêches et des arrosoirs. Des planches étaient aménagées pour les cultures maraîchères. Dans plusieurs maisons, notamment dans celle de Mame Bineta Diouf, une des petites sœurs de ma grand-mère, il y avait une vigne avec une treille. Elle n'a jamais produit de raisin, mais elle assurait une protection efficace contre les rayons du soleil au zénith. Au quartier de Sor, le jardin d'essai possédait beaucoup de plantes et des espèces introduites d'autres continents. Il y avait des arbres fruitiers, des corossols, des sapotilliers, des orangers, des citronniers. Il y avait aussi des cocotiers qui nous donnaient l'occasion de faire l'escalade des troncs pour décrocher des noix, c'était le « maraudage ». La mer et le fleuve étaient très poissonneux. Dans les maisons, on élevait de la volaille, poules et pintades, ainsi que des moutons à sacrifier à la fête de l'Aïd-al Adha. Même en ville, j'étais donc en contact avec les cultures, les arbres, les poissons et les animaux domestiques. En outre, à la fin de l'école primaire, j'ai passé des vacances à Rosso, près du fleuve qui relie la Mauritanie et le Sénégal. Les caravanes de chameaux revenaient des escales de l'intérieur pour arriver au marché en plein air de la ville. Les produits du désert étaient colorés, avec des senteurs exotiques. Les noms des cités d'origine, Aïoun Al Atrous, Boutlimit, Tijikja, etc., évoquaient le grand large sahélien et saharien. Nous sommes rentrés à Saint-Louis dans une barque appelée « pinasse ». Il s'agissait d'une des petites embarcations des sociétés de commerce qui reliaient les différents comptoirs. Elle n'offrait pas le confort et la sécurité des grands bateaux qui voguaient sur le fleuve comme le « Boufflers » et le « Bou El Mogdad ». Les nombreux crocodiles qui somnolaient sur la berge, en entendant le bruit du moteur, plongeaient dans l'eau comme s'ils convergeaient vers le petit bateau. Cela avait eu un grand effet sur moi et à mon retour, pendant des jours, je revoyais ces images impressionnantes.

CHAPITRE III

Un parfum de France

– A la fin des études au lycée, vous voilà doté d'un diplôme qui vous permet de concrétiser votre choix professionnel enfin arrêté et vous ouvre les horizons transatlantiques.

– Après les vacances j'ai pris le bateau pour Marseille. Avant mon départ, conformément aux traditions, ma tante, Aïda Diop Fatou Sour, m'a donné, à Saint-Louis, des aliments à emporter « pour ne pas avoir faim en France ». C'était du « mbouraké », mil mélangé à de l'arachide et du sucre. Je quittais ma famille avec les prières et la bénédiction de ma mère. J'étais triste et même un peu préoccupé car, en dehors des périodes de vacances assez courtes, c'était la première fois que je quittais ma famille. A Saint-Louis, on doit toujours passer la nuit chez soi. Je me souviens encore de la seule exception quand, après une journée chez mon grand frère une forte pluie m'a empêché de retourner à la maison. Je n'ai pas dormi de la nuit.

Ce voyage était la grande aventure. J'ai eu le mal de mer dans le navire qui venait d'Amérique du Sud. De Marseille, j'ai pris le train pour la gare de Lyon. A Paris, j'ai été déçu en trouvant une ville grise. J'étais loin de la « Cité des Lumières » que je pensais trouver. J'ai pu arriver à la cité universitaire, sur le boulevard Jourdan où j'ai trouvé mon oncle Idrissa Diouf et certains de ses amis à la « Maison des étudiants de la France d'Outre-mer, Lucien Paye ». Très accueillants, ils m'ont conduit à la « Maison des étudiants de l'Ouest Africain », boulevard Poniatowski, près de la Porte dorée. Une chambre m'a été affectée en attendant que je m'organise de manière plus permanente. Aussitôt après le départ de mon oncle et de ses amis, j'ai demandé le chemin du « Club Saint-Germain-des-Prés ». On m'a expliqué comment prendre le métro. Derrière « Les Deux Magots », rue Saint-Benoît, se trouvait ce fameux club qui, au Sénégal, m'avait fait rêver. Dans la salle de cinéma, aux « actualités françaises » projetées avec la publicité de Jean Mineur, juste avant le film, j'avais vu des virtuoses du jazz qui m'avaient émerveillé. Dès que j'ai précisé que j'étais étudiant, j'ai reçu une carte de membre. J'étais content et fier.

Quelques jours après, j'ai eu le malheur, ou plutôt le bonheur, de dire à mon oncle que je venais d'avoir une carte du Club Saint-Germain. A ce moment, j'avais commencé à faire mes démarches pour être inscrit au lycée Saint-Louis ou Henri IV de Paris. Mon oncle revint me dire que j'avais une place au Lycée François 1er à Fontainebleau. Adieu Club Saint-Germain-des-Prés et Paris. J'ai donc pris le train pour la gare de Fontainebleau-Avon. Le surveillant général, M. Braquier, surnommé « Quéquette », m'a reçu avec beaucoup de gentillesse. Le Censeur, M. Robert, avait pris contact avec une famille française très aimable qui avait une fille et deux fils lycéens. Il m'avait fait savoir qu'ils seraient heureux de m'accueillir chez eux. Le jeudi, je me suis rendu chez Mme May. Elle me reçut avec son mari, un docteur très connu et ses enfants. Je suis resté jusqu'à ce jour très proche de la famille. Certains de mes enfants ont habité dans leur maison quand ils sont venus en France pour leurs études. Madame May a été au Sénégal avec ses petits-enfants. Nous avons maintenu ces liens affectueux qui montrent qu'à cette époque là, les Français étaient extrêmement hospitaliers et affables à l'égard des Africains venus dans leurs pays. Les jeunes de l'Outre-mer sentaient qu'ils étaient les bienvenus dans le pays de « la liberté, de l'égalité et de la fraternité ».

– *On ne connaissait pas encore le problème du rejet des étrangers ?*

– Ces problèmes ont commencé avec l'avènement des partis extrémistes. Mais aussi, il faut le dire, avec l'arrivée d'une nouvelle catégorie d'Africains. Les premiers avaient combattu pour la libération de la France de l'occupation de l'Allemagne nazie. Les suivants faisaient des études supérieures. Au début des années soixante, ce fut le tour des Africains cherchant de meilleures conditions de vie et donc prêts à faire des travaux dont les français ne voulaient pas. A l'époque les Portugais, Italiens et Espagnols faisaient partie de cette catégorie d'immigration. Ils ont cependant été tolérés tant que la croissance économique rendait leur apport nécessaire à la prospérité de la France. Avec les crises économiques, ils sont devenus pour les partis xénophobes les excuses faciles du chômage, de l'insécurité et des difficultés des habitants de l'hexagone.

Le départ du Sénégal avait fait remonter de mon subconscient une terrible épreuve, le décès de mon père quand j'avais trois ans. Je revois ce train au petit matin brumeux et le vieux Dame Gueye, ami fidèle de mon père qui accompagnait ma mère à Dakar. Les wagons étaient remplis de personnes étrangères au monde douillet où je vivais. J'entends encore le sifflet du chef de gare, le halètement de la locomotive et le crissement des roues sur les rails. Jusqu'à présent les images sont restées gravées dans ma mémoire comme des clichés instantanés d'appareil de photographie. Ma mère m'a rappelé plus tard que je lui avais dit durant notre séjour : « Maman, tu as vu, nous avons suivi Papa, nous sommes ici, dans cette ville où nous ne connaissons personne, et ma petite sœur, Mame Anna, vient de mourir. Il faut que nous retournions à Saint-Louis. » Elle a dit m'avoir répondu : « Non, il faut que nous restions à côté de ton père, il a besoin de notre présence. Si ta sœur est morte c'est la volonté de Dieu. »

En face de nous, à la rue Ribet, habitait le docteur de l'hôpital de Saint-Louis, le Capitaine médecin Gay. Il venait d'avoir un bébé, mais sa femme n'avait pas de lait. Il a demandé à des collègues de l'hôpital de vérifier si ma famille ne verrait pas d'inconvénient à ce que ma maman allaite sa fille, Marie-Joëlle. A l'époque, il n'y avait pas de lait complet pour bébé dans les pharmacies. Maman leur a dit de demander à son mari car c'est lui qui décide. Alors ils sont allés voir mon père, et il a répondu : « Si cela peut aider à assurer la survie de cette enfant, bien sûr. » Ainsi j'ai eu une sœur de lait, qu'on a appelée « Fatou Toubab », « Fatou la Française ». Ce nom était un retour teinté d'humour de la balle à l'envoyeur. Les Français appelaient en effet toutes les Sénégalaises qui travaillaient pour eux « la Fatou » transformant ainsi un prénom courant en nom commun. Pendant que j'étudiais en France, elle est retournée à Saint-Louis et a pris des photos avec ma maman. Elle lui a donné son adresse à Marseille et j'ai tout fait pour la retrouver, sans succès. Cet épisode montre l'humanisme et l'esprit d'ouverture de nos parents.

– En fait, cette chaude hospitalité de la famille May a mis un peu de bleu dans le gris du ciel automnal et hivernal ?

– Et a tempéré ma première impression de la ville de Paris.

– Alors comment se passe la scolarité au Lycée François 1er ?

– L'école était une belle bâtisse construite selon les plans de l'architecte Henri Broust. Un bâtiment dont la façade rappelle un château royal, servait à l'administration, alors que deux ensembles perpendiculaires étaient réservés aux classes. François 1er était un excellent lycée. Nous avions certains des meilleurs professeurs, notamment en mathématiques, Madame Sacerdot. Nous l'appelions « mitraillette » à cause de la vitesse à laquelle elle dictait ses cours. Elle a tenu à être présente à la fête du cinquantenaire de notre promotion. C'était la seconde fois que je la revoyais. Lorsque mes enfants sont venus pour leurs études à Fontainebleau, Madame May lui avait téléphoné et elle est venue aussitôt nous retrouver à la maison. Elle a expliqué que notre promotion était un « bon cru, contrairement aux jeunes d'aujourd'hui qui ne travaillent pas assez. » Elle nous a très bien formés, surtout en calcul intégral et matriciel. Le professeur de français a dit un jour que les élèves qui viennent du Sénégal sont toujours meilleurs que ceux de France ; c'est peut-être parce qu'ils parlent une langue classique qui n'est pas mélangée aux mots d'argot et ne souffre pas des déviances de la langue parlée. Le professeur de physique, M. Valleau, « Le Fred », précis et solide, disait qu' « il faut bien faire ou pas du tout. » Il nous a poussés à l'excellence. Au-delà du contenu du cours, ces propos ont été une leçon pour le reste de ma vie. On appelait le professeur de sciences naturelles, M. Valenci, « jaune d'œuf », à cause de sa tête chauve. Son cours et ses travaux pratiques étaient toujours très bien faits, car il était très organisé.

Le bizutage à Fontainebleau s'est passé pour moi sans problème. Certains de mes amis africains ont eu des difficultés d'adaptation culturelle à de telles pratiques. Mais nous avons réagi solidairement et vivement quand des élèves ont commencé à réveiller un des Africains pour le faire courir autour du parc en lui disant, chronomètre en main, qu'il allait battre le record du monde. Il se laissait faire, mais Denis Bra Kanon, Koné NFagnanama, devenus Ministres de l'agriculture de Côte d'Ivoire et du Mali et moi, nous nous sommes fâchés et nous leur avons dit de lui « foutre la paix », alors ils l'ont laissé tranquille. Mon problème était d'une autre nature. Les élèves des classes préparatoires visitaient chaque année les châteaux de la Loire. A ces occasions, il y avait des dégustations de vin à la pipette. Au retour ils étaient saouls. Je devais supporter, tout au long du chemin de retour, les chansons paillardes criées à tue tête dans le bus. Mais comme j'étais l'un des rares à tenir debout grâce à ma sobriété, je devais les aider, un à un, à monter les escaliers pour regagner leur « turne », leur chambre. Heureusement, j'avais la maigre consolation de voir au cours de mes séjours parisiens, la publicité du dromadaire dans le métro : « Increvable car il est sobre ».

Il y avait une grande solidarité au sein des classes de préparation, les « prépas ». Nous avions un uniforme distinctif et nous avons développé de solides amitiés en travaillant ensemble en permanence. Aujourd'hui encore, je reçois avec plaisir et nostalgie des lettres de mes camarades de promotion. Certains ont continué leurs études avec moi à Grignon, d'autres sont partis dans d'autres Grandes Écoles, à Rennes, Montpellier, etc.

– Parmi vos condisciples, quelqu'un allait devenir une grande vedette, un certain Enrico Macias...

– Oui. Gaston Ghrenassia terminait ses études secondaires quand j'étais en classe préparatoire au concours d'entrée aux Grandes Écoles. Il avait déjà sa guitare et beaucoup de succès auprès des jeunes filles, notamment celle qui m'avait choisi comme parrain. Nous nous sommes retrouvés dans un restaurant à Marseille à la fin de l'année 1963 quand la neige avait bloqué la circulation dans toute la ville. Il m'a expliqué qu'il allait participer ce soir-là à un spectacle avec Dario Moreno car il avait choisi la carrière de chanteur. Quelques mois après, il devenait célèbre avec les chansons *Enfants de tous pays*, *Mon ami, mon frère, La Femme de mon ami*, etc. Notre dernière rencontre eut lieu au cours de l'été 1997. Il m'invita, avec mon épouse et des amis, à un très beau spectacle musical à Hammamet, dans le Cap Bon, en Tunisie.

– Plus qu'une structure impersonnelle d'enseignement, le site de Grignon faisait correspondre apprentissage et environnement...

Grignon comportait un château en briques roses Louis XIII, deux bâtiments annexes et le pavillon du directeur Der Katchadourian, avec une belle campagne tout autour. Il fallait arriver à la gare de Thiverval et faire plusieurs kilomètres à pied sur des routes bordées de champs de cultures et de fermes d'élevage. Les terres vides à l'automne se paraient d'un manteau lactescent en hiver. Les lames des charrues y creusaient des sillons profonds, réceptacles nourriciers des semences. Au printemps, après la germination, les jeunes pousses sortaient timidement des emblavures et devenaient des tiges herbacées. Puis venait l'été avec son déploiement de fleurs parfumées aux couleurs écarlates, de pollinisations fécondantes et de productions de l'abondance. L'école était un vaste domaine de verdure de plus de 400 hectares, presque entièrement entouré de hauts murs, avec des allées gazonnées, des bois, sous-bois et taillis. Il était traversé par un cours d'eau : le Ru. Il comportait des salles de classes et des logements, ainsi que des laboratoires, un garage de machines agricoles, un centre équestre, des champs d'application et d'expérimentation, ainsi qu'une ferme d'élevage. Grignon était un cadre de vie studieuse où l'on enseignait les sciences de base : mathématiques, physique, chimie, biologie, géologie, climatologie, économie et gestion. Ces connaissances étaient ensuite appliquées en phytotechnie, zootechnie, foresterie et pêche. Les exercices pratiques, les analyses de laboratoire, les visites aux champs et à la ferme, ainsi que les stages en milieu réel pendant les vacances complétaient la formation. Mais Grignon c'était aussi la grande garden-party annuelle qui nous a permis de tester les leçons de planification, d'organisation, de gestion, mais aussi de division des responsabilités et de solidarité entre les étudiants, les « fisticis ».

Lorsque mon professeur Jean Chombart de Lauwe m'a demandé de choisir un sujet à la fin de mon examen d'économie rurale, je lui répondis spontanément : « La collectivisation de l'agriculture. » J'étais en effet fasciné par le modèle soviétique des Kolkhozes et des Sovkhozes qui devaient permettre une mise en commun des moyens de production pour bénéficier d'une économie d'échelle dans le cadre d'une gestion solidaire pour les agriculteurs. J'étais partisan d'une société plus égalitaire où chacun devrait être jugé sur son travail. A ce moment là le livre *La Nomenclatura* n'avait pas été écrit. Je reçus une réponse acerbe de mon professeur : « Vous irez faire votre stage dans une ferme de Bretagne pour savoir comment elle fonctionne avant de la collectiviser. »

– A Grignon, l'enseignement théorique devait être complété par une immersion pratique qu'assuraient les stages…

– Je suis allé à Keur-Yvon, dans une famille très accueillante du Finistère, en Bretagne. Là, j'ai appris à connaître les activités agricoles et la vie à la ferme. J'ai vu les cultures, la production animale, le machinisme agricole, et le stockage des produits. Nous prenions les repas tous ensemble et nous travaillions du lever au coucher du soleil. J'ai commencé à comprendre que l'activité agricole n'est pas seulement économique, mais c'est aussi une manière de vivre, une communion avec la nature.

L'année suivante, j'ai fait pour mon mémoire un stage au Danemark. Dans la ferme, on ne parlait que le danois. Personne ne s'exprimait en anglais ou en français. C'était l'année des Jeux olympiques, avec le triomphe de la gazelle noire, Wilma Rudolph, qui a gagné tant de médailles d'or. J'ai profité de sa renommée parce qu'au Danemark, on ne faisait pas de différence entre un Africain et une Africaine-américaine. Malheureusement elle a terminé sa vie sans le sou et dans des conditions pénibles.

Le Danemark était le pays le plus avancé d'Europe en matière de développement rural et surtout de coopératives agricoles. J'ai pu voir comment les exploitations étaient regroupées pour pouvoir commercialiser et exporter ensemble. J'ai dû utiliser des documents en danois, avec une note assez bonne, parce que pendant un mois dans le milieu, j'étais bien obligé de comprendre et de m'exprimer dans cette langue. Cela surprend toujours quand je dis des mots que seuls les Danois peuvent prononcer, « Reu greu mé fleud », c'est le petit-déjeuner à base de confiture et de lait. Dès que l'on disait une phrase, je regardais mon dictionnaire, je prenais un papier et je notais méthodiquement tout ce qui était dit avec la signification, pour améliorer mon vocabulaire. L'épouse du propriétaire de la ferme était une forte femme, qui fumait son cigare, comme c'était l'usage au Danemark. Une jeune fille, « Guitte », était aussi en stage à l'exploitation. Le fils du fermier se tourne un jour vers moi en me disant le nom de la jeune fille, suivi de « prichi patau ». Je n'ai pas compris, alors j'ai pris, comme d'habitude, mon dictionnaire pour qu'il me montre le mot. Tout le monde éclate de rire. A force d'explications j'ai fini par comprendre qu'il voulait dire « Brigitte Bardot ». Elle était célèbre, mais pas au point de figurer dans le lexique français danois !

J'ai eu à conduire des moissonneuses-batteuses, je me souviens encore du nom en danois, « mayechassque ». Je devais accrocher les appareils agricoles – charrues, herses, semoirs, etc. – au tracteur.

A Copenhague, où j'ai effectué un séjour à l'hôtel des étudiants avant de retourner en France, j'ai rencontré des suédois, des norvégiens et un malgache. J'ai eu le « repos du guerrier » avec des activités plus récréatives d'un jeune en vacances.

Le sujet de mémoire en Bretagne portait sur la gestion d'une exploitation agricole et au Danemark sur les coopératives agricoles. D'un côté, c'était la ferme avec ses aspects humains, ses facteurs de production et sa gestion. De l'autre, l'accent était mis sur l'expérience réussie de la mise en commun des ressources, approche inspirée de la social-démocratie, combinant l'action collective voulue et la prise en compte des règles du marché.

En Bretagne, j'habitais à Keur-Yvon et au Danemark à Tune-Keur. Au cours d'un entretien avec le Président Senghor, j'ai avancé la théorie de l'origine Viking du mot keur utilisé dans les villes du Sénégal pour désigner une maison. En zone rurale, on dit « neeg », qui signifie chambre chez les citadins. Des Vikings, aux Bretons et à leur découverte de Saint-Louis, j'ai franchi allégrement le pas historique et linguistique. Il me répondit courroucé : « Mais non, c'est un mot négro-africain. »

– Qu'avez-vous retenu de la fréquentation des cours de Jean Chombart de Lauwe ?

– C'est le père de « la gestion moderne des exploitations agricoles ». Les premiers travaux en France pour analyser les facteurs de productivité et de rentabilité avec la quantification et la comptabilisation des paramètres techniques, économiques et sociaux, ont été réalisés par Jean Chombart de Lauwe et son assistant Poitevin. Mais ce qui m'a marqué c'est son introduction à l'économie et à Samuelson. Il se référait toujours aux études et statistiques de la FAO. Il m'a appris que c'est le progrès technique qui engendre le progrès économique, qui permet le progrès social. C'est primordial. Je pense que beaucoup de leaders de pays font des erreurs stratégiques, car ils ne mettent pas en place les outils techniques les plus efficaces pour être économiquement rentables afin de produire les richesses nécessaires à une action sociale durable.

– Cette leçon n'a pas vieilli...

– Non, c'est tout aussi valable aujourd'hui, avec en arrière-plan, que sans investissement, il n'y aura pas de progrès technique, économique et social. Sans développement d'une éducation de qualité, il n'y aura pas d'efficacité. Sans infrastructures de base, il n'y aura pas de compétitivité. Naturellement l'économie est faite par les hommes qui ont besoin de paix, de liberté et de sécurité, ce ne sont pas des « Homo-Economicus » guidés seulement par la recherche du gain matériel maximum. Une fois qu'on a maîtrisé ces concepts fondamentaux de la science économique, le reste est une question de calculs et d'analyse, d'approfondissement et d'adaptation à des contextes et réalités spécifiques. Les éléments de base, c'est lui qui me les a appris. A ce jour, je garde encore mon cahier d'économie de Grignon, parce que tout ce qui est essentiel, s'y trouve.

– Alors après cette expérience enrichissante de Grignon, vous parachevez votre formation en allant à l'Ecole supérieure d'application d'agriculture tropicale de Nogent...

– Nogent c'était un parcours exceptionnel, parce que j'ai gagné une année. En période normale, j'aurais dû terminer ma troisième année à Grignon avant d'y être admis. Mes professeurs ont permis que cette dernière partie de ma formation soit réalisée à l'École supérieure d'application d'agronomie tropicale – l'ESAAT – à Nogent, avec une spécialisation en Agronomie tropicale. J'ai pu effectuer, en même temps, mon année préparatoire à l'Université de Paris à la Sorbonne, et après faire directement le Doctorat, parce qu'avec ces différents diplômes, je pouvais présenter ma thèse. Cette période a été très intéressante et en même temps frustrante au début. C'était passionnant parce que j'ai eu des professeurs comme M. René Dumont. L'enseignement reposait sur des services de recherche spécialisés en matière tropicale : phytotechnie, écologie, génie rural et machinisme agricole, défense des cultures, technologie et normalisation. Les départements disposaient d'un riche centre de documentation. Les salles de classe étaient situées dans un jardin qui vieillissait doucement à côté de la pagode vietnamienne, de la porte chinoise et de celle du Congo. Des statues et monuments noyés dans les bois d'où émergeaient les hauts pins, étaient parfois démantelés et gisaient ça et là sur les chemins recouverts de lierre. L'ESAAT était située dans le Jardin des plantes qui avait accueilli l'Exposition universelle de 1907. Je devais partir de la station Antony, sur la ligne de Sceau, via Denfert-Rochereau, jusqu'à Nation et arriver à Château de Vincennes en métro, avant de prendre le bus pour Nogent sur Marne. Ensuite, il me fallait emprunter au pas de course l'avenue des châtaigniers et entrer à l'ESAAT, au 45 bis rue de la Belle Gabrielle. L'aller-retour entre la résidence Jean Zay et le centre d'enseignement n'était pas un chemin de tout repos. Je profitais donc du long trajet pour lire et réviser mes cours. Certains jours, sur le chemin du retour, je devais m'arrêter à la station Odéon pour être le premier de la file d'étudiants au restaurant universitaire, afin de prendre vite mon dîner. Je devais ensuite courir dans les rues Monsieur le Prince et Soufflot avant d'arriver à la Sorbonne, rue Saint-Jacques, où avaient lieu mes travaux dirigés (TD). A l'ESAAT, je sortais pour la première fois des techniques de production agricole en zone tempérée. J'ai pu étudier dans l'environnement spécifique du milieu tropical, les sciences physiques et biologiques : terres, eaux et climats, forêts, cultures, élevage et pêche. J'ai eu aussi la possibilité d'explorer les différentes sciences humaines. J'ai fait un stage à l'Office de recherche scientifique et technique d'outre-mer – ORSTOM – où exerçait le professeur Aubert, le grand spécialiste de la pédologie tropicale. Ce qui m'a le plus intéressé à l'Institut c'est la dimension humaine des problèmes. J'ai découvert l'anthropologie, l'ethnologie, l'ethnographie, notamment grâce à Evans-Pritchard et à ses livres sur le Soudan : *Les Nuer. Description des modes de vie et des institutions politiques d'un peuple nilote*, *Parenté et mariage chez les Nuer*, *Nuer religion.* Ces études seront approfondies avec le livre de Léo Frobenius sur la civilisation africaine que m'avait donné le Ministre des affaires étrangères du Sénégal, Amadou Karim Gaye, et ma visite de l'Institut de recherches anthropologiques, historiques et préhistoriques de Grüneburgplatz à Francfort. Certaines des opinions de Frobenius ont heureusement été revues et corrigées par Cheikh Anta Diop et Wole Soyinka. Je n'ai donc pas eu de difficultés à comprendre les motivations profondes des luttes qui ont conduit à un État au Sud Soudan. Avec Georges

Gurvitch qui, à l'époque, était le grand penseur de cette discipline, j'ai étudié la *Vocation actuelle de la sociologie*, et ensuite *Dialectique et sociologie*. C'est là aussi que, grâce à René Dumont, j'ai compris les avantages des études sur l'agriculture comparée. Son livre célèbre, *La Culture du riz dans le delta central du Tonkin*, a d'ailleurs été réédité et présenté au cours d'une cérémonie à l'Institut agronomique à laquelle il avait eu la délicate attention de m'inviter. A cette occasion, il m'a encouragé à continuer les efforts d'approfondissement de la coopération entre la FAO, la société civile et les ONG.

J'ai découvert les différentes dimensions de l'agriculture en Afrique, en Asie et en Amérique latine. J'ai participé au grand débat suscité par le livre *L'Afrique noire est mal partie*. J'ai analysé les critiques de la réforme agraire, à Cuba notamment, mais aussi en Asie avec : *Révolution dans les campagnes chinoises* et « La Situation tragique de l'agriculture indienne ? ». L'enseignement était très interactif, parfois trop aux yeux de Dumont. Un jour il est venu en disant : « Je laisse la parole aux étudiants pendant deux heures, mais les jours suivants vous me « fichez » la paix pour que je fasse mon cours. » Je partageais certaines de ses idées mais pas d'autres. A force de faire le tour du monde, il avait une très grande expérience mais il avait une propension à faire des jugements hâtifs. Sur le plan technique et économique, il avait raison, mais souvent il ne dépassait pas le « comment » pour essayer de comprendre le « pourquoi » culturel et politique. Il avait des enseignements universels, comme la nécessité de tenir compte des réalités écologiques. Il est devenu l'un des chantres de l'environnement et même candidat à l'élection présidentielle en France, sur ce thème. J'ai eu une discussion mouvementée avec lui, sur sa critique du comportement du Gouverneur de Saint-Louis, M. Daniel Cabou, qui plus tard allait devenir mon Ministre et un grand-frère très apprécié. René Dumont l'avait cité comme exemple de ce qu'il ne faut pas faire si on veut développer l'agriculture de son pays. A la fin du déjeuner, à Saint-Louis des pommes et des poires importées lui avaient été servies au dessert. Il regrettait qu'il n'y ait pas eu des mangues ou des bananes. Je lui ai rétorqué qu'il n'avait rien compris au geste du Gouverneur qui voulait faire plaisir à son hôte en lui offrant des fruits auxquels il était habitué et que sans doute, en famille, il mangeait des fruits locaux. C'est avec le Ministre de l'agriculture qu'il aurait du discuter les conditions de production, de commercialisation, de transformation et de distribution des produits agricoles locaux pour qu'ils soient compétitifs et il aurait eu les réponses appropriées.

– *Pensez-vous que le livre célèbre de Dumont, L'Afrique noire est mal partie, a joué un rôle dans le développement de ce que l'on a pu appeler l' « afro pessimisme » ?*

– *L'Afrique noire est mal partie* a été un livre provocateur. Je ne pense pas que Dumont ait eu l'intention de dire : « l'Afrique est irrémédiablement mal partie. » Il attirait l'attention sur certains choix de dirigeants qui risquaient d'aboutir à des échecs économiques s'ils n'étaient pas corrigés. Le Président du Conseil du Sénégal, Mamadou Dia, avait donné une réponse sereine : « Mal partie, bien partie, l'Afrique est partie quand même », en mettant l'accent sur la responsabilité des dirigeants de pays souverains qui devaient assumer l'avenir de leur peuple. A l'époque, il y avait certes des jugements malveillants d'afro pessimistes avant l'heure qui disaient, par exemple, que le pont d'Abidjan en construction servirait pour la circulation des charrettes tirées par des ânes et des chevaux parce qu'il n'y avait pas d'automobiles dans la ville. Mais ce que j'avais retenu c'était son souhait de voir l'Afrique réussir, et le secteur rural du monde se développer. L'apport de Dumont, c'est cette vision planétaire de l'agriculture et un dépassement du contexte de l'Europe pour inclure la spécificité de l'environnement tropical. C'était un brillant agronome et un grand humaniste.

– *Nous arrivons maintenant quasiment au parachèvement du cursus universitaire, puisque après Fontainebleau, après Grignon, après Nogent, vous allez débarquer à Paris pour une thèse de Doctorat ès Sciences sociales.*

– A Paris, je résidais à la cité universitaire. D'abord à la résidence Jean Zay d'Antony, puis à la résidence Lucien Paye de la FOM, boulevard Jourdan. Je suivais mes cours et stages à Nogent, à Bondy et à la Sorbonne. Je devais en outre faire un mémoire à l'Institut de recherches en agronomie tropicale. Le maître de stage à l'IRAT a exigé que je travaille sur les mils en Afrique. Il n'y avait que quelques rares études éparses sur le sujet, mais surtout pas de chiffres pour une étude objective. J'ai cherché des sources documentaires presque partout, sans succès. Ce qui n'était pas surprenant, car les travaux de recherche avaient été effectués essentiellement sur les cultures industrielles d'exportation et pour les céréales, comme le riz et le maïs. Après des mois d'efforts infructueux, je suis allé voir le professeur pour lui demander de me donner une bibliographie et des sources de données que je puisse utiliser. Il a fini, sans enthousiasme, par m'autoriser à choisir un autre sujet. J'avais perdu plusieurs mois de travail mais j'ai réussi à faire « d'une pierre deux coups ». J'ai choisi l'arachide pour mon mémoire de l'Institut d'agronomie tropicale en mettant l'accent sur les questions de productivité et les techniques de production. J'ai aussi pu utiliser mes recherches et les informations obtenues pour l'étude des aspects socio-économiques dans ma thèse de doctorat sur l'étude comparative de la commercialisation de l'arachide au Nigeria et au Sénégal. Mais c'est seulement après avoir quitté la France que j'ai pu terminer la rédaction de ces documents. Cette étude comparative a aussi porté sur l'utilisation de l'aflatoxine, notamment, comme barrière technique au commerce en Europe au profit du colza et du tournesol. La publicité de l'huile d'arachide Lesieur a ainsi été remplacée progressivement par celle des huiles végétales. Pour compenser la perte des marchés et des prix garantis par la France à l'occasion du développement de l'espace économique européen, la société SATEC et les Instituts IRAT/IRHO ont été chargés d'apporter une assistance au Sénégal pour l'amélioration de la productivité et de la compétitivité de l'arachide. Après une première phase euphorique, ce fut l'échec. Avec des intrants modernes, des techniques culturales efficaces et une protection contre les maladies des plantes et les déprédateurs, la production a fortement augmenté mais on ne pouvait la garantir sans maîtrise de l'eau. Le programme ne comportait pas de volet d'irrigation. En outre, on a laissé végéter le service national de l'agriculture et ses inspections régionales, au lieu de les renforcer par la formation et les équipements appropriés. Ils avaient acquis grâce à une longue lignée d'agronomes tropicaux français comme Portères et sénégalais comme Bocar Ly et Bourtanda NDaw, ainsi que de vétérinaires comme Ousmane Socé Diop et Sambacor Sarr, une parfaite connaissance du milieu naturel et des hommes. Ils avaient aussi accumulé une vaste mémoire institutionnelle. A leur place on a créé, ex nihilo, des sociétés de développement qui certes ont mené leur tâche avec dévouement, mais Karim

Gaye, vétérinaire, devenu Ministre du développement rural, s'était battu becs et ongles, mais sans succès, pour éviter cette orientation. Les recherches en sciences sociales du monde rural ont été un prolongement et un approfondissement des études de Nogent. Ce n'était pas très aisé de mener les responsabilités de la direction d'une organisation régionale africaine et la rédaction d'une thèse de doctorat. Je venais régulièrement à Paris pour voir mon directeur, le professeur Luc Fauvel. Il était toujours disponible, sachant que je devais faire le déplacement en France à partir de l'Afrique, pour discuter du document en cours de préparation. Une fois, il a eu la gentillesse de nous recevoir « chez lui » » mon épouse et moi, en présence de sa femme. Je lui ai régulièrement envoyé des cartes de Nouvel An, jusqu'à ce que l'une me soit retournée quand j'étais à Rome, à la FAO, annonçant son décès.

Le professeur Maurice Clair et le professeur Patrick Guillaumont complétaient le trio qui allait sanctionner mes travaux. Ce dernier spécialiste de l'économie rurale, a enseigné au Sénégal avant de devenir doyen de la faculté des sciences économiques et professeur émérite à l'université d'Auvergne. Il a créé le Centre d'études et de recherches sur le développement international – le CERDI.

– Lors de votre passage par la faculté de droit et de sciences économiques de Panthéon-Sorbonne, vous avez même pu croiser rapidement un professeur qui allait connaître un grand destin politique, et qui était, d'après le Président de la République française de l'époque, le meilleur économiste de France, Raymond Barre. Quel souvenir en avez-vous ?

– Mon souvenir le plus vivace c'est celui du professeur Marchal. Ses cours polycopiés que nous allions retirer chaque semaine à la rue Clovis, étaient nos documents de travail. Mais naturellement les publications de Raymond Barre, notamment *Traité d'économie politique* et *Le Développement économique : analyse et politique*, étaient les ouvrages de référence pour tout étudiant en sciences économiques. Le problème de l'université en France, sauf au cours des travaux dirigés, « les TD », c'était le manque de contacts avec les professeurs qui officiaient de leur chaire comme sur un piédestal, au sens figuré comme au sens propre d'ailleurs, car les tables bancs des gradins étaient situées dans « le marais », à une grande distance des professeurs. Les relations avec les enseignants dans les Grandes Écoles sont plus directes et plus personnalisées, sans doute à cause du nombre très réduit des étudiants dans une classe de Grignon ou de Nogent. A la faculté, c'était l'anonymat dans la multitude. Plus tard, j'ai eu des contacts avec le professeur Raymond Barre, en tant que membre du gouvernement de la République du Sénégal. C'était au cours d'un voyage officiel avec le Premier Ministre Abdou Diouf. A la fin d'une des séances de travail, lors d'une conversation très cordiale, je lui ai parlé de mon passage à « Panthéon Sorbonne ». Il y a eu une scène assez drôle durant de cette visite. J'étais juste à côté des deux Premiers Ministres au moment où Raymond Barre élevait Abdou Diouf au grade de Grand Grand Croix de la Légion d'Honneur. Vous imaginez la différence de taille et les difficultés pour passer la cravate autour du cou de l'invité qui a dû bien se courber pour mettre fin aux efforts de son hôte. Je n'ai pas pu me retenir et j'ai éclaté de rire au moment où les caméras étaient braquées sur nous. Fort heureusement pour ma carrière ministérielle, ils ont eu l'élégance de s'esclaffer aussi.

– Le cursus de formation universitaire s'est parachevé, mais je ne voudrais pas quitter, si vous le permettez, l'évocation de ce séjour en France, sans vous demander les découvertes culturelles qui vous ont marqué pendant cette période de votre vie ?

– Fontainebleau a vraiment été un bon choix, fait malgré moi. J'ai pu, dans un cadre paisible et loin des tentations de la capitale de la France, me concentrer sur mes études. Il n'y avait rien d'autre à faire à Fontainebleau. Le week-end, j'étais chez Madame May ou au cadran bleu, le café en vogue, près de la mairie, pour jouer au ping-pong. Sinon j'allais en promenade au château où j'ai redécouvert une partie de l'histoire de France et surtout de la vie de Napoléon. Le parc était merveilleux avec des jardins parés d'étangs et de cours d'eau. J'observais les oiseaux blancs en pensant au poème « Le cygne chasse l'onde avec ses larges palmes… ». En fin de semaine, nous partions pour de longues randonnées agrémentées de repas champêtres dans la forêt de Fontainebleau, rendez-vous des chasses royales d'antan. Les voies larges étaient bordées d'arbres géants plusieurs fois centenaires, qui se rétrécissaient pour devenir des allées ombragées et enfin des pistes sinueuses et tortueuses. Les blocs de rochers, ça et là, étaient polis par les intempéries saisonnières et ils brillaient de reflets chatoyants sous le soleil étincelant du printemps et de l'été. Le samedi soir c'était le cinéma, pour voir les grands films français comme *Les Amants* et *Ascenseur pour l'échafaud* de Louis Malle, *Les Tricheurs* de Marcel Carné, *A bout de souffle* de Jean-Luc Godard, *Orfeu Negro* de Marcel Camus, ou encore *Hiroshima mon amour* d'Alain Resnais. C'était l'époque des acteurs comme Jean-Paul Belmondo, Jacques Charrier, Jean-Claude Brialy, Jean Vilar, Brigitte Bardot, Marpessa Dawn. Il y avait aussi les films étrangers : *Rio Bravo* d'Howard Hawks, *L'Homme aux colts d'or* d'Edward Dmytrik, avec les acteurs Henri Fonda et Richard Widmark, mais aussi *Ben-Hur* de William Wyler, ou encore *Les Feux de l'été* de Martin Ritt, avec Orson Welles et Paul Newman. L'école organisait des voyages en bus à Paris, pour aller au théâtre. J'ai pu voir Gérard Philippe dans *Les Caprices de Marianne* d'Alfred de Musset et Jean Vilar dans *La Résistible ascension d'Arturo Ui* de Bertolt Brecht au Théâtre National Populaire du Palais de Chaillot, Place du Trocadéro. J'ai ainsi développé un goût pour ces spectacles. C'est ainsi qu'aux Etats-Unis, j'ai été à Broadway, où j'ai notamment pu voir la pièce célèbre sur l'apartheid, *Sizwe Banzi is dead*, ou le Music Hall avec *Dream girls,* sur la vie des chanteuses américaines du groupe The Supremes. Les visites des musées et du planétarium complétaient notre initiation au monde des Arts.

– Ce séjour américain vous aura peut-être aussi permis d'écouter des musiciens de jazz que vous admiriez à Paris et qui étaient plus proches par la distance, est-ce que vous avez eu des rencontres ?

– Oui, outre l'épisode qui m'a fait quitter Paris pour aller à Fontainebleau, j'ai eu l'occasion d'être en contact avec beaucoup d'artistes africains-américains. Déjà lorsque j'étais au Conseil africain de l'arachide, j'avais fait la connaissance de la « lead singer », la chanteuse principale du chœur des Edwin Hawkins Singers, qui ont chanté « Oh happy day ». Un jour je suis rentré des Etats-Unis avec un album dédicacé par cette artiste. C'est alors que mes filles ont commencé à considérer que j'étais une grande personnalité. Car pour leur génération un autographe d'elle revêtait plus d'importance que les opinions des gouvernements.

– Ce n'était pas Dee Dee Bridgewater ?

– Non, j'ai fait la connaissance de Dee Dee Bridgewater lorsqu'elle est devenue ambassadrice de la FAO, fonction que je lui ai confiée quand je suis devenu Directeur général. Alors que nous avons fait la connaissance de Tramaine Davis du groupe « Edwin Hawkins Singers » quand j'étais au Conseil africain de l'arachide à la fin des années 60. Elle se produisait au Royal Albert Hall de Londres avec son groupe. Une délégation sénégalaise conduite par le Ministre Adrien Senghor et Pierre Kama était venue dans la capitale anglaise pour les négociations en vue d'obtenir un accord international sur les oléagineux. Quelques décades plus tard, j'étais à Washington, à l'hôtel Harambe House, qui est devenu le Howard University Hotel. Il était fréquenté par les artistes et l'intelligentsia des africains américains. J'étais assis au café et une dame est venue me demander si elle pouvait s'asseoir à ma table, car toutes les autres places étaient occupées. J'ai répondu oui. Elle s'est présentée : « Tramaine ». J'ai répondu aimablement en faisant remarquer que j'avais rencontré une Tramaine Davis à Londres. Elle a ouvert de grands yeux et m'a dit : Mais c'était moi ! J'ai épousé le chef de l'orchestre et je porte maintenant le nom de Hawkins. « Le monde est petit et le hasard est grand ». Elle m'a donné un billet pour assister à son concert.

Le jour où Sidney Poitier est venu déjeuner à la maison à Rome, mes enfants ont commencé à me prendre vraiment au sérieux. Il avait bien voulu, avec Harry Belafonte, faire des enregistrements vidéo de soutien à la lutte de la FAO contre la faim, à l'occasion de la Journée mondiale de l'alimentation.

– Comment faites-vous la connaissance d'un autre grand du jazz : Al Jarreau ?

– J'ai rencontré Al Jarreau grâce à ma fille Marie-Thérèse. Ils avaient voyagé ensemble dans l'avion de Paris à destination de Rome. J'étais à l'aéroport Leonardo da Vinci pour l'accueillir. Elle m'a dit qu'elle avait parlé à Al Jarreau de l'action de la FAO et de son père. Il avait indiqué qu'il serait heureux de soutenir notre organisation. Nous l'avons attendu au hall d'arrivée des bagages et j'ai ainsi pu faire sa connaissance. Il nous a invité à des concerts à Washington et nous avons développé depuis lors des relations amicales. Dionne Warwick allait devenir Ambassadeur de la FAO en 2002.

– Les Jazz Messengers et Art Blakey ont joué un rôle dans votre initiation au jazz ?

– Les Jazz Messengers sont ceux qui ont failli me détourner de la voie studieuse en France. Lors de ma première escapade parisienne, je suis allé à ce club à Saint-Germain des prés, derrière les Deux Magots. Ils y jouaient à ce moment-là. Quand ils ont fait l'intermède, je suis allé les voir. Comme il n'y avait pas beaucoup de jeunes Africains, ils m'ont reçu avec beaucoup de gentillesse et m'ont posé des questions sur l'Afrique. Le chef d'orchestre était Art Blakey, je me souviens du nom parce qu'au début je le prononçais à la française. C'est Benson Tonwe qui un jour à Lagos m'a dit : Ici on est en pays anglophone on prononce le « a » « é », et le « ey » « i ». Ernest et Fran J. Wilson, étaient alors un jeune couple, que j'ai connu à Washington. Ils sont venus chez moi à Lagos, au Nigeria, lorsque j'étais au Conseil africain de l'arachide et plus tard au Sénégal avec leur fils. Il est devenu un expert des technologies de l'information et a fait une étude sur ces questions pour la FAO. Il avait été nommé par le Président Clinton au Conseil d'administration de la chaîne publique d'information P.B.S. Il est maintenant doyen de la Faculté « Annenberg School for Communication and Journalism » de l'Université de Southern California. Son épouse Francille donne des cours dans la même institution.

Après le premier Sommet Mondial de Chefs d'Etat et Gouvernement sur la sécurité alimentaire en 1996, le lancement du programme de sensibilisation de l'opinion publique sur le drame de la faim allait me permettre de faire la connaissance des artistes, des sportifs et des intellectuels de grande renommée.

L'italien Andrea Bocelli et l'espagnol José Carreras avec Michael Bolton et Renzo Arbore ont montré leur grand talent en 1997 au cours d'un concert de musique classique à la « Salle Nervi » du Vatican utilisée avec la bénédiction de Sa Sainteté le Pape Jean Paul II.

Un programme plus exotique sera organisé à la Jamaïque en 1999 avec le soutien du Premier Ministre PJ Patterson. Il a eu lieu dans le cadre enchanteur du « James Bond Beach » d'Ocho Rios mis à notre disposition par Chris Blackwell, fondateur d'Island Record qui a lancé Bob Marley. Après un chassé croisé dans les avions, j'avais réussi à le retrouver au Salon d'American Airlines à l'aéroport de Miami. Les artistes : Jimmy Cliff, Beenie Man, Marcia Griffiths de la Jamaïque, David Rudder de Trinidad et Tobago, Square one de la Barbade, Miriam Makeba et Hugh Masekela de l'Afrique du Sud, Coumba Gowlo du Sénégal, Septeto Habanero de Cuba, Koudjay de Haïti, Gilberto Gil du Brésil et Sound of Blackness des Etats Unis ont rivalisé d'ardeur et de maestria au rythme des reggae, soca, samba et mbalax mais aussi avec les mélodies du calypso, de la biguine et du gospel.

En 2002 c'est grâce au soutien du Prince Albert que l'inoubliable ténor italien Luciano Pavarotti a donné une soirée merveilleuse et majestueuse, à guichets fermés, au « Forum Grimaldi » de Monte-Carlo, avec une sélection de Verdi. Le Prince Rainier et son héritier nous avaient honorés de leur présence à cette occasion. Avec son épouse Nicoletta Mantovani, nous avons célébré l'heureuse circonstance de son anniversaire, le même soir au cours d'un dîner privé très amical. J'étais avec l'ex Secrétaire général des Nations Unies Kofi Annan en la Cathédrale romane de Modène durant la messe de requiem de ses funérailles, à coté des musiciens Andrea Bocelli qui chanta l'Ave Verum Corpus de Mozart, Bono, Zucchero, Placido Domingo, José Carreras et des Hautes Autorités italiennes. Le grand disparu avait consacré généreusement son temps et ses ressources aux grandes causes humanitaires, notamment en aidant sans relâche de nombreuses organisations internationales.

Le programme des Ambassadeurs de bonne volonté de la FAO, m'a permis de bénéficier du concours de stars du cinéma : Gina Lollobrigida, Raoul Bova, Susan Sarandon, Gong Li, aussi du sport : Carl Lewis, Patrick Vieira, Roberto Baggio, Raúl González Blanco, Deborah Ferguson et Beatrice Faumuina ; également de la musique : Dionne Warwick, Maná, Jesus Chucho Valdés, Oumou Sangaré, Mory Kanté, Lea Salonga, Anggun, Al Bano Carrisi, Massimo Ranieri, Ronan Keating, Magida Al Roumi et Noa ; enfin Rita Levi Montalcini, Prix Nobel et Pierre Cardin, célébrité de la Haute Couture.

Il faut rendre hommage aux médias, télévision, radio, journaux et aux sociétés de gestion de satellites qui nous ont apporté un précieux concours pour la diffusion, au niveau planétaire, des appels de la FAO à la solidarité humaine dans la lutte contre la faim.

– Est-ce que votre militantisme étudiant qui avait commencé au Sénégal, a continué à Paris, et sous quelle forme ?

– Oui. J'ai été associé au mouvement étudiant mais de manière ponctuelle. J'étais en effet à Fontainebleau d'abord, et à Grignon ensuite, alors que le centre de gravité de la contestation se trouvait à Paris. J'étais cependant fortement marqué, par la sensibilisation politique au lycée et par les événements liés à la lutte pour l'indépendance en Afrique.

J'ai été en contact avec les centres de réflexion, comme le groupe « Économie et Humanisme » du Révérend père Lebret. J'ai aussi été formé au marxisme, à « l'École Nouvelle » située, clin d'œil du sort, au n° 4 de la place Saint-Germain des Prés, dans le même pâté de maisons mais à l'opposé du club Saint-Germain-des-Prés. J'ai eu une introduction aux précurseurs de la doctrine du matérialisme avec Anaximène, Épicure, Héraclite, Thalès. Plus tard, d'autres philosophes me permirent d'accéder à un niveau plus élevé dans la compréhension de la dialectique, tel que Roger Garaudy et ses *Perspectives de l'homme.* Avec la *Logique* de Hegel, ce fut le dépassement des contradictions de la rationalité cartésienne dérivée du principe de non contradiction d'Aristote par le passage de la thèse à l'antithèse. Dans *Histoire de la pensée économique*, Henri Denis a enseigné que Marx a appliqué la dialectique au réel des individus et des sociétés, notamment dans les rapports, forces et modes de production. C'est ainsi qu'il a expliqué l'aliénation du travailleur par *Le Capital* et l'obtention de la plus-value grâce aux infrastructures et superstructures économiques. J'ai suivi la remise en cause du modèle soviétique par la singularité de la cogestion yougoslave reposant sur le neutralisme positif de Milovan Djilas et la critique des privilèges des dirigeants des partis communistes dans son livre *La Nouvelle classe : une analyse du système communiste*.

J'allais rompre avec mes camarades marxistes en 1963 lors d'une réunion au boulevard Poniatowski sur la guerre sino-indienne qui avait commencé avec un conflit frontalier en 1962. Ils avaient conclu qu'au nom de l'internationalisme, les marxistes indiens devaient soutenir la Chine. J'ai répondu que : « Si quelqu'un envahit mon pays, quelque soit son idéologie, il me trouvera les armes à la main face à lui. » J'ai été traité de « nationaliste petit bourgeois ».

Ce bouillonnement intellectuel nous laissait quand même un peu de temps pour prendre le café au Mabillon et écouter de la musique de jazz dans un club de la rue de l'Ancienne Comédie qu'un de nos amis, fils d'un grand marabout, avait l'outrecuidance d'appeler « La Mosquée ». Il s'est assagi à son retour au Sénégal. A la rue Monsieur le Prince, vers la rue Saint-Michel, c'était la musique mélancolique d'Amérique centrale aux accents aztèques, mayas, et huancas à « La Cave latine », tandis qu'à la rue de l'Odéon les rythmes plus trépidants des chanteuses afro-cubaines s'imposaient à « La Romance ».

Je lisais régulièrement le Journal des étudiants d'Afrique noire. Le sigle, une jarre trouée avec deux mains autour, rappelait ces propos célèbres de Ghézo, roi du Dahomey : « Si tous les fils du royaume venaient de leurs mains assemblées boucher les trous de la jarre, le pays serait sauvé ». Cet appel a été une source d'inspiration dans nos relations avec des étudiants du Sénégal et d'autres pays africains. J'étais donc devenu membre de la Fédération des étudiants d'Afrique noire en France – FEANF – qui avait des liens de coopération avec les autres mouvements étudiants et notamment d'Afrique du Nord comme l'Union générale des étudiants musulmans d'Algérie – UGEMA –. J'ai assisté à plusieurs réunions de notre association où le sésame de la popularité c'était alors Sekou Touré, Patrice Lunumba, Kwame NKrumah. Dans un discours, vous pouviez dire n'importe quoi, il suffisait de prononcer leur nom et toute la salle debout applaudissait. J'ai aussi participé à des manifestations. Un papier était glissé à chaque fois dans les boîtes à lettre de la « Maison de la France d'Outre mer », appelant les étudiants africains à se rassembler dans un endroit de Paris. C'était à l'occasion des assassinats de Patrice Lumumba, Premier Ministre du Congo et Félix Moumié, dirigeant de l'Union des populations du Cameroun – UPC –. Les gendarmes, qui disposaient de services de renseignements efficaces, nous attendaient toujours à la sortie du métro. J'ai donc été solidaire des causes défendues par ces leaders africains et j'ai fait l'expérience douloureuse des coups de bâtons des gendarmes en France, après ceux des policiers au Sénégal.

Mais cette année-là fut marquée par l'événement le plus important de ma vie. Le sort généreux me fit rencontrer à Paris, par une journée lumineuse de printemps, une très belle et élégante jeune fille, vêtue d'un chemisier rouge bordeaux et d'une jupe écossaise assortie. Elle parlait d'une voie douce et son sourire irrésistible dévoilait une denture d'une blancheur immaculée, contrastant avec la couleur d'ébène d'un visage angélique. Sénégalaise, née en Côte d'Ivoire, elle était venue à Paris pour ses études. Cet été, la capitale française devenait merveilleuse. Les jardins en fleurs de la cité universitaire et du parc Montsouris tout proche, avec leurs arbres couverts de feuilles et leurs pelouses au gazon bien taillé, offraient le spectacle récréatif idéal pour la garden-party annuelle des étudiants. Était venu le temps des promenades, des couples au comble de la félicité en ces lieux paisibles de sérénité, dans la verdure, à l'ombre complice des charmilles. Elle allait devenir ma tendre et chère épouse et me donner cinq enfants attachants qu'elle a su bien éduquer. J'ai pour elle un amour insondable et une reconnaissance infinie pour quarante huit années d'affection et de dévouement, partout où le devoir m'a appelé, en France, au Sénégal, au Nigeria, au Liberia, aux États-Unis et maintenant en Italie.

CHAPITRE IV

Les travaux et les jours

– Vous voilà à la conclusion de la phase de formation. Pourvu de vos diplômes, vous allez entamer votre première expérience professionnelle, comme directeur du Bureau européen de l'Office de commercialisation agricole du Sénégal ...

– Ce fut la première étape d'une série d'événements extérieurs qui allaient modifier le cours de ma vie. Je me suis retrouvé au Bureau européen de l'Office de commercialisation agricole du Sénégal par le plus pur des hasards. J'étais allé au Sénégal avant ma dernière année d'études agronomiques, pour faire des stages dans différentes institutions afin de mieux connaître l'agriculture de mon pays. J'ai été au Centre de colonisation agricole de Boulel, au Sine Saloum, une zone complètement inhabitée, où de nouvelles exploitations agricoles étaient en cours d'implantation. J'ai appris qu'il faut une étude approfondie de tous les facteurs avant de s'engager dans un vaste et coûteux programme. Ce Centre sera abandonné quelques années plus tard car l'eau que l'on n'avait pas analysée était magnésienne. Elle a entraîné une stérilisation des sols et l'échec des cultures. Je suis allé ensuite dans la Région du Fleuve, au Centre de multiplication des semences de Richard Toll. J'ai appris les différents stades de production des variétés, développées à partir du matériel végétal fourni par le Centre de recherches agricoles de Bambey. Avec l'intégration d'autres unités et laboratoires, il deviendra plus tard l'Institut sénégalais de recherches agricoles. Dans la même zone, il y avait la Société de développement de la riziculture du Sénégal, grand complexe agro-industriel de production, avec des unités de séchage, décorticage, polissage, ensachage, mais aussi de vastes champs irrigués utilisant des tracteurs, charrues, semoirs, moissonneuses-batteuses, etc.

A Grignon, j'avais suivi des cours de conduite automobile et obtenu le permis de conduire, mais sans aucune pratique par la suite. A mon arrivée au

Centre, on m'a demandé si j'avais un permis de conduire, j'ai répondu : « Oui. » On m'a aussitôt donné une voiture quatre chevaux et je me suis retrouvé avec le véhicule dans un canal d'irrigation, heureusement peu profond.

– En somme, après la formation théorique, s'ouvre pour vous une période de travaux pratiques élargie à plusieurs domaines ?

– Oui, mais des travaux pratiques avec cet épisode cocasse qui a failli être un test de submersion. Je suis ensuite allé à Dakar dans des institutions d'assistance au milieu rural. Senghor s'occupait de la création d'un État de droit, tandis que Mamadou Dia se concentrait sur le développement économique. Il avait le soutien du groupe « Économie et Humanisme » du révérend père Lebret. Il fallait délivrer les paysans de l'exploitation par des intermédiaires qui achetaient les produits à un prix très bas pendant la « soudure », entre le semis et la récolte. Durant cette période, les paysans n'avaient rien à manger. Certains commerçants utilisaient des balances faussées. Un organisme d'État a donc été crée pour assainir la filière, l'Office de commercialisation agricole (OCA). J'ai fait des recherches sur les activités de cet organisme pendant quelques jours. Juste avant la fin de mon stage, j'ai vu dans l'escalier des personnes d'un certain âge, ou plutôt d'un âge certain. Quand ils m'ont croisé, je me suis mis de côté afin de les laisser passer pour respecter le droit d'aînesse. Je me suis rendu compte alors qu'un de nos oncles, Medoune Fall, se trouvait parmi eux. Je l'ai salué. Nous l'appelions « Baye Dame ». Il m'a demandé ce que je faisais à cet endroit. J'ai expliqué que j'étais en stage à l'OCA. Il était surpris et m'a fait savoir qu'il en était le Directeur général. Je lui ai rétorqué en riant que, simple étudiant, je ne voyais pas les grands patrons et que je m'apprêtais à retourner en France quelques jours plus tard. Il m'a demandé de venir à son bureau après sa réunion. J'ai ainsi eu l'occasion de lui expliquer les études que je faisais. Il m'a dit qu'il essayait de trouver un Sénégalais à affecter au bureau de l'OCA à Paris et j'avais le profil qui convenait. Le Directeur français, Monsieur Blisson, devait en effet quitter son poste. Il a pris le téléphone et a expliqué son intention à Monsieur Abdoulaye Fofana, alors Ministre du commerce. Celui-ci a réagi favorablement et a demandé que je vienne le voir. Medoune Fall, qui deviendra plus tard Ambassadeur à New York, au

Japon, en Russie, à Paris et à Bruxelles avant d'entrer au Gouvernement comme Ministre des forces armées, m'a demandé d'aller aussitôt au building administratif, siège du Gouvernement. Je lui ai répondu que je ne pouvais pas le faire car je n'avais pas de cravate ! Il informa aussitôt le Ministre de ma réaction et celui-ci répondit que je pouvais venir car lui non plus n'avait pas de cravate. Le Ministre m'a mis à l'aise. Il m'a expliqué que le gouvernement comptait mettre les jeunes à l'épreuve, en leur donnant la possibilité d'exercice pratique de leur formation et de participation au développement du Sénégal. Il souhaitait donc que je fasse un stage au bureau de l'OCA à Paris pendant quelques mois, afin d'en prendre la direction dès la fin du contrat de l'actuel Directeur. Je suis retourné à Paris pour ma dernière année. Je me rendais au bureau pendant les périodes libres pour m'informer du fonctionnement. Le site était assez particulier, puisqu'il était situé à l'avenue George V, juste au-dessus du Crazy Horse Saloon. Fort heureusement, nous avions des horaires de travail diurnes. En face, il y avait les boutiques d'Yves Saint-Laurent et de Balenciaga. On ne pouvait pas s'empêcher de jeter un regard intéressé sur les personnes qui fréquentaient ces maisons de haute couture. Nous y étions presque obligés, parce que le système de contrôle du parking nous imposait de descendre fréquemment pour déplacer nos véhicules. Le Bureau de l'OCA à Paris assurait la représentation du siège auprès des huiliers, notamment la maison Lesieur. C'était l'époque où les prix de l'arachide étaient garantis, et les quantités exportées du Sénégal étaient achetées dans leur totalité. Le Bureau assurait aussi les contacts avec les sociétés d'exportation de riz, qui était et, hélas, demeure encore la principale denrée alimentaire importée au Sénégal. J'ai ainsi participé aux grandes réunions sur les oléagineux, notamment en Hollande, avec les associations de professionnels du secteur. J'ai appris dans ce Bureau les questions relatives aux marchés d'exportation et d'importation des produits agricoles. Il s'agissait des différents types de contrats internationaux, des ventes et achats, CAF et FOB, du transport maritime avec les taux de fret et les surestaries. J'ai été familiarisé avec les modes de financement des opérations d'échange avec les garanties des lettres de crédit irrévocables et confirmées auprès des banques de premier choix. J'ai appris les précautions à prendre avec des assurances de marchandises, ainsi que le rôle des différents courtiers et intermédiaires. Après ma prise de fonction, le

Directeur général est venu en visite à Paris. Il m'a invité à un déjeuner d'affaires dans un restaurant à la rue Fabert, à côté de la place de l'Esplanade des Invalides. Ce fut un des repas les plus ennuyeux de ma carrière car la conversation avec le Directeur général de Lesieur, portait sur les études d'enfants qui avaient mon âge. Mais je pouvais être indulgent car c'était la première fois que je mangeais aussi bien. Un étudiant ne pouvait pas se permettre de fréquenter ce type d'établissement. Ce n'était ni le Café « Babel », en face de la Maison de la France d'Outre-mer, où l'on nous servait du risotto sans viande ni poisson, avec du pain et de l'eau, ni « La Source », sur la place de l'Odéon, où les portions de protéines minuscules étaient compensées par des frites huileuses qui se moquaient du cholestérol. Quelques mois après, il y eut un changement de Directeur général. On m'a demandé de venir au siège à Dakar pour m'occuper du programme agricole compte tenu de mon profil. Je devais veiller à l'approvisionnement des agriculteurs sénégalais en engrais, semences de qualité et petit matériel agricole. Me voilà donc sur le bateau « l'Ancerville », au départ de Marseille pour le Sénégal. Le siège de l'OCA se trouvait rue Parchappe, au dessus du Prisunic, centre commercial très actif. J'ai eu à m'occuper de l'acquisition de produits en relation avec la direction commerciale qui s'occupait de l'importation. Je devais organiser le stockage et le transport des intrants à l'intérieur du Sénégal. Il fallait des formulations appropriées pour les engrais chimiques des différentes zones du Sénégal en fonction des sols, de la pluviométrie et du type de culture (arachides, céréales, etc..). Je me suis trouvé confronté à des situations qu'on n'enseigne pas à l'école. Comment être sûr que des produits envoyés de Dakar arrivent dans un village au fin fond du Sénégal ? Il y avait bien les lettres de voiture remises à chaque transporteur qui devait les signer. Cependant, cela ne garantissait pas que tous les produits expédiés aient été reçus par les destinataires. Nous avons dû imaginer des systèmes de contrôle adaptés avec les préfets, les collectivités locales et les communautés rurales, les centres d'expansion rurale, les centres régionaux de développement agricole, et le service de la coopération. Les engrais devaient arriver à bon port avant la saison des pluies. Si le stockage était trop long, une partie des produits contenant l'azote se transformait en gaz et on perdait l'élément nutritif le plus important. Les sacs risquaient aussi d'être mouillés par les pluies. Il m'est arrivé certaines nuits d'avoir des cauchemars à ce sujet car le stockage principal était à ciel ouvert, à Rufisque à quelques kilomètres de la capitale. Je devais également conseiller l'OCA sur les méthodes de protection contre les insectes des « secco » – les aires de stockage d'arachides. Un jour, un vieux monsieur, provenant de la zone rurale, est venu me voir. Lors des discussions, je lui ai dit que les « Wang » – *afanus sordidus* – coûtaient très cher à cause du prix élevé des insecticides que l'on devait acheter pour les combattre. Or, je savais que ces insectes étaient attirés par l'humidité. Il me paraissait plus simple de constituer près des seccos des tas de paille mouillée pour qu'ils s'y rendent. Il suffirait d'y mettre le feu pour les éliminer sans avoir besoin d'insecticides. Mon interlocuteur, après être resté quelques instants silencieux, m'a répondu qu'il ne fallait pas oublier qu'il y avait des fraudeurs qui volaient des sacs d'arachide dans les seccos et provoquaient des incendies pour dissimuler leur forfait. Quelle aubaine pour eux s'ils avaient l'excuse de mes conseils. J'ai abandonné ce projet qui semblait lumineux sur le plan scientifique, mais s'avérait n'être pas une si bonne idée dans le contexte particulier des réalités de la commercialisation agricole dans mon pays.

Je devais voyager à l'intérieur du Sénégal pour vérifier les opérations de mon département. C'est ainsi que j'ai découvert toutes les régions. En Casamance, lors d'une étape à Djibélor, une station expérimentale de recherche agricole, on nous a signalé la présence de léopards dans la forêt. Nous avons décidé d'aller à leur recherche. C'était le crépuscule. Nous sommes montés dans la voiture avec nos fusils bien chargés. Après de nombreux tours dans les sentiers de la forêt voisine, un de nos amis nous a demandé de cesser de lui faire perdre son temps. Les félins n'allaient pas être assez bêtes pour se mettre devant les phares et attendre nos balles. Comme aucun d'entre nous n'osait aller à pied, de nuit, à la recherche des félins sauvages, nous sommes sagement retournés à la case de passage. Après l'accueil chaleureux en Casamance, j'ai eu la surprise d'entendre les habitants, venus prendre congé nous demander de dire bonjour aux « gens du Sénégal ». J'étais interloqué car nous étions sur le territoire national. Plus tard, j'ai appris les péripéties de l'histoire de la colonisation de la partie sud du pays. Senghor, qui était sensible aux spécificités régionales, avait veillé à ce qu'au parti politique, le Bloc Démocratique Sénégalais (BDS) et plus tard, au gouvernement, ses principaux lieutenants soient originaires des régions périphériques. Ils avaient en outre une base traditionnelle de légitimité dans la hiérarchie sociale, comme Emile Badiane, Dembo Coly et Mady Cissokho. Ils assuraient souvent l'intérim du secrétaire général du parti et du Président de la République pendant ses voyages à l'étranger.

– Donc à ce moment–là, il y avait déjà cette tentation indépendantiste plus ou moins formulée ?

– Non, c'étaient des propos affectueux qui reflétaient un particularisme historique et géographique. L'implantation française au nord du Sénégal est intervenue beaucoup plus tôt. L'île de Ndar, cédée aux Français dès 1659, portera le nom de leur roi, Saint-Louis. Le Walo fut annexé par Faidherbe en 1856 et le Cayor par Servatius en 1886. Le 1er juillet 1889, ce fut le protectorat du Djolof. Celui sur le Sine et le Saloum fut reconnu en 1891.

C'est seulement en 1904 que la domination française de la Casamance fut réalisée. Les partages des territoires coloniaux effectués en Europe entre les Français et les Anglais n'ont pas tenu compte des vestiges des empires du Gaabou et du Fouta Djallon ainsi que des espaces couverts par des villages joola, balantes, etc. Ils ont transcendé les divisions ethniques halpulaar et mandingues. Il y a eu le morcellement de l'ensemble où se mouvaient les populations depuis le Trarza en passant par le fleuve Sénégal, le Walo, le Djolof, le Cayor, le Sine et le Saloum, la Gambie, le Firdou, le Gaabou, le Fouta Djallon, le Soudan, le Niger, le Nigéria, etc. Et le Sénégal s'est retrouvé avec un pays, la Gambie, au centre de son territoire. Ces contradictions, sources potentielles de conflits, avaient conduit les pères fondateurs de l'Organisation de l'Unité Africaine à adopter, en 1963, le principe de l'intangibilité des frontières héritées de la colonisation. Les militants de la lutte pour l'indépendance du Sénégal, dont beaucoup sont originaires de la Casamance, avaient dépassé le cadre des micro-États pour défendre la constitution d'une fédération plus viable des pays de l'ex « Afrique occidentale française », afin d'éviter la balkanisation du continent.

J'ai aussi effectué une visite au Sénégal oriental. C'est la première fois que l'originaire de l'extrême nord du pays que je suis, découvrait la zone sud-est bassari, avec ses traditions, ses couleurs, ses chants, ses rythmes et ses danses. Nous avions effectué le déplacement pour essayer de convaincre les communautés locales d'abandonner la commercialisation de l'arachide en coque au profit de celle des graines décortiquées. Nous voulions ainsi diminuer le coût du transport de produits volumineux et non pondéreux, pour mieux rémunérer les paysans. C'était la période des fêtes de fin d'année et nous n'avions pas hésité à nous rendre à l'autre bout du pays. Nous avions apporté des décortiqueuses à main de type Cathala pour montrer l'usage des appareils et expliquer comment ensuite vanner les produits afin de séparer les graines et les coques. Les anciens des villages nous reçurent très aimablement. Il y eu une réunion avec la participation des jeunes et des femmes. Après la démonstration nous avions fourni les explications techniques et les justifications économiques. Les femmes ont alors pris la parole, pour nous remercier d'avoir fait le déplacement depuis Dakar afin de leur expliquer l'intérêt du nouveau système. Elles étaient très touchées par cette disponibilité, qui dénotait un intérêt sincère pour leur bien-être. Mais elles indiquèrent qu'elles n'étaient pas favorables au changement que nous proposions, car c'était aux femmes qu'incomberait le surcroît de travail alors qu'elles en avaient déjà suffisamment avec les travaux domestiques et les distances à parcourir pour l'approvisionnement en eau. Et nous voilà tous penauds, retournant à Dakar en réfléchissant à la distance qui sépare la théorie de la pratique.

– *Les savoirs traditionnels résistent. Et aussi l'expérience vécue…*

– Oh oui, et surtout le bon sens traditionnel, qui est parfois oublié dans les analyses économétriques. Nous sommes ensuite allés dans la région du fleuve. A Matam, il fait si chaud que les habitants avec un fort sens de l'humour, ont l'habitude de dire : « Fort heureusement nous sommes des croyants mais ce n'est pas par peur de l'enfer, car ici il fait plus chaud que là-bas ». C'était pour moi une période de découverte de l'intérieur du Sénégal, des populations pluriethniques, des nombreux troupeaux domestiques et d'animaux sauvages, des plantes et des forêts. Le paysage était tropical et verdoyant au sud, sahélien et aride au nord et cependant adouci par les pluies saisonnières et de nombreux cours d'eau. Partout, il était fascinant. La modernisation de l'agriculture devait passer par la mécanisation. Mais il fallait progresser avec prudence pour changer des pratiques millénaires. La traction animale utilisant charrues, houes, herses, semoirs, épandeurs d'engrais, était la première étape. Elle a donné naissance à de petites entreprises sénégalaises. Certaines étaient individuelles et ont fabriqué aussi des charrettes nécessaires pour le transport des produits et des personnes. D'autres, établies sous forme de sociétés modernes comme la SISCOMA, fabriquaient le matériel tracté pour le labour, le semis, la fertilisation, les traitements insecticides, etc. Cet effort avait permis de compenser la perte de ces travailleurs qui venait de la Haute-Volta pendant l'hivernage, – « navét ». On les appelait les « navétanes ». Après l'indépendance, cette main d'œuvre a joué un grand rôle dans le développement agricole de la Côte d'ivoire. Au demeurant, ces deux pays ont été unis pendant une grande partie de la colonisation.

Alors que je m'occupais des activités tournées vers le Sénégal profond, des discussions ont été entamées entre les pays africains exportateurs d'arachide pour une coopération en vue de mieux défendre leurs intérêts sur le marché international. J'ai participé aux réunions à Dakar, car la commercialisation de l'arachide était du ressort de l'OCA. En outre je parlais anglais ce qui facilitait le dialogue avec les ressortissants des pays non francophones. A l'issue des discussions, les délégués de la Gambie, de la Haute-Volta, du Mali, du Niger, du Nigeria et du Sénégal ont proposé à leurs gouvernements d'établir un Conseil africain de l'arachide. Cette organisation régionale devait coordonner les actions de commercialisation extérieure, harmoniser les contrats internationaux, échanger des informations techniques sur les conditions de production, de conservation et de transformation de cette production. Elle devait aussi promouvoir la formation des agents qui intervenaient dans ce secteur. Le texte portant création de l'organisation a été approuvé après des études de base techniques et économiques. Dans le cadre des équilibres géopolitiques et commerciaux, le plus grand exportateur mondial d'arachide, le Nigéria, devait accueillir le siège et le second, le Sénégal, assurer la direction de l'institution. Seule la Haute-Volta n'a pas accepté ce compromis et a mis fin à sa participation. Le Sénégal a proposé ma candidature parce que j'avais participé à toutes les négociations et que je connaissais les membres des différentes délégations avec lesquelles je pouvais communiquer. Tous les pays ont donné leur accord. C'est Daniel Cabou, devenu Ministre du commerce, qui m'avait choisi, sur recommandation du Directeur général de l'OCA. Je suis allé voir, pour solliciter leurs conseils, Medoune Fall, nommé gouverneur de la région de Diourbel, et Abdoulaye Fofana, Ministre de l'intérieur, à qui je devais ma présence à l'OCA. Ils m'avaient expliqué que certains dirigeants pensaient que j'étais trop jeune à 27 ans pour qu'on me confie la direction d'une organisation internationale, mais ils avaient répondu que « rien n'est hors de portée d'un Sénégalais, bien éduqué et formé, quelque soit son âge ». Ils avaient ajouté : « Qu'il plonge et nage. S'il a besoin de secours qu'il appelle, nous serons là ». J'ai été profondément touché par ce témoignage de confiance qui m'imposait un devoir de résultat.

– En 1965, vous partez pour Lagos, où vous allez exercer les fonctions de Secrétaire exécutif du Conseil africain de l'arachide. Comment s'est passé ce double passage d'un pays à un autre et d'une fonction à une autre ?

– Le Nigéria a d'abord été pour moi une aventure culturelle. C'était la première fois que je vivais dans un pays africain hors du Sénégal. J'ai commencé à découvrir les éléments de l'unicité des civilisations du continent. J'ai eu le privilège d'arriver à Lagos au moment où Cheikh Hamidou Kane, le célèbre auteur sénégalais de *L'Aventure ambiguë*, s'y trouvait. Il est devenu Ministre de l'Industrie après avoir été Vice-Président du Centre de Recherches pour le développement international (CRDI). Le conflit Dia – Senghor avait entraîné son exil, d'abord au Libéria, puis au Nigéria. Il travaillait en ce moment–là, à l'UNICEF. J'habitais sur Awolowo Road dans le quartier d'Ikoyi à environ vingt mètres de chez lui. Nous avons pris l'habitude de nous voir tous les jours. Grâce à lui, je me suis intéressé davantage à la littérature, et d'abord au second livre qu'il avait écrit, *Les Gardiens du temple*. Il ne l'a publié que quelques décennies plus tard, parce que certains de ses amis, dont Aimé Césaire, lui avaient dit que l'ouvrage serait utilisé pour justifier les coups d'État. Il y expliquait en effet comment on passait d'un régime démocratique à la prise du pouvoir par la force, à cause du comportement de certains dirigeants politiques africains. Chaque soir, nous échangions des vues sur des auteurs nigérians : Chinua Achebe en particulier, avec son livre, « *A Man of the People* », L'homme du peuple, mais également « *How to be a Nigerian* », *Comment être Nigérian,* de Peter Pan, qui s'appelait en fait Peter Enahoro, une description amusante et acerbe des travers des Nigérians, *Jagua Nana*, de Cyprien Ekwensi la vie mouvementée d'une Nigériane qui ne s'embarrasse pas d'état d'âme pour réussir dans une société hiérarchisée. Il y avait aussi Wole Soyinka.

– Wole Soyinka qui avait engagé avec Senghor une polémique sur le concept de négritude en lançant sa formule célèbre « Un tigre ne proclame pas sa tigritude »...

– Vous connaissez la réponse de Senghor : « Le tigre ne parle pas de sa tigritude, car il ne parle pas ». Ce qui est intéressant c'est qu'ils se sont compris par la suite et sont devenus amis. Le contexte du Nigeria était caractérisé par une administration anglaise indirecte, qui laissait intactes les valeurs, mais aussi les structures sociales, notamment les royaumes, les chefferies, etc. Le système français reposait sur une politique d'assimilation et d'adoption des modes de vie de l'Occident. C'est pourquoi il était nécessaire d'affirmer son identité culturelle. Les intellectuels africains et ceux de la diaspora des Antilles françaises avec Aimé Césaire ont donc créé le mouvement de la négritude. Le premier colloque des écrivains et artistes noirs à la Sorbonne, en 1956, avait montré les fondements historiques, la pertinence et la valeur libératoire de l'identité culturelle dans la lutte pour l'émancipation, les droits civiques et l'indépendance. Ceux des États-Unis et des Caraïbes anglophones ont prôné le retour aux racines africaines et la défense du panafricanisme.

– La question de la récupération de l'identité culturelle ne se posait pas de la même manière étant donné les références culturelles que proposaient les deux types de colonisation : anglophone et francophone...

– Je pense que c'est ce qu'ils ont découvert dans leurs conversations. Ils ont compris qu'au fond ils défendaient les mêmes valeurs. Wole Soyinka disait : « Je suis tellement nègre que je n'ai pas besoin de le dire », et Senghor précisait : « Je montre que je suis nègre car on essaie de me faire croire que je ne le suis pas ». Je pense que ce sont deux angles d'attaque de la même problématique.

Nous avons aussi découvert la sculpture en allant voir les œuvres d'art au musée de Tinubu Square. Il se trouvait à côté du premier siège du Conseil africain de l'arachide, dans « Coco house », la maison du cacao construite par Awolowo, le leader politique de la « région Ouest ». Les visiteurs étaient accueillis par *Anyanwu* (soleil), « la femme libellule » de Ben Enwonwu, dont un exemplaire se trouve à New York, au siège des Nations Unies, de même qu'une tapisserie sénégalaise de Papa Ibra Tall, *Pèlerinage à Touba*. Le musée était un témoignage vivant et indiscutable de la splendeur des anciens royaumes et empires africains à leur apogée. Nous avons ensemble parcouru la voie de dialogue culturel dans le continent avec son histoire, ses écrivains, ses artistes.

J'ai découvert aussi un Nigéria qui était, pour un ancien membre de la Fédération des étudiants d'Afrique noire, la concrétisation de nos rêves de jeunesse. Nous voyions un grand pays, à l'époque de 50 millions d'habitants et qui, plus tard, est passé à 140 millions, commencer à influencer la scène internationale. Ce n'était pas encore par le pétrole, mais essentiellement grâce aux productions agricoles, en particulier aux exportations de cacao, d'huile de palme, d'arachide, etc. Nous constations surtout une coexistence entre le nord musulman, l'est chrétien et le sud avec un mélange des deux religions. Il y avait aussi une coexistence entre différentes formes de reconnaissance des hiérarchies sociales. D'un côté on mettait l'accent sur les études dans les grandes universités de Lagos, Ibadan, Samaru, Zaria, etc., sanctionnées par les titres de docteurs, de l'autre on donnait la priorité aux notables des grandes familles qui avaient fait le pèlerinage à la Mecque, les « El Hadji ». Les Fulani étaient alliés aux Haoussa, issus des grands empires sahéliens. Ils avaient comme chef traditionnel le Sardauna de Sokoto, Ahmadou Bello, descendant de l'émir Mohammed Bello. Il avait retracé l'épopée de sa famille dans le livre autobiographique *My life (Ma vie)*. Certains de ses ancêtres étaient liés à la famille d'El Hadj Omar, qui venait du Tekrour au-dessus du Fleuve Sénégal. Abubakar Tafawa Balewa, leader du Nord et Premier Ministre, était un fin lettré au discours oxfordien. Les Ibo et Calabar de l'est étaient représentés par Nnamdi Azikiwe, le Président de la République. L'ouest avait pour dirigeant principal Obafemi Awolowo. Des structures gouvernementales existaient au niveau de chaque région de l'Etat fédéral du Nigéria. Le bétail et l'arachide descendaient du nord. L'huile de palme et le cacao venaient du sud. Ils passaient par le port de Lagos vers les marchés d'exportation pour créer la grande richesse économique du pays.

L'apparition de multiples routes en asphalte reliant les différentes parties du pays et l'irruption de grands buildings montant à l'assaut du ciel étaient les symboles d'une vie bouillonnante et d'une activité fébrile. Commerce florissant et sourires sympathiques faisaient bon ménage. Les festivités commençaient le vendredi soir, pour se terminer très tard dans la nuit du dimanche, au rythme trépidant de la musique du « Highlife ». Seuls les magasins de distribution étaient ouverts le samedi. C'était le temps des « party » où les femmes disparaissaient subitement après quatre heures et revenaient aussitôt avec de nouvelles tenues où les tissus brodés donnaient la réplique aux organdis. Leurs cheveux noués avec un art ancestral reproduisaient ces coiffures originales immortalisées par les statues de terre cuite, d'ébène et de bronze des grands empires Haoussa, Kanem-Bornou, Oyo et Yoruba.

Au Musée, il y avait une grande variété de pièces exposées. Elles étaient en terre de Nok, en bronze ou en ivoire de l'époque d'Ifé, Iada, Igbo Ukuru, Esie, Edo-Benin, etc. C'était le temps de l'insouciance et de la joie de vivre des communautés, qui dans la diversité et l'unité constituaient le pays le plus peuplé d'Afrique. Je souhaitais ardemment que ce type de société de liberté, d'entente et de dynamisme serve d'exemple aux nouveaux pays africains qui accédaient à la souveraineté internationale. Les populations s'enrichissaient rapidement grâce aux nombreux emplois urbains et aux activités rurales. L'agriculture était dominante mais elle favorisait aussi les transporteurs, les commerçants, les agro-industriels et les banquiers. Les grandes sociétés internationales affluaient dans ce nouvel El Dorado avec des entreprises de construction de bâtiments et de routes, des chaînes de montage local de véhicules, des commerces de gros et de détail, des sociétés d'entretien et de maintenance. Les ports de Lagos et Port Harcourt se gonflaient, tels deux grands poumons économiques du pays, avec des files de navires à perte de vue sur l'horizon bleu de l'océan atlantique.

– Pourtant dans ce ciel bleu va éclater l'orage de la guerre ?

– Hélas, sous les coups de centurions avides de pouvoir, tout ce magnifique échafaudage allait s'écrouler.

– *Quelles étaient les causes de cette déflagration ?*

– En réalité, il y avait, en profondeur, le ressentiment des habitants de l'est, les Ibos, qui considéraient qu'ils étaient plus instruits, plus éduqués, et même plus raffinés que les autres Nigérians. Ils brillaient dans le secteur de l'enseignement supérieur et réussissaient dans les affaires. Ils avaient des difficultés à accepter que les personnalités du nord contrôlent les principaux leviers de l'activité politique. Pourtant c'était le résultat de l'exercice démocratique. Les habitants de cette région étaient les plus nombreux, leur représentation aux hauts niveaux de l'État fédéral était donc la plus importante. Cependant les responsabilités exécutives au niveau de chaque région étaient exercées par des leaders du terroir. Le pouvoir politique permettait d'avoir une grande influence économique. Les habitants de l'Est en déduisaient que s'ils laissaient les événements suivre leur cours normal, ils risquaient de perdre progressivement leur hégémonie dans le secteur des affaires. Comme beaucoup d'officiers supérieurs étaient Ibos, ils ont décidé de prendre le pouvoir par la force. En une nuit tragique de coup d'Etat, ils ont pris et assassiné Abubakar Tafawa Balewa à Lagos. Ils ont tué Ahmadu Bello à Kaduna qui détenait la réalité du pouvoir car il contrôlait le vote du nord. Quand je suis arrivé au Nigéria, je suis allé le voir. Il avait plaisanté en me demandant ce que je faisais à Lagos, alors que l'arachide se trouvait au nord. Je lui avais répondu que le Conseil de l'arachide étant une organisation internationale d'États membres, j'étais obligé de rester dans la capitale fédérale, siège des ambassades. Il m'avait alors dit de venir le voir si j'avais des difficultés dans l'exercice de mes fonctions, puisqu'il réglait toutes les questions concernant l'arachide. Il avait demandé des nouvelles de ses frères au Sénégal et notamment de sa famille du Fouta Toro. L'officier envoyé pour le tuer, NZegu, un familier de la maison du Sardauna est entré sans difficultés dans le bâtiment. Ironsi, l'Ibo le plus gradé dans l'armée, a pris le pouvoir. Ses hommes ont exécuté froidement des officiers supérieurs du Nord comme le général Maimalari qui étaient à l'hôtel Ikoyi de Lagos cette nuit-là. Ils avaient dû choisir la date de leur forfaiture en fonction des lieux et périodes de réunions de l'État major des Forces Armées. De notre maison, nous avons entendu les tirs des fusils et des mitraillettes.

Tout ce bel édifice d'équilibre démocratique et ethnique s'est alors effondré. La voix à l'anglais si pur de Abubakar Tafawa Balewa s'est tue et la légitimité de la hiérarchie traditionnelle d'Ahmadu Bello, fondée sur des siècles d'histoire, a été balayée. Les militaires ont installé un régime qui ne pouvait durer, car il ne reposait que sur la force brutale. Il y a eu très rapidement un contre coup d'État. Des officiers du nord ont repris le pouvoir. Les soldats de cette région étaient les plus nombreux. En outre, leur soif de vengeance était accentuée par les provocations des Ibos. Au marché de Kano, ils montraient les photos de NZégu, leur héros, qui avait tué le Sardauna. Il y eut des émeutes chez les haoussa-fulani. Le général Yakubu Gowon, qui succéda à Ironsi, était du nord mais venait d'une petite ethnie. Il était chrétien, ce qui prouve que le conflit n'était pas religieux.

Sous la conduite du général Ojukwu, l'est décida alors de faire sécession. Il y eut une guerre meurtrière dont la population civile a subi les graves conséquences. J'ai demandé à mon épouse et à mes enfants de quitter le Nigeria pendant cette période où j'ai dû rester seul à Lagos. Les troupes de l'est, devenu le Biafra, qui s'étaient préparées à cette confrontation, sont arrivées jusqu'à Ibadan, la capitale de l'ouest. A partir de cette ville, les avions bombardaient Lagos tous les soirs, et surtout notre quartier d'Ikoyi, où se trouvait Dodan Barracks, siège de l'État-major de l'armée fédérale. Un jour, mon adjoint Ibrahim Loutou – Paix à son âme, il est décédé il y a juste un an – est venu me réveiller tard dans la nuit pour me dire qu'un avion avait été abattu par la DCA et était venu s'écraser dans le jardin de son domicile. Le lendemain, toute la ville était chez lui pour voir le spectacle. Il n'a retrouvé la tranquillité qu'une semaine après. C'était une période tendue et difficile, avec des pénuries d'aliments et de carburants. Des bombes posées par des terroristes explosaient en ville, dans les cinémas et les commerces. Les voitures étaient volées et partaient vers l'est. Les copies des clés étaient faites lors de l'entretien des véhicules au garage. J'ai été moi-même victime de ces bandes organisées. Après des combats très durs sur le front, les troupes venues du nord, sous le commandement des généraux Shuwa et Mourtada appuyées par celles de l'ouest avec les officers Obasanjo et Adekunle, ont mené la contre offensive jusqu'à la libération de toute la zone de l'est.

Les pays développés ont été actifs sur le terrain diplomatique car le pétrole était l'objet de leur convoitise. Ils ont aussi fourni des armes et des munitions. Des pays africains sont également intervenus. Il y avait des pilotes égyptiens et algériens pour soutenir Gowon. La Côte d'Ivoire et le Gabon étaient des alliés du Biafra. Une réunion a été organisée par Houphouët-Boigny à Abidjan avec Senghor. A l'issue de cette rencontre, il a décidé de rendre officielle sa reconnaissance du Biafra. Il a demandé à Senghor, conformément aux résultats de la discussion, de faire la même chose. Senghor a répondu qu'il avait écouté le plaidoyer et était resté silencieux, ce qui ne voulait pas dire qu'il avait acquiescé. L'eut-il fait, il aurait eu des difficultés dans son pays à cause des liens historiques entre le Sénégal et le Nigéria.

A la première fête de l'indépendance qui a suivi la fin de la guerre, le Président Senghor est venu à Lagos pour participer à la célébration de l'unité et de la paix. Cet épisode douloureux a eu des conséquences catastrophiques dans le reste de l'Afrique. Par mimétisme, les coups d'État se sont multipliés sur le continent.

– Est-ce que vous pensez que les tensions actuelles qui ont lieu de temps à autre au Nigéria ont quelque chose à voir avec ce conflit ?

– Je ne pense pas que ce soit la cause essentielle. Il y a certes cette diversité sous-jacente due à l'existence des différentes ethnies qui constituent la Nation, mais c'est ce qui fait la richesse culturelle du Nigéria. Par contre, les problèmes actuels résultent de tensions religieuses aux zones de contact entre des populations essentiellement musulmanes et chrétiennes qui coexistaient pacifiquement. En plus des manipulations politiques locales, il y a maintenant une exacerbation des extrémistes à l'échelle mondiale, avec des conséquences immédiates dans un village planétaire doté des moyens modernes de communication.

– Un Des épisodes qui a marqué votre séjour au Nigéria fut, sans doute, la visite officielle que le Président Senghor y a accomplie et au cours de laquelle on lui annonça le décès du Président Nasser…

– Le Président Senghor était très aimable avec les jeunes. Lorsque je suis allé me présenter à lui, il m'a aussitôt demandé de faire partie de sa délégation car il avait besoin de moi pour les traductions ou interprétations en anglais.

J'étais donc dans la suite présidentielle du Federal Palace Hotel à Victoria Island quand son Ministre des affaires étrangères, Karim Gaye, est arrivé pour annoncer le décès du Président Gamal Abdel Nasser. Surpris, il a répondu : « C'est une bien mauvaise nouvelle ». Le Ministre a alors demandé quelles dispositions il devait faire prendre au Sénégal, et notamment s'il fallait mettre les drapeaux en berne. Le Président Senghor répondit : « Il faut que le Sénégal manifeste sa tristesse et exprime ses condoléances, mais les actions que nous devrons prendre au niveau de l'État, doivent être à la mesure de ce que nous avons fait pour le Président Léon Mba, qui lui aussi a été un grand dirigeant négro-africain ».

– Qu'est ce qu'a représenté Nasser et le mouvement du nationalisme arabe pour les classes politiques et intellectuelles africaines ?

– Nasser a eu une influence incommensurable dans le combat pour l'indépendance et la liberté des colonies d'Afrique. A Saint-Louis, la projection des films était précédée par celle des actualités du monde. A chaque fois que Nasser apparaissait, s'élevaient des applaudissements nourris sur les bancs des cinémas, notamment Vox, Rex et Pax. Le fait que Gamal Abdel Nasser ait pu résister, avec le soutien de l'Amérique d'ailleurs, au Royaume-Uni et à la France, ouvrait des horizons pour l'émancipation des pays sous domination coloniale européenne. Il y avait de plus une affinité culturelle avec le pays des pharaons, héritage des liens ancestraux. La bibliothèque d'Alexandrie, l'Université Al Ahzar, le cheminement des pèlerins sur la route de la Mecque, avaient forgé des relations étroites qui ressurgissaient au premier stade des luttes pour l'indépendance. Au plan africain, Gamal Abdel Nasser a été un important allié de NKawane Krumah.

– S'appuyant sur les thèses de Cheikh Anta Diop, certains invoquaient même un cousinage lointain ?

– La nature et l'histoire de ces relations ont été expliquées dans la thèse défendue par Cheikh Anta Diop, sur des bases linguistiques et biologiques, avec le recours à des datations au carbone 14. L'Égypte était constituée par le haut et le bas Nil, symbolisés par les deux sceptres croisés du Pharaon. Certaines dynasties égyptiennes étaient négro-africaines. Le fait que les souverains aient pu venir du nord ou du sud est parfaitement logique et rationnel. Mais Cheikh Anta Diop a eu également recours à des critères ethnologiques, l'identité des structures et pratiques sociales, les modes d'expression, certains rites dans les temps antéislamiques d'enterrement des morts que l'on retrouve chez les Sérère, Wolof, etc. Des historiens africains ont continué à approfondir ses thèses, et notamment Théophile Obenga de la République du Congo. Les migrations africaines à partir de l'Égypte ont été provoquées par la défaite des pharaons sous l'assaut d'envahisseurs assyriens venus de l'est. Les populations sont parties vers l'ouest et le sud. On est frappé par la similitude des traits de visage des Rwandais, Burundais, Ougandais, etc., à l'est, et des Sénégalais, Maliens, Nigériens, Tchadiens, etc., à l'ouest. Les contacts plus au sud ont été effectués avec les populations « bantou ». Ces thèses de Cheikh Anta Diop constituent les fondements culturels des États-Unis d'Afrique.

– Pendant six ans, entre 1965 et 1971, vous exercez votre mandat de Secrétaire exécutif du Conseil africain de l'arachide à Lagos, quelles furent vos principales réalisations à ce poste et quels enseignements tirez-vous de cette période de votre vie professionnelle ?

– La première leçon, c'est que les Africains commençaient à réaliser qu'ils avaient des intérêts propres qui n'étaient plus défendus par les anciennes puissances coloniales. Les relations commerciales internationales devaient être réévaluées en fonction de cette nouvelle situation. Cette revue a demandé un important travail d'information, de contacts et d'études sur les produits et circuits commerciaux, etc. Il fallait réexaminer les contrats d'exportateurs des pays francophones et anglophones, qui étaient de deux types différents, pour les harmoniser. Nous avons réuni des juristes et des commerciaux pour cet exercice. La défense contre la campagne lancée par les producteurs occidentaux d'oléagineux au sujet de l'aflatoxine, a été prioritaire. Elle a été déclarée cancérigène et reliée à l'arachide en l'absence de toute spécificité de relation. Nous avons dû identifier des chercheurs et les organiser pour répondre à certains des arguments. L'élimination de l'aspergillus flavus, qui produit l'aflatoxine, a nécessité la mise au point de techniques nouvelles de conservation des récoltes. Les industriels ont démontré que l'aflatoxine était automatiquement éliminée de l'huile par le raffinage. Des méthodes de détoxification ont été élaborées pour les tourteaux, sous-produits de l'arachide utilisés dans la consommation animale. Des appareils à rayons infrarouges ont été mis au point pour détecter et éliminer les graines d'arachide de bouche présentant des tâches suspectes, susceptibles de contenir des traces d'aflatoxine. Ces actions ont coûté très cher à l'Afrique et ont favorisé les produits oléagineux des pays tempérés, soja d'Amérique, colza et tournesol d'Europe dans la concurrence internationale. Les pays africains, qui étaient les plus grands exportateurs d'arachide ont eu à pâtir de cette offensive commerciale menée sous le couvert d'arguments scientifiques et publics. La Politique Agricole Commune de l'Europe et le « Farm Bill » des États-Unis allaient, en outre, favoriser, avec des subventions et autres soutiens, la compétitivité des productions locales de ces pays développés.

Entre temps, j'ai été au Soudan et obtenu que ce pays rejoigne le Conseil africain de l'arachide. Mon voyage en bateau jusqu'au croisement du Nil blanc et du Nil bleu a été mémorable. C'était l'époque des luttes très dures entre les traditionnalistes, les communistes et les syndicalistes soudanais. Le coup d'État à cette époque avait échoué grâce à l'interception par la Libye des avions des dirigeants qui étaient entrés dans son espace aérien en direction du Soudan. Quelques années après, c'était la prise du pouvoir par le général Nimeiry. Je suis allé dans le quartier d'Omdourman, résidence du Mahdi qui avait mené un combat victorieux contre les Anglais. Le long du fleuve sont encore visibles les casemates de couleur d'argile où étaient tapis les soldats soudanais qui tiraient sur les Anglais venant de la Haute Égypte. Lors d'une visite officielle dans ce pays en qualité de Directeur général de la FAO, j'ai reçu symboliquement les clés du quartier et la décoration de l'Ordre des Deux Nils en souvenir de ces relations anciennes.

C'est au Conseil africain de l'arachide que j'ai eu mon premier contact avec la FAO. Je participais à Rome aux réunions du groupe de travail sur les graines oléagineuses, les huiles et les graisses dans le cadre du Comité des produits, chargé de l'étude des filières et des marchés. Je suis allé à Madrid à la réunion du Conseil oléicole international avec lequel des relations de coopération ont été établies. Nous avons assuré une coordination entre les différentes institutions qui travaillaient dans le domaine des oléagineux, notamment l'huile de palme, de soja et de colza, de tournesol, etc. en vue d'une régulation et d'une stabilisation des marchés. Il y avait déjà l'Organisation internationale du cacao. Des Offices de commercialisation ont été mis en place en France, ainsi que des « marketing boards » au Royaume-Uni, après la Deuxième Guerre mondiale. Nous avons mené avec le concours de la FAO et de la CNUCED des négociations à Londres, à Lancaster House pour éviter les fluctuations du marché international des oléagineux et leurs conséquences néfastes pour les agriculteurs. Dans mon discours, à cette occasion, je déclarais que si j'avais été silencieux pendant les premiers jours de cette importante réunion, ce n'était pas parce que les dorures qui ornent si majestueusement cette salle historique m'avaient rappelé que « le silence est d'or et la parole d'argent », mais tout simplement parce que je devais laisser la priorité aux États membres souverains. J'ai alors compris, pour la première fois, que ces discussions, sous le couvert d'un langage fleuri, se résumaient à la défense stricte, je dirais même amorale, d'intérêts nationaux. A chaque fois que nous parvenions à proposer des systèmes de régulation, certains s'évertuaient à les rejeter, au nom des effets de distorsion des marchés. Nous avons alors proposé, mais sans succès, un financement compensatoire « délié du marché » que, logiquement, personne n'aurait dû contester. C'est pourtant un mécanisme similaire que l'Union européenne allait adopter quelques années plus tard. Malgré des années de travaux préparatoires et de conférences, nous n'avons pas réussi à mettre en place un système de stabilisation ou de régulation des marchés des oléagineux. Au Sénégal, on dit qu' « il n'y a pas pire aveugle que celui qui ne veut pas voir. ». Je me souviens de la frustration et de la colère du responsable des produits de base de la Conférence des Nations Unies pour le commerce et le développement, M. Bernard Chidzero, après tant d'efforts pour rien. Il deviendra, quelques années plus tard, Ministre de la planification économique et ensuite des Finances du Zimbabwe.

Quelques décades plus tard, dans le cadre de mesures d'économie budgétaire, liées à la conjoncture, il a été proposé de supprimer le Comité des produits de la FAO. J'ai répondu que la dernière structure que je vais conserver, c'était justement ce Comité, que je connaissais depuis mes fonctions au Conseil africain de l'arachide et dont j'appréciais le rôle dans la coopération avec la CNUCED. Il remplit une des fonctions essentielles de la FAO : la collecte des informations sur les marchés agricoles et leur analyse en vue de l'adoption de politiques internationales appropriées. Les événements m'ont donné raison avec la crise de la hausse des prix des produits agricoles en 2007-2008, puis de nouveau en 2010-2011. Les études et échanges de vues au cours des réunions de ce Comité ont été d'une valeur inestimable pour la préparation et le succès de la rencontre des Ministres de l'agriculture du G-20 sur la volatilité des prix aboutissant à la création du « Système d'information sur les marchés agricoles » (AMIS) et du « Forum de réaction rapide » (FRR). Le Président Senghor m'a corrigé fermement lors d'un entretien quand j'ai dit : « UNCTAD », sigle anglais de l'Organisation pour le commerce et le développement au lieu de « CNUCED ».

Les principaux axes de travail des États membres du Conseil africain de l'arachide ont porté sur l'échange d'information, l'amélioration de la production et de la productivité, les progrès dans la commercialisation intérieure et les échanges extérieurs enfin, la défense de l'image de l'arachide. Nous avons ouvert, à Genève, un bureau de promotion dirigé par El Hadj Abdu. Il travailla étroitement avec le Centre international du commerce, organisme conjoint à l'époque entre la CNUCED et le GATT, aujourd'hui remplacé par l'OMC.

Un jour on m'a demandé si je soutenais la candidature du Président Carter parce que j'avais à la boutonnière une graine d'arachide dorée réalisée avec ces institutions dans le cadre du programme de publicité du Conseil africain de l'arachide.

– Comment ce mandat de Secrétaire exécutif du Conseil africain de l'arachide prend fin en 1971...

– Le Secrétaire exécutif pouvait seulement être élu pour deux mandats consécutifs de trois ans. Après six ans à Lagos, j'ai pris les dispositions pour rentrer au Sénégal, où le Premier Ministre Abdou Diouf m'avait demandé de revenir afin de reprendre mes activités nationales.

– Mais vous n'allez pas rester longtemps au Sénégal, puisqu'en 1971 va débuter une autre étape de votre vie professionnelle, avec votre élection comme Secrétaire exécutif de l'Association pour le développement de la riziculture en Afrique de l'Ouest, dont le siège est à Monrovia, au Libéria.

– En réalité, je n'arrive même pas au Sénégal, car au cours de la dernière année, j'avais rencontré Mensah Moise au moment de prendre l'avion lors d'une mission. Je l'avais connu au Lycée Faidherbe, au cours de la grève dont j'ai déjà parlé. Un incident à cette occasion lui a valu notre respect et notre affection. Il était au balcon du premier étage du lycée, appuyé à la balustrade. Nous étions dans la cour juste en dessous, en train de manifester. Le surveillant général a demandé à Mensah, qui était élève surveillant, de faire évacuer les élèves. Il a refusé. Nous l'avons vivement applaudi. Il a perdu son poste pour sa solidarité et son courage. Nous allions avoir le même itinéraire de formation : Fontainebleau, puis Grignon et l'économie rurale même si, au lieu de la Sorbonne en France, il est allé à Wageningen en Hollande. Il est devenu Ministre de l'agriculture du Bénin quand j'étais Secrétaire exécutif du Conseil africain de l'arachide à Lagos. Avec Soglo, ministre des finances qui allait devenir Président de la République, il avait fait preuve du même courage en démissionnant du gouvernement militaire. J'étais allé lui rendre visite, car nous allions souvent faire notre approvisionnement à Cotonou puisque c'était la période de la guerre et des pénuries au Nigéria.

Nous nous sommes retrouvés à l'aéroport d'Abidjan. Après les salutations, il m'a dit que son problème était réglé. Je lui ai demandé d'être plus précis. Il m'expliqua alors qu'il s'évertuait depuis des mois à trouver une solution qui était en fait sous ses yeux. James T. Philipps, le Ministre libérien de l'agriculture, hélas fusillé lors du coup d'État du sergent Samuel K. Doe, m'a raconté quelques années après mon arrivée à Monrovia l'anecdote des naufragés venant de la mer. Assoiffés, après avoir erré pendant plusieurs jours, ils sont arrivés en vue de la terre et ont fait des signaux pour trouver de l'eau à boire. Les premiers habitants arrivés à leur secours leur répondirent : « Jetez votre sceau là où vous êtes ». Leur navire flottait sur de l'eau douce alors qu'ils pensaient être encore en zone marine. La FAO, l'USAID et le PNUD cherchaient depuis plusieurs mois à identifier un responsable pour diriger la nouvelle Organisation du riz en Afrique de l'Ouest. Moïse se reprochait de n'avoir pensé à moi plus tôt. Je venais en effet de mettre en place une organisation régionale pour l'arachide et j'avais donc l'expérience de la création d'une institution internationale du secteur agricole. Il me proposa d'envisager de prendre la direction de l'ADRAO. J'ai répondu qu'il me faudrait plus d'informations sur ce projet avant de prendre une décision. Il m'a expliqué que la consommation de riz en Afrique augmentait rapidement au détriment des céréales locales entraînant un déséquilibre de la balance commerciale des pays du continent. Il était donc nécessaire grâce à la création d'une organisation spécialisée sur le riz de stimuler la production intérieure. Cette initiative avait le soutien technique de la FAO ainsi que le financement du PNUD et de l'USAID. Il m'a proposé un séjour à la FAO pendant un mois pour connaître les résultats des réunions préparatoires, notamment les études techniques et économiques ainsi que les questions budgétaires et financières. J'ai donc pris mon congé pour effectuer ce voyage à Rome. Ce sera mon deuxième contact avec la FAO. Mensah promit de voir le Directeur général à ce sujet pour une mission qu'il dirigea lui-même au Sénégal afin de convaincre le Premier Ministre Abdou Diouf. A la FAO, j'ai rencontré le Nigérian M. Aribisala, Directeur avec lequel j'allais coopérer dans mes fonctions à l'ADRAO et Raymond Aubrac, qui a joué un grand rôle dans la résistance française.

Je n'ai pas fait la connaissance de son épouse mais je sais qu'elle a joué un rôle capital dans la résistance contre l'occupation nazie. J'ai rassemblé beaucoup de documents des différents secteurs : production végétale et animale, mais aussi forêts et pêche, économie rurale, statistiques et projections dont parlait Jean Chombart de Lauwe, gestion, planification des projets, formulation et « PERT », avec la méthode du « chemin critique » etc.

– *Quelle fonction occupait Raymond Aubrac ?*

– Il était Sous-Directeur général du département de la documentation et de l'information. J'ai établi des relations cordiales avec lui. Nos conversations sont devenues plus personnelles. Il m'a parlé de la réaction du général de Gaulle à l'arrivée des forces françaises libres, à Marseille, me semble-t-il. Au cours d'une entrevue, il avait dit au général : « C'est la pagaille partout, tout est sens dessus dessous, que faut-il faire ? », et le général lui avait répondu calmement : « Rappelez les principes ». Je me suis servi de ces conseils en assumant des responsabilités dans la vie. Ce sont les décisions, sur la base de principes, qui m'ont permis de faire face à beaucoup de situations difficiles. Respecter les textes de base et les décisions des organes directeurs, faire preuve d'équité en appliquant les règles aux différents agents, éviter de créer des précédents si on ne peut pas les continuer, faire preuve d'objectivité quelque soient les facteurs émotifs. Ces éléments sont la base d'une action cohérente. Au cours de ce séjour à la FAO, j'ai été témoin de l'important travail que réalisaient les fonctionnaires de l'organisation. Le Directeur Aribisala est retourné dans son pays où il est décédé quelques années après. J'ai aussi travaillé avec son collaborateur Bonte-Friedheim, qui va devenir directeur de l'Institut international de l'agriculture tropicale, l'IITA à Ibadan (Nigéria). Il sera candidat au poste de Directeur général de la FAO lors de mon élection.

Le personnel de l'Organisation a été aimable et les services ont fait preuve d'une grande disponibilité. Je suis reparti de Rome avec la première bibliothèque complète sur les questions agricoles depuis ma sortie de l'école. La mission de Mensah au Sénégal pour obtenir l'accord du Premier Ministre Abdou Diouf fut couronnée de succès. Il a donné son accord pour que je parte à Monrovia en soulignant le volume croissant des importations de riz par le Sénégal, les coûts élevés pour l'économie nationale et la nécessité d'une politique de promotion de la production locale de cette denrée alimentaire.

La première année à l'ADRAO, j'ai évité d'exécuter les autorisations budgétaires et je m'en suis tenu aux ressources effectivement reçues. Les fonds n'arrivaient pas à temps. J'ai donc constitué une base financière pour la trésorerie avec les arriérés de contributions. Quelques mois après ma prise de fonction, j'ai reçu un télégramme du Ministre des finances du Sénégal, Babacar Ba, me demandant de venir d'urgence à Dakar. Il m'expliqua à mon arrivée qu'il ne pouvait pas me dire au téléphone que je devais entrer au gouvernement pour remplacer l'un de nos camarades qui devait le quitter de manière imprévue. Il m'a indiqué que le Premier Ministre allait me recevoir dans l'après-midi. Je suis allé voir le Ministre de l'agriculture, Adrien Senghor, avec qui j'avais travaillé à l'OCA. Il était déjà au courant. Je lui ai expliqué que le Premier Ministre avait donné son accord pour que je mette en place une organisation interafricaine ex nihilo. J'avais fait à peine quelques mois à Monrovia et si je partais immédiatement, elle allait s'écrouler. J'ai consulté les membres de ma famille à Dakar, qui m'ont dit qu'ils étaient là pour m'aider, quelle que soit la décision que je prendrais.

L'après-midi, je me suis rendu à l'audience du Premier Ministre. Il m'expliqua les raisons du départ du Ministre et la nécessité de mon retour car le portefeuille correspondait à ma formation et à mon expérience. Je lui ai dit que j'étais prêt à suivre ses instructions, mais je lui ai rappelé qu'il avait donné son accord à Mensah pour que je dirige l'ADRAO. Les États-membres risquaient de ne pas apprécier un changement brusque de leadership d'une institution balbutiante et ils pourraient penser que le Sénégal ne s'intéressait pas au développement du riz en Afrique de l'Ouest. Après un silence, car il a toujours eu une grande capacité d'écoute, il m'a dit qu'il allait réfléchir et me rappeler le lendemain. Le jour suivant, alors que j'étais dans le bureau du Ministre de l'agriculture, assurant la tutelle de l'ADRAO, le Premier Ministre m'appela au téléphone et me dit qu'après réflexion, il pensait que j'avais raison. Je devais retourner à Monrovia et j'étais libre. Il ferait appel à moi à la fin de mon mandat. J'ai informé le Ministre de l'agriculture de l'entretien et j'ai ajouté : « S'il me libère, c'est que je n'étais pas libre. » Celui-ci me répondit avec un sourire : « Tu es un fonctionnaire sénégalais, donc tu n'es pas libre. » Je ne suis donc pas entré au gouvernement à trente trois ans, et j'ai repris le chemin de Monrovia.

– A Monrovia, vous faites une série de rencontres avec des personnalités marquantes, le pasteur américain Jesse Jackson et, surtout, l'égérie de la Révolution sud africaine : Myriam Makeba...

– J'ai rencontré Jesse chez l'un de nos amis communs, Al Brown, un Africain-américain qui dirigeait une société d'assurances. Par l'intermédiaire de contacts aux États-Unis, ils avaient développé des rapports cordiaux. Il a organisé un déjeuner chez lui et m'a invité lorsque Jesse est venu à Monrovia. A cette occasion, nous avons parlé de l'Afrique, de la lutte des Africains sur le continent et des africains américains aux Etats-Unis. C'était au début des années 70, en pleine période de combat contre la ségrégation raciale et de lutte pour les droits civiques avec des manifestations et protestations pacifiques, mais parfois aussi des émeutes. L'action politique avait aussi pris d'autres formes, notamment par l'éducation des masses. Les avocats ont défendu les militants poursuivis mais ont aussi contribué faire appliquer les lois et même, parfois, à les modifier. J'ai eu l'occasion de retrouver Jesse à Dakar à un Sommet organisé par le Révérend Sullivan qui a joué un rôle premier dans la lutte contre l'apartheid en Afrique du Sud. Il est utile à ce propos de rappeler la rencontre, à Monrovia, avec Miriam Makeba. Elle passait souvent dans cette ville sur le chemin de la Guinée. Elle était en exil, à cause de l'apartheid dans son pays, mais aussi à la suite de son mariage avec Stokely Carmichael, un des leaders des « Black Panthers ». Cette alliance lui avait valu une interdiction d'accès aux grandes salles de spectacle des États-Unis et l'annulation de plusieurs de ses tournées musicales. J'ai établi des relations fraternelles avec Miriam Makeba, qui est devenue la marraine de mon fils Fara. Elle était à Abidjan à l'occasion du baptême. Ce jour de réjouissances s'est terminé tristement, parce que c'est celui de l'annonce du décès de ma grand-mère. Les « Black Panthers », c'était une forme de réaction violente contre l'inégalité aux États-Unis. Elle n'a pas connu les mêmes succès que le combat moral de non-violence de Martin Luther King, mais elle a certainement provoqué une prise de conscience des dangers de l'injustice raciale. Plus tard, j'ai rencontré Andrew Young à New York et ensuite à Washington et Atlanta. J'avais fait la connaissance de son frère à une réception donnée par des amis communs nigérians dans un immeuble de Victoria Island, à Lagos. Nommé ambassadeur auprès des Nations Unies par le Président Jimmy Carter, il avait rang de Ministre. Quand j'étais membre du Gouvernement, je me suis occupé de Lillian Carter, la mère du Président, lors de son voyage officiel au Sénégal. Le Président Senghor m'avait demandé de l'emmener visiter l'île de Gorée et la maison des esclaves. Ce sont des croisements, dans le temps et l'espace de ma vie, de personnages inoubliables. Ils ont joué un rôle déterminant dans le cours de l'histoire de leur pays de différentes manières et à des moments cruciaux. Ils ont aussi marqué d'un sceau indélébile le progrès de l'humanité sur des questions fondamentales comme la paix et la fraternité. Certains ont aussi usé de l'art et de la musique comme vecteurs de messages forts dans le combat pour la liberté et les droits de l'homme. Du point de vue auto centrique de l'originaire d'un pays africain, ces rencontres m'ont paru porteuses d'espoir pour l'émergence de sociétés plus justes dans le monde.

Au Libéria, j'ai découvert une partie de l'histoire du continent que l'on ne m'avait pas enseignée à l'école. Première République au sud du Sahara, elle fut créée en 1847. Avec l'Ethiopie, ils n'étaient que deux pays souverains pendant la période coloniale. J'ai pris contact avec les autorités nationales dès mon arrivée. C'est ainsi que j'ai commencé à découvrir la division entre les autochtones appelés « Natives » et les Américano-Libériens, descendants des familles qui étaient retournées d'Amérique à leur continent d'origine grâce à l'action de sociétés philanthropiques qui avaient voulu permettre à des esclaves noirs libérés de revenir sur la terre natale de leurs parents. Elles ont organisé leur transfert par bateau sur la côte, en 1822 dans un pays où beaucoup moururent à cause du climat et des maladies. La capitale, Monrovia tire son nom de celui du Président Monroe. Très vite je me suis rendu compte qu'il n'y avait pas beaucoup de Natives qui occupaient des postes de responsabilité. Je n'en connaissais en réalité que deux, le Ministre de l'information, A. B. Kesseley et le Vice-Ministre de la culture, Bai T. Moore. Ils sont devenus mes amis. Les Américano-Libériens étaient dans le pays depuis des générations. Ils ne voyaient pas de différence dans la société. Ils coexistaient sans heurts avec leurs autres compatriotes et ne comprenaient pas pourquoi nous leur disions de faire attention à cette division. Ils contrôlaient cependant tous les leviers politiques et économiques, ayant bénéficié du suffrage censitaire jusqu'en 1945. Pourtant, il y avait eu des révoltes d'autochtones, réprimées dans le sang, parfois avec l'intervention américaine ou même anglaise, à partir de la Sierra Leone voisine. Après une tentative récente de soulèvement qui avait échoué, les cadavres des rebelles avaient été traînés dans les rues. On m'avait montré au Ministère des affaires étrangères des traces de balles qui dataient de cette époque. Les Américano-libériens étaient profondément africains. On pouvait les distinguer un peu par leurs noms, mais surtout par leur place dans la hiérarchie politique et économique. Nous avions des amis très proches parmi les membres de cette aristocratie. J'avais connu certaines de ces familles quand j'étais étudiant en France. La première fois que je suis entré dans une résidence diplomatique, c'était celle de Lawrence, Ambassadeur du Libéria à Paris, dont l'une des filles avait épousé un Sénégalais fonctionnaire de la Commission économique des Nations Unies pour l'Afrique. Nous avons été reçus amicalement et accueillis aussitôt très fraternellement dans les différentes familles. Tout le soutien nécessaire pour le succès de nos travaux a été apporté, surtout par le Ministre de l'agriculture, J. T. Philipps. Cela a été cependant une petite aventure pour trouver un logement. L'un de ses assistants, William Pennon, m'avait donné l'adresse d'une maison à louer à Sinkor, le quartier résidentiel. Il connaissait tout le monde dans le pays et est devenu un collaborateur utile pour l'ADRAO. A mon arrivée, le gardien m'a dit qu'il n'y a pas de maison libre. Le Ministre informé a appelé au téléphone le propriétaire qui lui confirma que sa maison était à louer. Je suis retourné avec Pennon sur les lieux où le gardien nous a expliqué candidement qu'il ne s'agissait pas d'une maison pour « ce petit garçon ». Pourtant j'avais déjà fait six ans au Conseil africain de l'arachide. Quand je suis devenu membre du gouvernement du Sénégal, j'ai eu à intervenir auprès du Premier Ministre pour nommer un cadre compétent, qui remplissait toutes les conditions pour occuper un poste de directeur dans mon département. La fonction publique avait répondu négativement parce qu'il n'avait pas trente cinq ans. Pourtant, à vingt sept ans, j'étais à la tête d'une organisation internationale, et à trente trois ans, j'en dirigeais une autre. Très posément, le Premier Ministre m'a dit que j'étais obligé d'appliquer les textes, mais qu'il était possible de le nommer directeur par intérim. C'est ce que j'ai fait, apprenant ainsi que le provisoire peut durer longtemps. C'était une leçon sur l'art de respecter les textes tout en faisant ce que dicte le bon sens.

J'ai donc trouvé une résidence à Monrovia et le gouvernement, très hospitalier, a donné à l'organisation deux étages de bureaux à E. J. Roye Building, le plus grand immeuble de la ville.

Au début de mon séjour, je travaillais à la bibliothèque du représentant du PNUD. Les premiers mois, toutes les dépenses de l'ADRAO ont été payées avec mon chéquier personnel. Je devais faire les avances nécessaires en attendant que les contributions arrivent. Bien sûr j'ai été remboursé par la suite. Je n'avais pas encore de personnel. C'est le PNUD qui me prêtait une assistance fortement appréciée. L'ADRAO pouvait être gérée sans trop de difficultés car le travail préliminaire avait été fait sur le plan technique par la FAO, le PNUD et l'USAID. Les plans, les programmes et les budgets existaient. Mon travail consistait initialement à les mettre en œuvre, avec la définition des priorités, la gestion administrative mais aussi et surtout la mobilisation de ressources, notamment humaines. Le processus de recrutement des deux premiers cadres africains allait se révéler bien intéressant. J'ai été reçu par le Président du Mali, Moussa Traoré et je lui ai demandé de m'autoriser à recruter Djibril Aw, un de mes aînés à Grignon et grand spécialiste de la riziculture à l'Office du Niger. Il avait aussi travaillé sur d'autres produits agricoles à l'Institut de recherche et d'économie rurale. Il était opposé au régime militaire, et les dirigeants ne l'aimaient pas beaucoup. Je devais cependant essayer de le faire sortir du pays car j'avais besoin de lui et en outre, s'il restait plus longtemps, il risquait d'avoir des problèmes politiques sérieux. Le Président Moussa Traoré, qui a d'ailleurs toujours été très courtois avec moi et a apporté un grand soutien à l'ADRAO, m'a donné son accord. Djibril Aw, cadre de très haut niveau, est ainsi devenu le directeur du développement. Après mon départ, il a rejoint la Banque mondiale où il a fait toute sa carrière jusqu'à la retraite. Plusieurs réunions de l'Organisation ont ainsi eu lieu à Bamako. Nous habitions souvent dans un hôtel, appelé « Le Motel », situé à la périphérie de la ville. Il avait un club célèbre, car l'homme fort, à l'époque, Tiekoro, y allait le soir. A chaque fois qu'il entrait, on jouait sa musique préférée et il tirait une balle en l'air avant de s'asseoir. Il y avait un orchestre de musiciens formés à Cuba, les « Maravillas de Mali ».

Au Togo, j'ai essayé de convaincre le Président Eyadema de permettre à son seul pédologue, Kofi Omer, directeur de l'ORSTOM, de rejoindre l'ADRAO. Ma première mission à l'extérieur du Sénégal avait eu lieu dans ce pays à la suite d'une demande du Président Grunitzky au Président Senghor. Il s'agissait de partager, avec les autorités togolaises, l'expérience de l'Office de commercialisation (OCA), en vue de faciliter la création de l'Office des produits agricoles du Togo (OPAT). C'est le ministre des Affaires étrangères, Georges Apedo Amah, qui m'avait reçu. Le Président Eyadema m'a non seulement très bien accueilli et a répondu favorablement à ma requête, mais il est resté plusieurs heures avec moi. Il m'a raconté les raisons de sa prise du pouvoir. Il m'a expliqué que beaucoup de gens ignoraient qu'il y avait aussi une quasi-ségrégation au Togo. Les descendants des familles venues du Brésil et les métisses allemands dirigeaient le pays. Les autochtones étaient exploités et beaucoup d'entre eux étaient en prison. Il était kabyé, l'une des ethnies du nord du pays. Au sud, il y avait surtout des éwés. La France, après le coup d'État, avait envisagé d'envoyer des troupes qui devaient passer par le Bénin, avec l'accord du Président Zinsou, pour arriver à Lomé. Il avait pris toutes les dispositions pour résister et mourir pour son pays si c'était nécessaire. C'est le Président

Senghor qui avait convaincu les autorités françaises de ne pas intervenir et il lui était très reconnaissant pour ce geste fraternel. Ce jour là, il m'a donné une photographie de 1971 avec sa signature que je lui ai montrée bien des années après quand j'ai pris mes fonctions à la FAO. Il était très heureux et m'a dit que j'étais un « conservateur ». Koffi Omer a donc pu rejoindre l'Organisation.

J'avais aussi recruté le directeur du centre de recherches agricoles de Rokupr, en Sierra Leone, Harry Will. Il est devenu Ministre de l'agriculture, mais pour un temps court durant mon mandat à la FAO.

Le travail de l'ADRAO était orienté vers la production et la productivité rizicoles. J'ai organisé une réunion des responsables des centres nationaux et internationaux de recherche agricole. Auparavant, la FAO avait suggéré que j'effectue un déplacement pour m'informer des conditions de développement de la riziculture à Suriname, en Guyane néerlandaise. J'ai traversé pour la première fois ce pays pour aller jusqu'au fleuve Nikeri. Deux souvenirs me sont restés de ce déplacement par la route dans la zone tropicale très dense. D'abord, à l'embarcadère, j'ai vu une grande photo de Isaac Hayes en pleine forêt, alors qu'il commençait à peine à être reconnu comme l'un des grands chanteurs africains américains, avec son succès « *Hot Buttered Soul* ». Le deuxième, c'est la rencontre avec une dame noire d'un certain âge dans le petit bateau qui faisait la traversée. Elle me regardait et, après un certain temps, a osé me demander, par l'intermédiaire d'un interprète, d'où je venais. J'ai répondu que mon pays, c'est le Sénégal. Elle a commencé à pleurer en disant qu'elle aurait tant voulu voir l'Afrique, son continent d'origine, où elle n'irait sans doute jamais. Elle faisait partie des habitants qui avaient été emmenés en esclavage. Certains, les Nèg Marrons s'étaient révoltés et regroupés en tribus indépendantes dans la forêt. Ils avaient battu les expéditions hollandaises envoyées contre eux et on les avait laissés revenir tranquillement à leur mode de vie ancestral. Ils avaient ainsi pu préserver leurs coutumes et leur culture à des milliers de kilomètres de l'Afrique. Prendre l'avion sur le chemin du retour a été une péripétie drôle. Quand j'ai terminé les formalités d'enregistrement, l'agent de la compagnie aérienne m'a demandé d'aller : « Par là-bas ». J'ai voulu savoir où. Il m'a répondu que je devais me diriger vers la balance. L'avion étant petit, les bagages et les passagers étaient pesés. Fort heureusement, j'avais un poids considéré comme raisonnable et nous avons pu décoller sans encombre.

L'expérience de développement rizicole de Wageningen, menée par les Hollandais, était très édifiante. D'ailleurs, deux personnes que j'ai rencontrées à cette occasion viendront travailler à l'ADRAO, sur proposition de la FAO. L'un s'appelait Ten Have, c'était un chercheur spécialiste du riz. Il nous a beaucoup aidés dans la création des quatre centres de recherche sur le riz. L'autre s'appelait De Boer, c'était le directeur du centre, une personne d'un certain âge, qui m'a donné de bons conseils. J'ai beaucoup tiré partie de leurs connaissances et expériences. C'est au cours de ce séjour que j'ai vu une entreprise moderne de production, avec une unité de recherche, des réseaux d'irrigation, des machines agricoles et des systèmes de rotation culturale. Elle faisait plusieurs récoltes dans l'année. Un programme social avait permis l'installation des personnes et la fourniture de logements. Nous sommes revenus dans la capitale Paramaribo, à l'hôtel Torarika, où l'on pouvait voir des dessins, tableaux et sculptures qui me rappelaient plus l'Asie que l'Afrique. J'ai acheté des objets d'artisanat local, et mes enfants, bien plus tard, m'ont dit qu'ils avaient eu peur des masques grimaçants que j'avais rapportés. J'ai découvert que la ville de l'Université où avait étudié Mensah, Wageningen, en Hollande, avait donné son nom à la bourgade de Suriname.

Pendant la période d'information et de sensibilisation, j'ai effectué aussi un voyage aux Philippines, à l'Institut international de recherche sur le riz, l'IIRI, dirigé par Bob Chandler, le père des variétés miracles de la révolution verte. C'est à partir de l'IR8, créé dans ce centre, que d'autres variétés à haut rendement ont été développées. Il fallait obtenir un riz court et à tige forte, permettant l'application de fortes quantités d'engrais nécessaires pour obtenir des rendements élevés sans que le riz « ne verse ». Ensuite, d'autres facteurs étaient intégrés : qualité nutritionnelle, goût, résistance aux insectes, maladies, champignons, etc. C'était la référence mondiale pour le riz. Mon séjour m'a permis de faire la connaissance du Directeur général et de développer un programme de coopération avec cette institution. Je suis reconnaissant à Bob Chandler d'avoir eu l'amabilité de faire par la suite un voyage à Monrovia pour aider au lancement de notre jeune organisation.

– Qui fut le promoteur de ces initiatives concourant au lancement de ce que l'on qualifiera de « Révolution verte » ?

– C'était une initiative des fondations américaines, essentiellement Ford et Rockefeller. Elles avaient été à la base scientifique de la révolution verte en Asie et en Amérique latine. Le Prix Nobel de la paix, Norman Borlaug faisait partie des équipes qui travaillaient sur le terrain, notamment en Inde et au Mexique. Ses recherches portaient sur le maïs et le blé au CIMMYT – Centro Internacional de Mejoramiento de Maíz y Trigo. Bob Chandler était à *Los Baños*, aux Philippines, à côté de l'Université Nationale de Laguna. C'est lui qui m'a présenté les Présidents Suharto et Marcos arrivés en hélicoptère pendant mon séjour au centre. Le Président de l'Indonésie venait de prendre le pouvoir dans son pays. Il était d'origine paysanne, de l'île de Java, et s'intéressait particulièrement à l'agriculture. Il avait entendu parler de la révolution verte et était venu voir les performances des variétés de riz. Les deux Chefs d'Etat ont été courtois avec moi et m'ont demandé des renseignements sur la riziculture en Afrique. Cette conversation, comme nous le verrons par la suite, allait avoir une influence sur ma candidature à la FAO. J'ai demandé à Chandler de me fournir ses meilleures variétés pour les tester dans des essais multi-locaux en Afrique de l'Ouest. Nous avons mis en place des centres pour le riz pluvial à Bouaké en Côte d'ivoire, pour le riz de mangrove à Rokupr en Sierra Leone, pour le riz irrigué à Richard-Toll au Sénégal et pour le riz en eau profonde et le riz flottant à Mopti au Mali. Nous avons évalué les performances des variétés, et certaines ont pu être utilisées par les instituts de recherche de la région pour une application directe. D'autres ont servi pour des croisements avec des variétés de la même espèce. Nous avons cependant découvert que des variétés réputées résistantes à la pyriculariose en Asie étaient brûlées en Afrique, notamment dans les zones de mangrove du Sénégal, de la Sierra Leone et de la Guinée. En poussant les investigations pour expliquer ce phénomène, les chercheurs ont découvert que les espèces locales de riz – oryza glaberrima – avaient des résistances que ne possédait pas l'espèce asiatique – oryza sativa –. Le concept de deux types de résistances, horizontale et verticale, est né de ces essais, de même que l'idée de faire des croisements interspécifiques, qui demandent des techniques beaucoup plus avancées. Les solutions n'ont été trouvées que quelques décennies plus tard avec les progrès en biotechnologie, qui ont permis d'obtenir des variétés comme le « Nérica ». Les travaux dans cette voie avaient été commencés à cette époque-là. A Monrovia, Chandler m'a conseillé de me concentrer sur un nombre limité de projets qu'il fallait réussir pour avoir une base de crédibilité de nature à faciliter la mobilisation des ressources nécessaires au développement de l'organisation. Il nous a fourni des experts pour donner des cours au centre de formation que j'ai mis en place à l'Université du Libéria, à Fendel, Louisiane, à quelques kilomètres de Monrovia. J'ai d'ailleurs recruté un jeune Sénégalais, François Faye, qui terminait ses études sur le riz à Los Baños. Plus tard, il va diriger le Centre de développement horticole de Cambéréne, près de Dakar, avant de travailler pour l'USAID. Nous avons eu le soutien du Japon qui nous a fourni une rizerie expérimentale pour la formation. Le matin, les étudiants suivaient des cours théoriques et l'après-midi ils avaient des exercices pratiques. Chacun cultivait le petit lopin de terre qui lui avait été alloué. C'était un modèle de formation pratique qui permettait d'avoir des experts capables d'aller immédiatement sur le terrain. Le cours durait six mois environ, avec des étudiants qui apprenaient tous les principes scientifiques de base et devenaient des riziculteurs opérationnels très performants. Nous avons travaillé à l'amélioration variétale dans chacun des quatre centres de recherche, en relation avec les institutions des différents pays membres. Nous avons aussi conduit la première étude économique sur le riz en Afrique de l'Ouest, avec le « Food Research Institute » de l'Université de Stanford à Los Angeles. C'est dans ce cadre que nous avons organisé des séminaires à Hampton Beach, près de Boston, pour discuter des avantages comparatifs des différents systèmes, types et zones de production de riz. Je n'étais pas tout à fait d'accord avec les résultats de leurs modèles économétriques qui ne tenaient pas compte de tous les facteurs. J'avais en particulier critiqué la référence, pour le calcul de taux de rentabilité interne des projets, au prix de marché international qui était faussé par des soutiens et subventions de différents pays. Les choix de politique agricole devaient notamment prendre en considération la balance commerciale, les conséquences budgétaires et fiscales, la création des emplois et la génération des revenus. De plus, à l'embouchure de la vallée du fleuve Sénégal, il y avait quelques-uns des coûts de production rizicole parmi les plus élevés au monde, à cause du prix élevé des aménagements hydro-agricoles de pompage, mais dans le cours supérieur, vers Matam, un autre type de production avec une irrigation naturelle par gravité permettait d'avoir des coûts de production parmi les plus bas du monde. Les échanges sur ces facteurs ont été approfondis et ont permis d'identifier les pays à plus fort potentiel. Ainsi, la Côte d'Ivoire, la Sierra Leone et le Mali pouvaient satisfaire les besoins en riz de toute l'Afrique de l'Ouest.

– Une étape restait à franchir : comment assurer la viabilité sinon la rentabilité économique des initiatives prises en matière de développement agricole ?

– Les centres internationaux de recherche agricole comme l'IRRI, le CIMMYT, etc., étaient financés par le Groupe consultatif de la recherche agricole internationale, sous l'impulsion de la Banque mondiale. J'ai donc demandé une audience au Président McNamara, qui a bien voulu me recevoir. Il a écouté mon exposé sur l'ADRAO, les conditions de sa création, ses objectifs et ses programmes. Il m'a dit que l'exposé était clair, mais qu'il souhaitait que je lui indique les moyens dont je disposais pour atteindre les objectifs fixés. J'ai expliqué que je dépendais des contributions des États membres. Il a précisé que c'était la Banque mondiale qui aidait ces pays et qu'ils n'avaient pas beaucoup de ressources. Cette rencontre m'a appris qu'il faut avoir les moyens de ses ambitions. C'est une leçon que je n'ai jamais oubliée. J'ai donc participé aux différentes réunions du Groupe consultatif. Son comité technique consultatif était présidé par Sir John Crawford, l'une des grandes personnalités scientifiques de l'Australie, ennoblie par la Reine d'Angleterre pour ses compétences et réalisations techniques. Son adjoint était le docteur M.S. Swaminathan – qui est actuellement le Président du Comité de la FAO sur les objectifs du millénaire. Il vient aussi d'être nommé Président du groupe d'experts qui fait rapport au Comité mondial de la sécurité alimentaire. J'ai donc dû présenter les programmes de l'ADRAO à la « Semaine des centres internationaux » pendant quelques années dans des conditions qui n'ont pas toujours été faciles. Certains dirigeants d'Instituts nous considéraient comme des concurrents et ne voulaient pas de notre admission dans ce club fermé. L'ADRAO a cependant réussi à devenir membre de ce Groupe consultatif de la recherche agricole internationale qui aujourd'hui encore finance l'organisation. J'ai ainsi pu régler le plus gros problème, celui des difficultés de financement par des pays en voie de développement d'une institution régionale de recherche agricole. Elle a connu un fort développement au cours des dernières années, jusqu'à devenir « Riz Afrique », une organisation pour l'ensemble du continent. Mais ce qui est navrant, c'est que des politiques qui avaient donné de très bons résultats à l'époque ont été changées parce que sciemment combattues pour des gains financiers personnels. La Société de développement du riz en Côte d'ivoire, la SODERIZ, avait fait de gros travaux d'irrigation et organisé des circuits de production, de commercialisation et de transformation. Mais ces succès étaient contraires aux intérêts des importateurs de riz. Grâce à leur influence politique, ils ont réussi à faire prendre des mesures qui ont bloqué la production intérieure au profit de leurs opérations commerciales. Je me suis d'ailleurs trouvé dans l'embarras, parce que je donnais ce modèle en exemple au Sénégal, alors que quelques temps après, l'organisation allait être dissoute.

– Avant de clore ce chapitre, je souhaite évoquer avec vous votre rapport avec Monsieur Mc Namara que vous avez connu à cette époque. Ce technicien représentatif de l'efficacité gestionnaire à l'américaine a, d'abord, réussi à transposer l'expérience acquise chez Ford à la Banque mondiale. Mais, il fut également un stratège de guerre offensif et controversé qui, après son échec, devint un militant du désarmement ! Comment expliquez-vous tant de complexité dans une même personne ?

– McNamara est effectivement un personnage fascinant. Je l'ai d'abord connu dans ses activités au sein du Groupe consultatif de la recherche agricole internationale. Il a orienté les programmes pour favoriser la petite agriculture familiale dans les pays du Tiers monde. Il a joué un rôle important de soutien aux dirigeants de l'Inde, dans le financement des infrastructures d'irrigation, des routes et des moyens de stockage. Ces investissements ont permis d'utiliser de manière efficace les progrès scientifiques et techniques obtenus par la recherche et notamment les variétés à haut rendement. McNamara et son épouse nous invitaient à dîner chez eux le dernier jour des réunions du Groupe, pour des échanges de points de vue. Il posait toujours la même question : « Qu'est-ce que vous, les scientifiques, pouvez faire pour améliorer les conditions de vie des pauvres du milieu rural ? Comment pouvez-vous leur permettre d'être plus productifs, plus compétitifs et d'augmenter leurs revenus ? Et moi qu'est-ce que je peux faire pour vous aider dans cette tâche ? » Ce à quoi Sir John Crawford avait une fois répondu : « Si vous pouviez convaincre les gouvernements africains, asiatiques et d'autres régions de donner plus de priorité à l'agriculture, de soutenir le monde rural, cela faciliterait évidemment notre tâche de mise en pratique des techniques et d'introduction des variétés que nous sommes en train de développer ». J'ai utilisé cet argument avec Sir John Crawford quand j'essayais de le convaincre d'accepter l'ADRAO au sein du Groupe consultatif. Je lui ai rappelé qu'il avait sollicité McNamara pour avoir accès aux ministres, or ce sont eux qui ont crée l'ADRAO et qui participent aux réunions et aux décisions. Il serait donc logique d'apporter un soutien à la structure de recherche qui, à leur initiative, doit aider à l'accroissement de la production de riz. Je pense que cet argument fut déterminant dans sa décision de proposer l'admission de l'ADRAO dans le Groupe consultatif de la recherche agricole internationale.

J'ai été associé aussi à une autre dimension de McNamara, son action en faveur du désarmement. A la demande de Gurgulino de Souza, Directeur de l'Université des Nations Unies (UNU) à Tokyo, au Japon, je suis devenu membre du Conseil d'administration du *World Institute for Development Economics Research* (WIDER), ayant son siège à Helsinki, en Finlande. Cette institution aidait les grands chercheurs et professeurs dans des études de pointe aux frontières de la théorie économique et sociale. Certains ont eu à travailler sur les politiques de transition des économies centralisées de pays communistes de l'Europe de l'Est et de l'Union soviétique vers des systèmes où les lois du marché prévalaient, notamment dans le cadre international du commerce et du flux des capitaux. Le Président du Conseil d'administration du WIDER était Saburo Okita, ancien Ministre des affaires étrangères du Japon. Il a joué un rôle important dans le redressement économique de son pays après la Deuxième Guerre mondiale. Il avait encouragé les efforts pour aider les autres pays asiatiques à suivre le même modèle, notamment la Corée, mais aussi la Thaïlande, la Malaisie, l'Indonésie, etc. Lors de mes discussions avec Saburo Okita, il m'expliquait que l'aide à ces pays proches était la meilleure manière d'assurer une culture de paix et de faire face au communisme, qui est souvent une réaction à la pauvreté. Il indiquait qu'après l'Asie, le Japon devrait jouer le même rôle en Afrique. J'ai ainsi établi de bons rapports avec lui. Le Japon qui avait souffert des bombes atomiques d'Okinawa et de Nagasaki est devenu un pays réfractaire au militarisme et à la prolifération des armes nucléaires. La politique d'assistance japonaise était alors décidée en fonction des ressources que les pays consacraient aux dépenses militaires. Une des premières leçons que Samuelson donnait dans son livre de base, c'est que : « L'économie c'est le choix entre le beurre et les canons ». A cause de ces relations amicales, j'ai été invité à une série de réunions, d'abord à Paris, à l'OCDE, et ensuite à l'Université des Nations Unies à Tokyo, sur le désarmement et la priorité à donner aux dépenses en infrastructure, agriculture, éducation et santé. Cela me rappelle d'ailleurs ce que m'a raconté un jour l'ancien Ministre des affaires étrangères de Côte d'Ivoire, Essy Amara. Lors d'un Conseil, le Ministre chargé de la défense avait fait une présentation de la situation militaire dans la sous région et des rapports de force avec les pays voisins. En conclusion, il proposait de renforcer les capacités de l'armée ivoirienne et d'allouer des fonds supplémentaires à cet effet. Le Président Houphouët-Boigny s'est tourné vers son Ministre des finances et lui a demandé s'il disposait de telles ressources. Celui-ci a répondu qu'il pourrait réaménager le budget pour répondre à la demande de son collègue. Le Président lui a alors demandé d'affecter ces sommes au ministère de l'agriculture. Et il a ajouté que si les populations mangent à leur faim, le pays se développera économiquement, les États voisins n'auront pas besoin d'envoyer leurs militaires car leurs populations civiles viendront pour participer au développement économique et social de la Côte d'Ivoire où ils trouveront des emplois et des sources de revenu.

Il convient aussi de raconter la visite de McNamara au Vietnam. Il en avait parlé au cours d'un dîner offert par le Premier Ministre des Pays-Bas à Amsterdam, à l'occasion d'une réunion de la Coalition globale de l'Afrique, dont le siège était à Washington, à la Banque mondiale. Quelques années après la guerre, il avait tenu à se rendre dans ce pays pour essayer de comprendre pourquoi, malgré tous les moyens technologiques et la supériorité de l'armement, la conduite scientifique de la guerre et les bombardements massifs, le peuple vietnamien n'avait pas cédé. Cette résistance ainsi que les réactions et manifestations aux États-Unis avaient permis de mettre fin à la guerre. Au cours d'un dîner auquel assistait le général Giap et des hauts gradés de l'armée, il leur avait dit qu'il ne comprenait pas pourquoi ils avaient accepté que leur population subisse les bombes des B52 et les destructions dans leur pays, les souffrances et les pertes humaines, pour défendre le communisme chinois. Il paraît que l'un des généraux a sauté de sa chaise et, furieux, lui a demandé s'il n'avait jamais étudié l'histoire. Au cours des millénaires, le Vietnam a combattu ses voisins chinois. La lutte qu'il a menée, avec cette fois-ci le soutien des frères chinois, était pour son indépendance. Contre les Français, comme les Américains « ils étaient prêts à mourir, jusqu'au dernier Vietnamien, pour leur liberté. » McNamara a dit que c'était la première fois qu'il comprenait que cette guerre n'avait rien à voir avec la théorie des dominos, qui était la base stratégique de la diplomatie globale dans le cadre du conflit est-ouest. A ce moment, j'ai pensé à la dédicace de mon ami Papa Nalla Fall sur le livre de Henri Kissinger « The uses of Power » qu'il m'avait offert : « que Dieu t'accorde beaucoup de pouvoir afin que tu en uses avec mesure ».

– Cette prise de conscience explique peut-être son revirement en faveur du désarmement ?

– Incontestablement, son passage à la Banque mondiale a provoqué une révolution complète de sa vision du monde. C'était déjà une forme de repentir. Il essayait, dans le cadre de l'organisation mondiale chargée du financement du développement, de soutenir la croissance économique des pays du Tiers monde, avec évidemment des idées capitalistes dont les résultats n'ont pas toujours été à la hauteur de l'intention initiale. Il y a eu en effet les politiques d'ajustement structurel et les conséquences néfastes sur l'éducation et la santé des populations du Tiers monde, mais il su donner à l'investissement dans l'agriculture une priorité qui a évité la famine en Asie et en Amérique latine dans les années 70.

CHAPITRE V

A l'école de la Science

– En 1977, se termine votre mandat à l'Association pour le développement de la riziculture en Afrique de l'Ouest. Vous voilà prêt à revenir au pays natal. Comment se fait ce retour ?

– Quelques mois auparavant, j'avais confirmé au Premier ministre Abdou Diouf que je comptais retourner au Sénégal à l'issue de mon mandat de Secrétaire exécutif de l'ADRAO. Il m'avait demandé de prendre contact avec lui dès mon arrivée, c'est ce que j'ai fait en lui rendant compte du travail qui avait été réalisé dans le cadre de mes fonctions, et en me mettant à la disposition de l'administration sénégalaise. Le Président Abdou Diouf m'a dit d'attendre quelques mois car les élections étaient proches et après les résultats, la situation serait plus claire. Pendant cette période, j'ai commencé à écrire un livre sur mes expériences professionnelles au Conseil africain de l'arachide et à l'ADRAO, grâce à la gentillesse de mon ami Khassimou Dia, qui était Directeur général de la SODEFITEX, la société pour le développement des fibres textiles. Il avait bien voulu mettre à ma disposition des bureaux au siège de son organisation à Dakar. Après avoir occupé les fonctions de Directeur de cabinet du Premier Ministre Habib Thiam, il était devenu une personnalité politique importante : Ministre du plan et parlementaire.

J'ai eu aussi à participer aux différentes réunions du Club Nation et Développement créé à l'initiative du Président Senghor quand j'étais encore à Lagos. Ce think-tank et lieu de débats intellectuels m'a permis de participer aux discussions sur les grandes questions politiques et économiques du Sénégal. Hasard de l'histoire, mon premier dîner-débat a été présidé par Abdoulaye Wade. Le sujet portait sur les problèmes du développement de l'agriculture au Sénégal. J'avais essayé d'expliquer que la stratégie qui était adoptée, ne me semblait pas la bonne, parce qu'on se concentrait sur le bassin arachidier, la partie centrale du Sénégal, où les facteurs naturels sont les moins favorables à la culture, du fait d'une pluviométrie aléatoire. On négligeait trop les zones périphériques du Nord, du Sud et de l'Est, où il y avait les fleuves et où les précipitations annuelles pouvaient atteindre 1300 millimètres d'eau. Enfin, le littoral marin de l'océan Atlantique, jusqu'à environ 15 kilomètres à l'intérieur des terres, bénéficiait d'un microclimat subcanarien qui permettait d'avoir des conditions de cultures tempérées pour des productions maraîchères et fruitières. J'expliquais que, malgré l'indépendance, nous étions en train de consolider le pacte colonial car c'est l'introduction du chemin de fer qui avait permis le développement de l'arachide, dans le cadre d'une répartition confiant notamment au Vietnam la production du riz et au Sénégal celle de l'arachide. Les efforts d'adaptation à la décision de libéralisation du marché et à la perte des garanties de prix et de quotas de l'arachide sur le marché français étaient axés sur les zones sèches. Les événements qui allaient suivre devaient, hélas, prouver le bienfondé de cette analyse. Après des résultats probants, avec un million cinq cent mille tonnes d'arachides, la sécheresse avait fait tomber la production à deux cent milles tonnes. Cette conférence du Club Nation et Développement, publiée comme les autres dans un livre, posait déjà le problème du choix des politiques de développement agricole avec ses conséquences économiques et sociales. Les cultures, la production animale et la pêche, constituent l'un des secteurs clés de l'économie sénégalaise. Alioune Sène, Ministre de la Culture et Directeur de cabinet du Président Senghor, ainsi que sa gentille épouse, nous recevaient dans leur appartement situé dans un immeuble de la place de l'Indépendance avec Babacar Bâ, Ministre de l'économie et des finances, Moustapha Niasse, qui fut Directeur de Cabinet du Président Senghor et, plus tard, Ministre et Premier Ministre, ainsi que d'autres camarades, Joseph Mathiam, Bara Diouf, etc.

– De qui était constitué le Club Nation et Développement ?

– Les membres du Club Nation et Développement étaient essentiellement des jeunes, même si des personnes plus âgées participaient à nos dîners-débats. André Guillabert, Gabriel D'Arboussier, Boissier Palun, Magatte Lô, Alioune Badara MBengue, Mady Cissokho, Dembo Coly, etc., qui ont créé le Bloc Démocratique Sénégalais aux temps de la lutte contre la SFIO

(Section française internationale ouvrière) étaient les aînés respectés, les caciques du parti.

Le Club Nation et Développement était un forum approprié pour des activités intellectuelles apolitiques. Je participais à cette initiative en tant que cadre sénégalais et aussi parce que la plupart des membres de cette équipe étaient mes amis, au Lycée Faidherbe ou en France. Avec certains, j'avais des relations de famille. Plus tard, André Guillabert va jouer un rôle important dans mon entrée en politique à Saint-Louis. Immédiatement après les élections, je suis appelé au gouvernement, d'abord comme Délégué général, puis Secrétaire d'État auprès du Premier Ministre, chargé de la recherche scientifique et technique.

– Aviez-vous obtenu l'onction de l'élection avant de faire partie du gouvernement ?

– Non, à ce moment, dans le cadre de la séparation des pouvoirs de l'exécutif et du législatif, il n'était pas nécessaire d'être député pour être membre du gouvernement. D'ailleurs, ceux qui entraient au gouvernement, renonçaient à leur poste de député pour éviter les cumuls et permettre à d'autres camarades de les remplacer.

– Donc un an à peu près après votre retour au Sénégal, vous êtes nommé Secrétaire d'État auprès du Premier Ministre, chargé de la recherche scientifique et technique. A ce poste, vous allez mettre en application les enseignements que vous avez engrangés au cours de votre première période professionnelle, pour engager votre pays dans l'édification de structures de dimension africaine...

– Au Sénégal, je revenais dans un cadre strictement national. Quand j'étais Ministre de la recherche scientifique, Adedeji avait encouragé la création d'institutions africaines comme le Centre régional de technologie (CRAT). Je voudrais rappeler les péripéties du choix du siège de cette institution. Un samedi, j'ai reçu un appel téléphonique. Le Président Senghor voulait que je me rende immédiatement à Arusha en Tanzanie, pour la réunion en vue de la création de ce Centre. J'avais pour instruction d'obtenir que le siège soit à Dakar. Je devais partir le lendemain pour Arusha, après avoir glané quelques éléments épars du dossier. Dès mon arrivée, j'ai commencé les consultations avec les différentes délégations. Je me suis rendu compte que la Tanzanie, hôte de la conférence, avait mené des actions diplomatiques fortes pour que le siège soit à Arusha. Mon rôle était de faire en sorte que cela ne soit pas le cas. J'ai vite réalisé que le seul objectif envisageable c'était de faire une alliance avec les pays intéressés par le siège pour reporter la décision sur cette question à la réunion suivante. Le rôle du chef de la délégation kenyane, Okiki Amayo, qui est devenu mon ami et qui assumera ensuite le poste de Secrétaire général de la KANU, le plus grand parti politique national, a été déterminant dans cette stratégie. Il y avait suffisamment de pays qui savaient qu'ils n'allaient pas l'emporter à cette réunion. Ils ont donc demandé et obtenu que la question soit examinée à Addis-Abeba, ville plus neutre, qui est le siège de la CEA et de l'OUA et dont le gouvernement n'était pas en compétition pour le siège du Centre. Ce délai m'a permis d'établir des relations avec les délégués et même de nouer certaines amitiés afin de mieux préparer le dossier. C'est ainsi qu'à la réunion suivante à Addis-Abeba, la ville de Dakar fut choisie comme siège du CRAT.

– En dehors de cette affirmation du rôle de votre pays sur le plan africain, quelles furent vos principales réalisations sur le plan national dans un domaine qui n'est plus celui de votre spécialisation agricole mais qui touche à toutes les disciplines du savoir et de la recherche scientifiques ?

– Mes fonctions au Conseil africain de l'arachide et à l'Association pour le développement de la riziculture en Afrique de l'ouest, m'avaient permis de mettre en pratique, au niveau régional, l'enseignement supérieur dont j'avais bénéficié mais aussi de faire l'apprentissage de la diplomatie et des relations interafricaines. Cette nouvelle phase de ma carrière va me permettre d'utiliser les connaissances et expériences de l'OCA et de l'ADRAO en faisant irruption dans un nouveau domaine. Auparavant j'avais travaillé strictement dans l'agriculture : production, technologie, commerce, sciences sociales et ethnologie. A la recherche scientifique, je vais m'occuper d'un champ plus vaste. Il s'agissait de continuer l'effort de mon prédécesseur Djibril Sène pour créer une structure nationale de recherche. Cette évolution devait se faire en coopération avec les institutions françaises, surtout l'IRAT pour les céréales, l'IRHO pour les oléagineux et d'autres organismes spécialisés, notamment l'ORSTOM. Chacune intervenait de manière autonome au Sénégal. Djibril Sène avait commencé ce travail dans des conditions pas toujours faciles puisque moi-même j'ai eu des « clashs » avec certains responsables de ces institutions. Je me souviens de l'intervention de M. Fernand Wibaux, ambassadeur de France qui est devenu mon ami. Voyant mes relations difficiles avec un conseiller technique qui s'appelait Jean-Pierre Raison, il m'avait dit que je devais « savoir Raison garder ». A quoi je lui avais répondu que je n'avais pas oublié la raison mais que ce n'était pas celle des institutions de son pays qui essayaient de continuer de diriger la politique de recherche agricole du Sénégal. Mais, ces rapports se sont améliorés avec l'organisation de réunions annuelles, au cours desquelles des programmes concrets de recherche et leurs modalités de mise en œuvre ont pu être discutés franchement. L'Institut sénégalais de recherche agricole (ISRA), la structure nationale, centrée sur les réalités et les besoins du pays, a pu être mise en place en tirant profit de l'expérience, des connaissances et des ressources d'institutions dont le pays était notre premier partenaire. Ensuite, nous avons obtenu un financement de la Banque mondiale exclusivement pour la recherche agricole. Auparavant, elle ne finançait que des volets recherche de programmes plus larges. Il a donc été possible de choisir des priorités basées sur des besoins nationaux dans les domaines du développement rural, des cultures, des productions animales, de la pêche et des forêts. Les ressources naturelles, le sol et l'eau, ainsi que l'océanographie, ont été intégrées dans la réflexion, notamment pour l'établissement de plans, de programmes et de structures. Dans ce cadre, je dois avouer que je n'ai pas toujours été d'accord avec certains de mes collègues et amis chercheurs. Ils étaient habitués au cadre du Centre national de la recherche agricole (CNRA) de Bambey, dans la région de Diourbel, où ils faisaient un travail méritoire malgré des contraintes réelles. Certes, un noyau fort pour coordonner et orienter l'action sur lequel le Directeur général devait s'appuyer, était nécessaire. J'étais convaincu qu'il fallait donner des moyens et des ressources à Bambey, mais la recherche agricole devait être décentralisée pour trouver des solutions spécifiques aux conditions écologiques, sociales et culturelles des différentes régions du pays. Il était nécessaire de régionaliser la recherche avec des entités multidisciplinaires dans le triangle arachidier, au fleuve, au Cap-Vert, au

Sénégal oriental et en Casamance. Il y avait bien des stations expérimentales dans les régions, mais c'étaient des appendices sans autonomie et surtout sans stratégie régionale et ressources appropriées. J'ai essayé d'encourager cette réforme avec des financements nouveaux, importants, notamment de la Banque mondiale et de l'USAID en plus de ceux de notre partenaire traditionnel, la France. Naturellement, s'il s'agissait d'un jeu à somme zéro, avec le même budget, la régionalisation se ferait au détriment des structures existantes, mais ce n'était pas le cas. J'ai d'ailleurs profité du fait que mon prédécesseur avait déjà mis en place avec la France un programme de bourses au profit des chercheurs pour l'étendre, grâce au « Sahel Manpower Development Program » que l'USAID venait de lancer. Il était destiné aux pays du Sahel mais comme d'autres pays n'avaient pas fait de demandes, j'ai utilisé tous les fonds pour le Sénégal. Il a ainsi été possible d'envoyer une centaine de jeunes Sénégalais chaque année en formation en France et aux États-Unis, en licence et doctorat, master et PHD dans les domaines identifiés comme prioritaires pour mettre en œuvre le programme.

Mais l'aspect le plus passionnant pour moi, car totalement nouveau, c'était la découverte des autres recherches sectorielles : la médecine, l'industrie, les énergies, la technologie nucléaire, l'informatique, l'histoire et la culture. C'était un voyage fascinant dans l'espace sidéral de la science. D'abord, j'ai discuté avec le Directeur général du CERER – Centre d'études et de recherche sur les énergies renouvelables –. Le Professeur Bathily me dira quelques années plus tard qu'après mon premier discours sur le développement du programme, il s'était demandé de quelle planète je venais. Il avait des difficultés même pour avoir du papier et j'étais en train de parler de grands programmes. L'expérience a montré que dès que les projets ont été préparés, surtout au moment où devait se tenir la Conférence des Nations Unies sur les énergies nouvelles et renouvelables à Nairobi, nous avons eu des soutiens financiers. A cette Conférence, j'étais Président de l'une des deux commissions, la première. Nous avons aussi essayé de sortir de la partie purement intellectuelle et académique de la recherche pour aller vers des activités plus concrètes. Le programme pour diminuer les pertes dans l'utilisation du charbon correspondait aux besoins de la population, puisqu'en Afrique l'énergie domestique provenait à 80% du bois et du charbon de bois. Il y avait la méthode traditionnelle des trois pierres. On mettait le bois de chaque côté, on allumait le feu et on mettait la marmite dessus. En installant des fours, « Ban ak souf », c'est-à-dire « argile et sable », il fut possible de diminuer de 60% les pertes d'énergie. Dans ce programme, la seule chose qu'il fallait transférer, c'étaient les connaissances tirées de la recherche et de l'expérimentation. On n'avait pas besoin de faire venir des matériaux et des machines. Le sable et la boue existent dans presque tous les villages du Sénégal. Il fallait tout simplement des techniciens pour former la population. C'était un travail d'éducation. Certes, il y avait des contraintes culturelles au changement des conditions dans lesquelles on faisait la cuisine, mais les résultats étaient au bout de l'effort. En outre, ce programme permettait de limiter la déforestation si grave pour les pays sahéliens. On m'a dit que chez mes parents sérères, on ne pouvait condamner quelqu'un à mort que s'il avait tué un arbre ; pour toute autre faute grave c'était le bannissement. Même pour des crimes, il pouvait y avoir des compensations entre les familles. C'est dire l'importance de l'arbre dans nos sociétés soudaniennes. Le CERER s'est bien développé par la suite. J'ai également encouragé le programme de mon prédécesseur concernant l'énergie solaire. En coopération avec le Commissariat à l'énergie solaire de France, il avait lancé à Diakhao, dans le Sine, une unité thermodynamique à énergie solaire. Le débat sur les avantages de ce système basé sur la chaleur, et le photovoltaïque, utilisant la lumière, n'était pas encore tranché. Depuis lors, sauf dans des circonstances particulières impliquant l'usage de concentrateurs, c'est la filière photovoltaïque qui a progressé, notamment grâce à son usage dans la conquête spatiale. Des centres avaient donc été mis en place au Cap-Vert et des villages ont bénéficié de l'éclairage et de la réfrigération pour les médicaments, grâce à des ressources financières complémentaires allemandes, à travers la GTZ.

La biomasse a été exploitée dans les villages avec l'utilisation de la paille, du purin et des déchets des animaux pour faire du biogaz. Des projets ont été réalisés en milieu rural, en utilisant des techniques asiatiques pour des usages domestiques (cuisine, etc.). Les ressources n'ont cependant pas été suffisantes pour assurer la multiplication des sites afin d'atteindre un nombre suffisant de villages. Il existait également un potentiel pour l'énergie éolienne dans des zones de la côte maritime soumises à l'effet des alizés, notamment entre Saint-Louis et Dakar. Nous avons installé de petites unités mais nous ne sommes jamais allés très loin dans cette voie. Ces expériences ont permis d'acquérir des connaissances utiles pour la formation de techniciens, en coopération avec l'Institut universitaire de technologie et la Faculté des sciences de l'Université de Dakar.

La recherche médicale m'a offert l'occasion d'un retour à mes premières amours car la médecine était ma vocation professionnelle initiale. Je disposais du Fonds d'impulsion de la recherche scientifique et technique (FIRST) – pour encourager et orienter les programmes. J'ai ainsi soutenu la recherche sur l'hépatite B. Le professeur Iba Diop Mar, doyen de la Faculté de médecine de Dakar, avait commencé à travailler avec le professeur Maupas de la Faculté de Tours, à Niakhar, entre Fatick et Bambey, afin de développer un vaccin dans le cadre de la relation hépatite-hépatome aboutissant au cancer du foie. Un conseiller technique européen, certainement de bonne foi, était opposé au projet car il ne voulait pas que des Sénégalais soient utilisés comme cobayes. Après l'étude du dossier, j'ai rappelé que notre ministère était chargé d'encourager la recherche scientifique. La question des « cobayes » était un problème de santé publique, de la compétence du ministère de la santé. C'est lui qui, après avoir calculé les risques et les avantages, devait prendre la décision ou non de réaliser le projet et solliciter l'autorisation de recherche de notre département. Or il avait déjà donné son accord. Je ne voyais donc aucune justification de refus de notre part. En fait, les travaux dans ce domaine ont permis de réaliser le vaccin, même si le Sénégal n'en a pas tiré tous les avantages à cause des intérêts commerciaux divergents entre l'Institut Pasteur et les centres de recherche américains. Le professeur Maupas est malheureusement mort dans un accident de voiture en France au retour d'un voyage au Sénégal. Une scientifique, professeur aussi, a prétendu avoir trouvé des plantes médicinales ayant la possibilité de soigner une maladie qui commençait à se manifester et elle voulait le soutien du département pour continuer ses recherches. J'ai interrogé mon conseiller médical qui m'a dit que si elle avait raison, elle pourrait prétendre au prix Nobel. Si elle avait tort, nous allions jeter de l'argent par les fenêtres. J'ai pris le risque de soutenir le projet, qui n'a pas abouti. Je ne le regrette pas car je ne voulais pas rester dans l'histoire comme celui qui aurait empêché le Sénégal d'avoir un Prix Nobel de médecine.

L'ISRA utilisait déjà des sondes à neutrons pour étudier le profil hydrique des sols. En médecine, le recours aux bombes au cobalt et à des marqueurs était courant, mais il s'agissait d'actions éparses. J'ai proposé la création à l'Université d'une structure d'orientation et de coordination de la recherche et de la formation. C'est ainsi qu'est né, l'ITNA – L'institut de technologie nucléaire appliquée. Notre premier spécialiste nucléaire, Sinan Diatta avait eu le mérite de revenir au Sénégal alors que d'autres étaient restés à Saclay en France. Je lui ai proposé la direction de cet Institut mais il voulait diriger le CERER. Je n'ai pas accepté de prendre une telle décision et il a décliné mon offre. Il a fait une belle carrière universitaire et, par la suite, il est devenu Ministre.

J'ai appris que le financement n'est jamais le facteur limitant, ce qui manque souvent, ce sont les bons projets et la crédibilité que l'on gagne par une gestion efficace. Lors d'une mission en France, j'ai demandé au Ministre de la Recherche Scientifique, Jean Pierre Chevènement de soutenir nos efforts de développement dans ce secteur. Il a répondu favorablement en indiquant que son pays avait le devoir d'aider au moins un pays francophone en Afrique du Nord et un en Afrique subsaharienne, afin qu'ils aient accès à ces connaissances avancées. J'ai évoqué ce sujet au cours d'une séance de travail présidée par les Premiers Ministres Abdou Diouf et Raymond Barre lors de notre visite officielle. Quand je suis sorti de la réunion, Bara Diouf, le directeur du journal « Le Soleil », a dit en plaisantant que je voulais « fabriquer une bombe atomique. » J'ai expliqué qu'il s'agissait de technologies nucléaires appliquées à des usages pacifiques, pour la santé et l'agriculture. Il a éclaté de rire. Le directeur du centre de Saclay nous a donné du matériel reconditionné, car il disposait de modèles plus perfectionnés. Cet équipement était cependant suffisant pour commencer le travail, dès lors qu'il fonctionnait. Le directeur du CERER, après une semaine en mission au Commissariat à l'énergie atomique, est revenu avec l'équipement de base nécessaire. J'ai aussi financé les expériences du professeur de cardiologie, Pape Kouate de l'Université de Dakar qui ne disposait pas de réactifs.

Avec les Japonais, j'ai pu obtenir un bateau de recherche océanographique neuf, qui plus tard portera le nom du directeur de l'ISRA, notre regretté ami M. Louis Sauger, membre de l'Association des ingénieurs agricoles sénégalais. Il a ainsi été possible de disposer d'un outil d'étude des différentes espèces pélagiques et autres, mais aussi de participer aux programmes océanographiques sur les climats de l'ORSTOM et à ceux de « L'homme et la biosphère », le MAB de l'UNESCO. Le Centre de recherche océanographique de Dakar-Thiaroye (CRODT), qui avait des ressources humaines de qualité, allait être choisi pour accueillir le premier ordinateur central, un IBM, mis à la disposition de tous les chercheurs du Sénégal. Les Japonais m'avaient aussi permis d'obtenir le premier microscope à balayage électronique qui fut installé à l'université de Dakar. L'ambassadeur du Japon maniait le français à la perfection et avait introduit au Sénégal un concours annuel de poésie japonaise, le haïku. Au retour de la cérémonie d'inauguration du microscope, sur le chemin de l'école normale supérieure où des jeunes Sénégalaises et Sénégalais étaient en formation, il m'a remis un petit jeu électronique pour mon fils. En le voyant avec les jeunes filles et garçons de son âge préscolaire, en train de programmer en langage « Logo » des ordinateurs Apple II, 64K, il me dit que mon fils n'avait pas besoin de ce gadget d'amusement car il était bien trop en avance pour cela. Il a été suffisamment convaincu du sérieux de notre projet informatique et a sollicité un soutien de son pays en vue de la fourniture d'ordinateurs, dont très peu de pays du Tiers-monde disposaient alors. Notre programme comportait en effet un volet de coopération avec Tsukuba au Japon, à travers le Centre mondial de l'informatique de Paris, dirigé par Jean-Jacques Servan-Schreiber. Avec Alassane Daly NDiaye, directeur de la SONATEL et Marie-Jeanne N'Diaye, Ingénieur des télécommunications, disparue à la fleur de l'âge, nous avions essayé de doter le Sénégal des premiers embryons d'un réseau de transfert de données en coopération avec la NASA. Les États-Unis d'Amérique devaient en effet négocier avec le Sénégal pour le suivi à l'étape de Dakar de la trajectoire de leurs satellites, lancés depuis Cap Canaveral.

J'ai en outre été informé, avec bonheur, des travaux sur l'histoire et l'ethnologie de l'Institut fondamental d'Afrique noire (IFAN), ancien Institut français de l'Afrique noire. J'ai essayé d'encourager les chercheurs à continuer dans cette voie si importante pour l'enracinement du Sénégal dans ses valeurs de civilisation.

J'ai eu un début difficile avec le Recteur et les Doyens de l'université quand je me suis rendu à une réunion sur l'organisation et la programmation de la recherche. Leur position était d'avoir une liberté totale de la recherche pour qu'elle soit féconde, alors que j'essayais d'expliquer l'importance des priorités, objectifs et stratégies, des programmes. J'insistais sur le fait que la recherche fondamentale et la recherche appliquée devaient s'enrichir mutuellement. Elles ne pouvaient pas être totalement détachées du réel. Le Doyen de la Faculté des sciences, le professeur Souleymane Niang, m'a répondu qu'en recherche on a aussi parfois besoin de s'amuser, c'est comme ça qu'on fait de grandes découvertes. Je lui ai rétorqué que moi aussi j'avais parfois envie de m'amuser. La glace était brisée et nous avons eu les meilleurs rapports par la suite. Il a créé, avec le Doyen Iba Diop Mar, l'Académie des sciences et techniques du Sénégal et j'ai pu faciliter leurs contacts avec l'Académie des sciences de l'Italie. Ils nous ont malheureusement quittés.

Nous avons renforcé les Commissions de la recherche scientifique créées par mon prédécesseur : Agriculture, Industrie, Médecine, Technologies de l'information, etc. Le ministère chargé d'un secteur était le Président de la Commission correspondante. Le secrétariat était assuré par notre département chargé de préparer les travaux, de coordonner et de veiller à la continuité des activités et au suivi des décisions. Ainsi les programmes correspondaient à des besoins et des attentes des utilisateurs. Le domaine qui avait le plus d'avenir, et qui fut lancé avant tous les autres pays du Tiers monde, c'était l'informatique. Malheureusement, nous n'avons pas poursuivi ce programme aussi vigoureusement que cela aurait été nécessaire. Quelques temps après mon départ, le ministère de la recherche scientifique a été supprimé et rétabli seulement des années plus tard. L'élan était déjà brisé et la discontinuité introduite, d'autant que Madieyna Diouf, brillant mathématicien et directeur responsable du secteur avait quitté le département après moi pour devenir Secrétaire général du ministère de l'habitat, de même que Mme Fatoumata Sylla, responsable enthousiaste et efficace du projet, que nous avions envoyée en formation au Massachusetts Institute of Technology (MIT) et au Centre Mondial de l'Informatique (CMI).

– Quel est le secteur de recherche que vous considérez comme le plus important ?

– C'est le domaine des technologies de l'information. Je dois commencer par rendre justice à mon successeur Balla Moussa Daffé, puisque c'est l'un des ministres à avoir dit du bien de son prédécesseur. Le Président Abdou Diouf, m'a répété ses propos. Il se demandait ce qu'il allait faire au ministère compte tenu de l'excellent travail déjà réalisé. C'est assez rare pour être souligné. Or, donc, c'est grâce au Président Senghor que le Sénégal a été un des précurseurs dans ce domaine. En conseil des ministres, il avait fait distribuer le livre de Jean-Jacques Servan-Schreiber, *Le Défi mondial* qui expliquait le passage à la révolution de l'information et la création d'un monde nouveau. J'étais à une réunion présidée par le Premier Ministre Habib Thiam, quand il reçut un appel téléphonique du Président Abdou Diouf qui me demandait de partir immédiatement pour Paris. Le Président Senghor avait auparavant pris contact avec le Président Mitterrand qui allait lancer le Centre mondial de l'informatique et il avait obtenu que le Sénégal soit associé à cette initiative. La même nuit, j'ai pris l'avion afin d'arriver à temps pour la cérémonie à l'Elysée, en présence du Président Mitterrand, accompagné de Jacques Attali. C'est ainsi que j'ai fait la connaissance de grands spécialistes de cette technologie, le professeur Seymour Papert, directeur du Media Lab au Massachusetts Institute for Technology (MIT) à Boston, créateur du langage « logo », Nicholas Negroponte, l'homme d'« Un ordinateur par enfant » et Raj Reddy, l'un des grands spécialistes de l'automatisme à Carnegie Mellon University (CMU) à Pittsburgh. J'ai même eu le privilège de les recevoir chez moi à Dakar, lors des « Journées sur la science et la technique ». Dans son livre « Being digital », Nicholas Negroponte rappelle cet épisode de l'histoire du programme informatique au Sénégal. Nous avions donc eu les bonnes orientations grâce à Seymour Papert, d'origine sud africaine, qui n'avait pas voulu rester dans un pays sous le régime de l'apartheid. Il était parti aux États-Unis pour enseigner et considérait qu'il devait faire quelque chose de bien pour son continent d'origine. Il m'avait dit de ne pas m'occuper de la production d'ordinateurs, qui allait être une activité à forte intensité de capital, demandant des moyens et des technologies hors de la portée du Sénégal. Par contre, il fallait donner la priorité aux logiciels, car nous étions sur la même ligne de départ que les premiers des pays développés. C'était un exercice purement intellectuel de programmation. Si la formation des jeunes était assurée, ils allaient pouvoir être au même niveau que ceux des États-Unis, du Royaume-Uni, de la France, de l'Allemagne et du Japon. Il venait juste d'écrire le fameux livre *Le Jaillissement de l'esprit.* Sur la base de ses conseils, j'ai envoyé un groupe de cadres sénégalais se former au MIT, notamment des enseignants de l'École Normale Supérieure. Juste au moment de leur départ, je me suis rendu compte que le professeur Papert ne s'était pas occupé des aspects logistiques. Au téléphone, son secrétaire se demandait comment faire pour les prendre en charge. Madieyna Diouf, le directeur des recherches industrielles et technologiques, est venu me dire que tout le processus était bloqué. Nous étions amis depuis le Lycée Faidherbe, en plus de nos relations familiales découvertes plus tard. Je l'avais convaincu de quitter l'université pour venir au département de la recherche scientifique. J'ai pris mon téléphone et j'ai appelé le Président Ivan Head, qui plus tard, me recrutera au CRDI. Je lui ai expliqué la situation en soulignant que ce n'était pas très orthodoxe de faire une requête de financement au téléphone en faveur de personnes qui devaient partir dans deux jours. Il a répondu que c'était une bonne initiative de formation scientifique et que cela entrait parfaitement dans le cadre du mandat d'une institution pour le développement de la recherche. Il m'a juste demandé de lui faire parvenir une note décrivant le projet, et d'expliquer que notre partenaire, auquel il fallait envoyer les fonds, était une grande institution comme le MIT. Il essaierait de répondre le lendemain. Ce qui fut fait et le financement accordé. Depuis lors, à chaque fois que je rencontre mon ami, il me rappelle ce « miracle ». J'ai voulu que nous formions en priorité des enseignants pour avoir un effet multiplicateur. Le deuxième volet du programme, c'était l'installation des ordinateurs dans les écoles aussi bien dans les quartiers pauvres comme Guediawaye, ou aisés, comme Fann-Résidence à l'école franco-sénégalaise. Feu Kader Fall, le Ministre de l'éducation nationale, avait accepté que des ordinateurs soient placés dans les blocs scientifiques, créés dans le cadre d'un projet de la Banque mondiale pour avoir des centres de travaux pratiques bien équipés, utilisés à tour de rôle par les différents lycées. Nous n'avons malheureusement pas pu le faire avant notre départ du gouvernement. Le troisième volet du programme c'était la création, à l'université, de l'Institut de recherches mathématiques et d'informatique appliquée, (IRMIA), pour la programmation et les logiciels. Nous avons commencé par traduire le langage logo en wolof, parce que les enfants s'appropriaient la technologie par la médiation de leur langue maternelle, le wolof. Ils ne passaient plus par le français utilisé à l'école. Les jeunes filles apprenaient beaucoup plus vite que les garçons de leur âge. Nous avons constitué un groupe de linguistes, pour mieux structurer et standardiser les terminologies autour de Pathé Diagne. Des professeurs de mathématique de la Faculté des Sciences devaient constituer le noyau de base du centre des logiciels.

Enfin, la prospective était un autre domaine de travail du département. Senghor parlait toujours de « L'an 2000 ». Dans les années 70, c'était un horizon lointain. Il avait aussi invité au Sénégal des experts de « Futuribles », une société française spécialisée dans ce domaine. Mon prédécesseur avait initié ce programme. Il y avait aussi un Centre national de documentation scientifique et technique relié à la FAO et à l'UNESCO, et aussi un Institut sénégalais de normalisation pour la standardisation et la vérification de la qualité des produits.

Avec les travaux de l'IFAN sur l'Histoire et les Arts, j'ai découvert l'évolution des différents peuplements du Sénégal. J'ai appris que les Sérères étaient auparavant sur le fleuve, qu'ils avaient des liens de parenté avec les Joola. J'ai lu des ouvrages sur la république Lebou , la résistance des Malinké et Peul du fouladou, des Baïnouk, Joola, Mandyak, Balant mais aussi des Karone, Floup, Seleki, Bayot, de Casamance, des Soninke et Bassari de l'est du pays. Il y avait aussi la littérature et la poésie dans les différentes langues nationales. Ces études et recherches m'ont ouvert de vastes horizons et m'ont permis d'étendre le champ de ma culture, au-delà de l'agriculture. Je suis très reconnaissant au Président Senghor et à son Premier Ministre Abdou Diouf de m'avoir mis à ce poste.

– A la lumière de l'expérience acquise à ce poste ministériel, quelle place assignez-vous à la recherche fondamentale par rapport à la recherche appliquée dans les pays en développement, et d'une manière générale, quelle fonction doit assumer la recherche dans le processus du développement global ?

– Je pense qu'aucun pays ne peut prétendre se développer de manière responsable sans avoir la capacité de réfléchir sur les thématiques qui concernent sa population et son environnement. Aucun peuple ne peut sérieusement envisager son avenir sans connaître son passé. Il y a un travail intellectuel nécessaire qui permet de produire soi-même, et pas à travers les autres. Mais il y a des coûts et donc des priorités à établir. Alors comment concilier ce besoin d'autonomie intellectuelle à travers des efforts internes de génération de connaissances, avec les contraintes budgétaires. C'est l'un des premiers défis, aujourd'hui plus facile à relever grâce aux nouvelles techniques de l'information, notamment l'Internet et le « Cloud computing ». Dans les rapports entre la recherche fondamentale et la recherche appliquée, il faut être ouvert et savoir faire des choix d'investissement en veillant surtout à l'interaction entre les deux. Ce n'est pas l'un ou l'autre, c'est l'un et l'autre, mais en assurant des équilibres au niveau des proportions et du cadre financier. C'est, me semble-t-il, le débat qui se pose, mais il est plus facile aujourd'hui qu'il y a une trentaine d'années de face à ce dilemme.

– Au moment où la réflexion sur la compatibilité de l'Islam avec la modernité se développe, comment évaluez-vous les rapports de l'Islam avec la science ?

– Quand j'étais au département de la recherche scientifique, j'avais été sollicité pour apporter ma contribution à la création de la Fondation islamique pour la science et la technique au service du développement, (IFSTAD), dont le siège était à Jeddah, en Arabie saoudite. Le Sénégal étant un pays membre de l'Organisation de la conférence islamique (OCI), j'avais envoyé des notes et des études sur le projet et j'avais apporté le soutien de mon pays à la création de cette organisation. Elle travaillait avec le comité scientifique et technique de l'OCI.

Le Directeur de l'IFSTAD, Monsieur Kettani, m'a avoué un jour que je lui avais posé un problème difficile. J'avais en effet joué un rôle important dans l'édification de son institution. Ses collègues avaient donc pensé à moi pour devenir membre du Conseil d'administration. Mais il leur semblait difficile de nommer un catholique dans l'organe directeur d'une agence de l'Organisation de la Conférence islamique. Ils avaient heureusement pris la précaution de ne pas se baser sur le prénom « Jacques ». Après les vérifications, ils avaient été soulagés d'apprendre que j'étais musulman. C'est à ce moment qu'ils ont envoyé une lettre pour me demander de me joindre à eux. J'étais alors Président de la Commission des affaires étrangères de l'Assemblée nationale. J'avais établi de bonnes relations avec Turgut Özal Président du Conseil d'administration que j'avais plaisir à voir plusieurs fois dans l'année, à l'occasion de nos réunions. Entre temps, il avait eu des problèmes avec l'establishment militaire et avait quitté ses fonctions politiques. Ensuite, il est devenu Premier Ministre et Président de la République. Il nous avait invités à tenir des réunions de l'organisation à Istanbul. Un jour, nous avons eu des sueurs froides. Il n'avait pas pu nous recevoir comme prévu parce qu'il avait eu une crise cardiaque. Il avait fallu l'évacuer vers un hôpital spécialisé aux États-Unis. Nous avons prié pour qu'il se rétablisse. Heureusement, l'opération s'est très bien passée. C'est un personnage qui a marqué l'histoire de son pays. Tous les partis qui ont réagi pour se libérer du carcan militariste de la doctrine de Kamel Ataturk, jusqu'à Erdogan actuellement, se sont inspirés de la doctrine de Turgut Özal. C'est le premier qui avait osé dire qu'on ne pouvait pas empêcher la population de pratiquer sa foi, que ce n'était pas un crime. Certes il fallait la laïcité de l'Etat ; mais pas une interprétation qui prive le peuple de liberté. Il convenait de lutter contre toutes les dérives, tous les extrémismes, notamment de l'Islam dans son propre pays. Mais il était indispensable d'avoir la possibilité d'un épanouissement dans sa propre culture. Il était inacceptable que ce soit la dictature du régime militaire qui impose une manière de vivre au peuple turc. Certes, Ataturk avait permis de combattre l'obscurantisme. Il avait lutté pour moderniser la Turquie en la sortant du Moyen Age religieux et il mérite le respect. Mais le XXe siècle est celui des libertés individuelles dans un cadre démocratique.

– Dans le monde arabo-musulman la laïcité n'est perçue comme en Occident : une attitude équilibrée et bienveillante à l'égard de toutes les croyances. Elle est connotée presque automatiquement et confondue avec un athéisme militant. C'est pourquoi on préfère parler de sécularisation et de société civile...

– La liberté des uns ne doit pas se faire au détriment de celle des autres. C'était la position de Turgut Özal, qui était assez courageuse, parce qu'en Turquie ce sont les militaires qui sont les gardiens de la laïcité. Ils ont utilisé la dictature, donc la force, pour l'assurer. Ce n'était pas un choix populaire. Contre cet état de choses, il y avait d'abord eu des réactions fondamentalistes. L'armée avait donc réagi. Puis il y a eu ceux qui ont défendu des positions plus modernistes, plus équilibrées, comme Erdogan. Ils ont bénéficié d'un soutien populaire suffisant pour remettre en cause la primauté de l'armée. Ils ont au demeurant été soutenus par l'Europe, notamment à travers le processus de négociation pour l'entrée dans l'Union européenne. Quand j'étais à la Banque centrale des États de l'Afrique de l'Ouest (BCEAO), le Président Abdou Diouf m'avait demandé de porter un message au Président Turgut Özal. Il n'avait pas utilisé les voies diplomatiques classiques parce qu'il connaissait mes liens personnels avec lui. Lorsqu'il est venu en visite officielle au Sénégal, il a immédiatement demandé de mes nouvelles. Le Président Abdou Diouf lui a dit que j'étais Ambassadeur aux Nations Unies et candidat à l'élection pour la direction générale de la FAO. Turgut Özal a immédiatement dit qu'il me soutiendrait. Son ambassadeur a pris note et a communiqué la décision à Ankara. Il est malheureusement décédé avant la date de l'élection. Aux premiers tours, la position turque avait changé, mais ensuite le pays m'a soutenu. Le chef de délégation a dit qu'il était heureux de le faire parce qu'il connaissait l'engagement initial de son pays en ma faveur. Turgut Özal a été un très grand économiste. Il avait travaillé à la Banque mondiale et a été déclaré « Homme de l'année », je crois par « Times », pour son succès dans la réforme du système financier turc. C'est le premier responsable à avoir replacé la Turquie au centre des relations économiques et politiques internationales. Il fut un grand homme d'État, qui a su allier sa foi et le respect de celle des autres. Il a en outre conduit à bonne fin la nécessaire modernisation de son pays pour qu'il soit en adéquation avec les besoins et les réalités de son temps. Turgut Özal croyait que la coopération entre notre Fondation et l'Institut turc pour la science et la technique allait encourager notre organisation à progresser vers des réalisations concrètes. Il souhaitait notamment une coordination et une harmonisation des programmes de recherche des Etats membres de l'OCI mais aussi des relations avec les institutions des pays les plus avancés. La Turquie aidait à l'organisation des réunions et à la préparation des documents techniques, etc.

Je suis perplexe face à certaines interprétations de l'enseignement de l'Islam que je n'ai lues nulle part dans le Coran ou les Hadiths. Il y a toujours une différence entre la foi et ce qu'en font les hommes, avec leurs qualités et leurs défauts, leurs aspirations et leurs ambitions. Les rapports de la subjectivité personnelle à l'absolu religieux sont complexes. Les textes écrits sont l'objet de toutes les interprétations et dérives. Il ne faut pas juger la foi par la manière dont les hommes la pratiquent. L'histoire nous a appris que, dans toutes les religions, des hommes se sont orientés vers le mysticisme et l'illuminisme, le fondamentalisme et l'extrémisme, l'inquisition et l'exclusion. Les exemples de luttes entre catholiques et protestants, entre sunnites et chiites, sont une parfaite illustration de l'instrumentalisation de la foi. Grâce à l'éducation que nous avons reçue au sein du microcosme de Saint-Louis, j'ai toujours pensé qu'un vrai croyant devait assumer le choix et la pratique de sa religion. Dans le Coran, on prône le respect des hommes du livre et des religions révélées. Je ne comprends donc pas les divisions qui mènent à des luttes fratricides au nom de la même foi.

– Je crois que malheureusement c'est un phénomène général qui ne concerne pas que le seul Islam. C'est l'anamorphose que subit tout message originel quand il passe par le filtre de l'histoire humaine, avec ses contradictions, ses complexités et souvent hélas, ses conflictualités…

– Il faut se rappeler le conflit au sein de la chrétienté qui a conduit Henri IV à faire un choix en disant : « Paris vaut bien une messe ». On sait les conséquences de cette décision, notamment la persécution des protestants et leur émigration vers l'Amérique. On peut citer des exemples similaires tout au long de l'histoire dans les différentes religions aussi bien au sein du monde occidental qu'oriental.

CHAPITRE VI

Une expérience parlementaire

– Après cinq années passées dans l'action exécutive, vous allez, en 1983 et 1984, faire l'expérience de l'action parlementaire, en étant élu député. Quelles furent les circonstances de votre élection ?

– Dans ma ville natale, Saint-Louis, il y avait des luttes de tendances au sein du parti socialiste. Elles avaient été exacerbées au point de risquer d'avoir des conséquences négatives, au moment des élections législatives qui étaient proches. Après avoir mené sans succès diverses actions pour rapprocher les différentes factions, la direction nationale du parti a conclu qu'il fallait quelqu'un de l'extérieur pour essayer de dépasser des antagonismes qui avaient pris la forme émotionnelle de rancœurs et de récriminations. Le Premier Ministre Abdou Diouf a eu des entretiens avec le Président Senghor sur cette question. Il m'a appelé pour me dire que le Secrétaire général du parti souhaitait que j'entre en politique en précisant qu'il ne faisait rien au hasard. Il avait fait les études nécessaires avant de prendre cette décision. J'ai répondu que je ne pouvais que donner mon accord, car j'étais membre du parti même si je faisais surtout un travail de technocrate à la recherche scientifique. Quelques jours après, un personnage qui va jouer un rôle important dans la politique de Saint-Louis, le vieux Aba MBaye, malheureusement décédé, est venu à mon département et a demandé à me voir. Je l'ai reçu aussitôt. Il m'a dit qu'il ne m'avait pas rencontré auparavant mais qu'il connaissait mes parents et surtout l'œuvre de mon grand-père au Sénégal. Il m'a fait savoir qu'il sortait d'une audience avec le Président Senghor. Il était allé l'encourager à faire revenir à Saint-Louis mon oncle Iba Tall, ancien Ministre du commerce, pour que les conflits politiques à Saint-Louis s'arrêtent. Il lui avait répondu, qu'il aimait bien Iba et qu'il avait fait un excellent travail, mais il fallait maintenant quelqu'un de la nouvelle génération. C'est pourquoi il avait chargé Jacques Diouf, son ministre qui est Saint-Louisien, de rassembler toute la famille socialiste de la ville. Il m'indiqua qu'il allait faire scrupuleusement ce que Senghor voulait. Il tenait cependant à m'informer de cet entretien et à me confirmer que je pouvais compter sur lui. Il contrôlait une des importantes sections du quartier de Sor. Quand Senghor décidait de soutenir un camarade c'était très clair, il n'y avait pas de malentendu, et on savait qu'il ferait ce qui était nécessaire pour le succès de l'entreprise.

A Saint-Louis, les relations étaient basées sur un certain nombre de valeurs sociales, l'amitié depuis l'école, les liens de famille et de voisinage, les traditions de solidarité (« Woleuré »). Depuis mon départ pour Paris en 1957, et après un séjour d'à peine un an à Dakar, j'avais été absent du Sénégal. Pendant douze années, j'avais vécu au Libéria et au Nigéria. Mais, la société saint-louisienne voyait, au-delà de ma personne, le réseau des relations de ma famille et le travail réalisé dans les fonctions qui m'avaient été confiées. Les différentes personnalités qui jouaient un rôle à Saint-Louis, ne faisaient pas de politique politicienne. Elles étaient mues par les valeurs de la cité. Abdou Kane Diop, la tête de liste du parti démocratique sénégalais (PDS), avait dit que son action politique allait s'arrêter car il avait été élevé dans la maison d'Hamet Gora, et qu'il ne pouvait pas s'opposer à son petit-fils. Le responsable du parti de gauche, le Parti africain de l'indépendance, était mon neveu. Il a déclaré qu'il allait défendre son parti, mais que personne ne l'entendrait dire du mal de son oncle. Le cousin de ma mère était aussi le représentant du parti de l'ancien Président du Conseil, Mamadou Dia. C'était son ami qui, de plus, l'avait nommé commandant de Cercle et aidé à faire une belle carrière. Il avait cependant dit que s'il ne renierait pas ses relations d'antan mais j'étais son neveu et que son épouse me soutiendrait. Elle devint d'ailleurs la Présidente des femmes du Parti socialiste. Voilà donc le Sénégal de l'époque avec son sens de la fidélité, de la mesure et de l'équilibre.

– La multiplicité des fidélités n'amoindrissait pas leur sincérité...

– Oui, les solidarités adoucissaient le combat politique et facilitaient le dialogue et la cohésion sociale. Un jour, j'étais juste à côté du local de la section du sud de notre parti. Une file de véhicules du Rassemblement national démocratique (RND), le parti de Cheikh Anta Diop, est arrivée dans la rue. Un des leaders, Kader Boye, m'a aperçu et a arrêté immédiatement son véhicule pour se diriger vers moi. Les militants socialistes ont voulu m'encadrer en pensant à un éventuel acte d'hostilité contre moi, alors qu'il venait pour me donner l'accolade. Il est ensuite devenu le Recteur de l'Université de Dakar et le représentant du Sénégal auprès de l'UNESCO. La politique avait aussi ses réalités traditionnelles que je voudrais illustrer par deux exemples. Le premier concerne des fonds du parti reçus pendant la campagne électorale pour faire face aux dépenses de logistique. J'ai réuni la Commission administrative de toutes les sections de la ville pour leur indiquer le montant reçu. Après division par le nombre de sections, j'ai indiqué l'affectation des montants pour une répartition équitable des ressources. Silence complet après mon intervention. J'ai demandé si je m'étais trompé dans mes calculs. J'ai dû insister pour savoir ce qui se passait. L'un des membres a pris son courage à deux mains et a dit que le calcul était très juste, mais même dans les divisions, il y avait parfois le reste. En wolof, la formule est plus imagée : « Ana niedate yi », « Où sont les aliments qui restent au fond du plat après le repas commun ? » J'ai expliqué que j'avais le devoir de repartir justement et publiquement les ressources qui venaient du parti, mais qu'ils pouvaient venir chez moi après la réunion pour les problèmes que je devrais régler avec l'argent qui m'appartenait. J'ai eu un problème similaire avec les aides alimentaires que j'avais pu obtenir pour la zone rurale très pauvre de Saint-Louis. Mon chef de cabinet, avec sa 4L, était devant une file de camions, pour distribuer les vivres, en plein jour, à tous les chefs de quartier concernés. La population a donc accouru pour demander sa part. Un des responsables m'a dit avoir bien reçu son quota mais qu'il fallait plus de discrétion, et veiller à attendre le crépuscule pour ces distributions. Le second exemple est relatif au séjour du Président Mamadou Dia. Il n'avait sans doute pas pensé aux conséquences de ses propos aux Dakarois qui, disait-il, devaient le remercier d'avoir effectué le transfert de la capitale. Cette déclaration faite juste avant de venir présider une réunion sur la place du Monument aux morts de la langue de Barbarie à Saint-Louis, fut considérée comme une provocation. La ville qui ressentait douloureusement encore la séparation des familles et la perte des emplois, était en effervescence. Mamadou Dia avait fait le choix de la ville de Dakar qu'il a qualifiée de « chair de notre chair ». Il justifiait sa décision par les tentatives de susciter la sécession du Cap-Vert. Saint-Louis naturellement n'avait pas accepté d'être le dommage collatéral de ce conflit du référendum de 1958, d'autant que, malgré les débats houleux au sein du parti, Senghor avait préféré reculer pour mieux sauter. Contrairement à son ami du Niger, Djibo Bakary, qui n'avait pas évalué correctement les rapports de force et avait perdu le pouvoir, Senghor aimait dire avec un wolof teinté de « sérèritude » « beug dem taxul dem, meun dem moy tax dem » « vouloir partir ne fait pas partir, c'est pouvoir partir qui fait partir ». Deux ans après, le Sénégal accédait à l'indépendance dans le cadre de la Fédération du Mali et ensuite, tout seul, avec Senghor à sa tête. J'avais donné des instructions à mes camarades pour contrôler la foule. A la fin de la réunion, j'étais en première ligne avec les responsables des sections, les bras accrochés pour maintenir une distance suffisante entre les protestataires et le Président Dia qui était avec ses compagnons et ne se doutait de rien. Ils avaient tranquillement choisi de traverser à pied le « pont Moustaph Malick Gaye » pour retourner dans l'île. J'étais soulagé quand ils sont rentrés dans leurs maisons sans égratignure.

J'ai bien entendu utilisé les méthodes modernes de stratégie politique. Nous avons établi un quadrillage de la ville par zones géographiques, catégories socioprofessionnelles, classes d'âge, genres, etc., avec des messages spécifiques. Je suis resté trois mois à Saint-Louis pour la campagne. Deux fois par semaine, le courrier me parvenait pour que le travail de mon département ne souffre pas de mon absence de Dakar. J'ai sillonné les quartiers de la ville. J'ai découvert ses zones périurbaines et certains quartiers qui n'avaient ni eau courante, ni électricité. J'ai réalisé qu'en certains endroits, si une femme avait le malheur d'accoucher la nuit, elle risquait d'avoir des problèmes sérieux. Ces zones étaient inaccessibles aux véhicules motorisés. Les calèches qui parcouraient ces ruelles sinueuses, ne s'y aventuraient pas à des heures indues. Il n'était donc pas possible d'assurer le transport à l'hôpital. Nous avons essayé, à chaque fois que nous avons identifié ce type de problème, de trouver des solutions pour répondre aux préoccupations des populations.

– *Et les anciennes luttes de tendance ont été résorbées ?*

– Oui, grâce aux deux chefs de tendance. L'un, Mor Sourang, m'avait expliqué que ma mère, mais aussi ma grand-mère lui avaient demandé de veiller sur moi. Abdoulaye Diaw Chimere, le Directeur général des impôts et domaines, avait dit que la stratégie de ceux qui voulaient le priver de la direction politique locale avait réussi. En wolof, « Sène gal-gal diap neu », « leur prise de lutteur a été efficace », car il ne pouvait que me soutenir à cause de nos liens de parenté et aussi de nos relations personnelles. Quand je venais de Lagos, à Dakar, son épouse avait toujours la gentillesse de me préparer un plat très saint-louisien de « koti bou niki », les crabes spéciaux du fleuve. Cette abnégation lui a valu plus de respect. Il est devenu par la suite un grand maire de la ville. Les deux chefs de tendance m'ont donc ouvert la voie de l'unité d'action politique.

– *Le parti se présentait donc unifié ?*

– Oui, sous le patronage et le regard vigilant d'André Guillabert, ancien Ministre des Affaires étrangères, premier Ambassadeur du Sénégal en France et grand ami de Senghor.

– *Quels ont été les résultats des élections ?*

– Nous avons obtenu l'un des meilleurs résultats des villes du Sénégal. Après la proclamation des résultats des élections, je suis retourné à Dakar. Sur la route, j'ai failli avoir un accident fatal qui a été évité d'extrême justesse grâce au sang froid de mon chauffeur. J'ai ensuite été convoqué à une réunion du Comité central du parti à l'Assemblée nationale. Le Ministre d'Etat, Jean Colin, Secrétaire général de la Présidence, est venu avec une feuille de papier et a commencé à donner la liste des postes que nous devions occuper. Je dois avouer que j'étais abasourdi. J'étais en effet prêt à obéir à toutes les décisions du parti et, en particulier, à celles du Secrétaire général, mais je pensais qu'il y avait des formes et des procédures à respecter pour cela. Secrétaires généraux de coordination, nous avions des responsabilités vis-à-vis de nos militants. Ils avaient droit, en même temps que toute la population, à des égards et notamment à une information, une explication et une préparation préalables avant l'annonce à la radio et à la télévision de décisions touchant leurs responsables politiques. De plus, même si c'était la fin de la législature, nous étions encore membres du gouvernement. Si le Premier Ministre nous avait prévenus, nous aurions pu saisir notre encadrement pour qu'il soit en mesure de mener une action de sensibilisation appropriée auprès de la base du parti.

J'ai commencé à assumer les nouvelles fonctions de Président de la Commission des Affaires étrangères de l'Assemblée nationale. Le ministre des Affaires étrangères, Moustafa Niasse, est venu présenter son programme et j'ai veillé à ce que les membres de la Commission aient une attitude positive, tout en posant des questions pertinentes sur les objectifs et la stratégie diplomatiques du Sénégal, ses intérêts régionaux et mondiaux, etc. C'est à ce moment qu'est venu le premier problème entre le législatif et l'exécutif. Des sondages ont été faits sur l'opportunité de modifier la constitution afin que le Président de la République ait le droit de dissoudre l'Assemblée nationale. Un groupe important de députés a répondu négativement en rappelant que le Président de la République, et les membres de l'Assemblée nationale, étaient élus par le peuple. Si le pouvoir de dissoudre l'Assemblée était accordé au Chef de l'Etat, les parlementaires, dans un souci d'équilibre, devraient aussi pouvoir voter une motion de censure contre le gouvernement. Face à ces réactions, la question a été reportée à une date ultérieure. Quelque temps après, j'ai eu l'occasion de voir le Président de la République et de lui dire que j'avais été très surpris des évènements postérieurs aux élections législatives et présidentielles. Non seulement nous les avions gagnées mais nous étions intervenus pour éviter un conflit frontal entre notre parti et le RND de Cheikh Anta Diop afin de créer les conditions favorables à une fusion ultérieure. J'avais donc pensé que la réunion du Comité central serait l'occasion d'un échange de vues pour tirer les leçons de la consultation populaire et définir les perspectives de l'action du parti. A la place, nous avons écouté le Ministre d'État lire un document portant sur les postes d'affectation à l'Assemblée nationale. En outre, la nomination des nouveaux membres du gouvernement ayant eu lieu la veille de la fête de l'Indépendance et de la première session parlementaire, il y eut des situations cocasses qui ont mis à rude épreuve le professionnalisme des services du protocole, qui ne savaient plus où placer les anciens et les nouveaux ministres dans les tribunes avant le défilé traditionnel. Le Président de la République a répondu que ces dysfonctionnements étaient dus aux circonstances et à la nécessité de prendre des décisions dans des délais très courts. Il avait veillé à ce que j'assume la fonction prestigieuse de Président de la Commission des affaires étrangères, et que les choses allaient évoluer rapidement. Je l'ai informé de mon souhait de ne pas rester au parlement, et de mon intention d'explorer les possibilités dans ce sens d'autant que mon ami Oumar NDiaye, second de la liste du parti socialiste, avait espéré occuper mon poste de député. Quelques temps après, j'ai eu trois offres d'emploi. Je suis retourné voir le Président Abdou Diouf pour lui en parler. Avec son accord, le choix s'est porté sur celle du CRDI – le Centre de recherche pour le développement international au Canada –. Je lui ai demandé de bien vouloir signer une lettre indiquant l'accord du Président de la République et surtout du Secrétaire général du parti pour mon départ. Il m'a dit qu'il allait demander à Jean Collin de préparer la lettre. Le Président ne devait pas être trop convaincu par mes arguments, car après cet entretien, mon oncle Sourang est venu pour essayer de me convaincre de ne pas partir et de faire preuve de patience. Quelques jours après, en venant au bureau de l'Assemblée nationale, j'ai été promu Secrétaire élu et membre du Bureau de l'Assemblée nationale. Je n'avais cependant pas changé d'avis. Le CRDI avait repris contact avec moi pour me proposer de servir comme conseiller du Président au siège à Ottawa et ensuite de prendre la direction du Bureau régional pour l'Afrique, situé à Dakar. Mon oncle est revenu à la charge. Je lui ai rappelé que j'avais toujours tenu compte de ses avis mais qu'étant donné les bouleversements politiques en cours et les dissensions qui recommençaient à Saint-Louis, il était peut-être préférable que je m'éloigne pour quelque temps. Il m'a répondu que devant Dieu il ne pouvait me donner une quelconque assurance sur le futur. Je lui ai donc confirmé que j'allais rejoindre le CRDI avec l'accord d'Abdou Diouf.

– *Quels enseignements avez-vous tiré de votre expérience parlementaire ?*

– Le parlement m'a appris ce qu'est la représentation du peuple, mais je me suis trouvé face à un dilemme. Quelle contribution un agronome qui en plus a découvert les vastes horizons de la science et de la recherche scientifique et qui a dirigé deux organisations régionales, peut apporter comme Secrétaire élu du Bureau du parlement. Quel pouvait être mon avantage comparatif en tant que membre d'un parti largement majoritaire, qui avait le devoir de soutenir le gouvernement. La Commission des Affaires étrangères m'avait permis de discuter de l'action diplomatique internationale et des options stratégiques du Sénégal. J'ai pu connaître les différents facteurs géopolitiques, les relations interafricaines et les rapports privilégiés avec des cercles concentriques de solidarité : ethnoculturel (diaspora), islamique (Organisation de la Conférence Islamique – OCI), linguistique (francophonie), transcontinental (Non alignés et groupe des 77). Les luttes internes du parti au niveau de l'Assemblée nationale sont venues accroître mon malaise. Pour des raisons que je ne connais toujours pas, la décision a été prise de faire partir Habib Thiam de la présidence, alors que les textes prévoyaient qu'il était élu pour la durée de la législature. L'un des vice-présidents, feu Amadou Ka, avait beaucoup d'amitié pour moi. Nous avions fait connaissance dans l'exercice de mes fonctions de membre d'une Commission du parti chargée de régler les conflits dans sa région de Diourbel. Nos bureaux étaient contigus et nous étions souvent ensemble. Un jour, il m'a apporté une pétition pour le départ du Président de l'Assemblée, en m'expliquant qu'il avait reçu des instructions du parti dans ce sens. Il me demandait de la signer car j'étais jeune et j'avais l'avenir devant moi. Il m'expliqua qu'il savait que des choses importantes se préparaient pour ma carrière. Je l'ai remercié pour ce témoignage fraternel et ses conseils d'aîné, mais je lui ai demandé de m'excuser de ne pouvoir mettre ma signature sur le document. J'étais membre du Bureau de l'Assemblée nationale, qui devait être solidaire de son Président. S'il y avait une décision à prendre en ce qui le concernait, surtout si c'était, comme on me le laissait entendre, la volonté du Secrétaire général, élu par le Congrès du parti, il suffisait de convoquer le Comité central et j'appliquerai les décisions qu'il prendrait. Mais la politique a certainement « ses raisons que la raison ne connaît pas », puisque quelques années plus tard, le Président de l'Assemblée qu'on avait fini par faire partir, est redevenu Premier Ministre. Je suppose qu'à l'époque, le Président de la République n'avait pas d'autre choix que de laisser faire les adversaires de son ami. Mais je ne connaissais pas les motivations profondes de ces manœuvres politiques, je devais donc rester sur des questions de principe et c'est ce que j'ai fait.

– Pendant cette période de six ans de travail au Sénégal, vous avez eu la possibilité de fréquenter un grand nombre de concitoyens. Quels furent ceux que vous avez le plus apprécié et dont vous aviez le plus appris ?

– Senghor est un personnage exceptionnel et complexe. Le devoir de vérité m'impose de dire qu'au départ je ne l'aimais pas particulièrement, pour plusieurs raisons. D'abord parce que je suis né dans une famille socialiste de Saint-Louis, dont Lamine Gueye était le héros. Ensuite, en France, la Fédération des étudiants d'Afrique noire (FEANF) ne le considérait pas comme l'un des pionniers de l'indépendance des pays d'Afrique, qui nous semblaient représenter les vraies valeurs de refus du colonialisme et de lutte pour la liberté. Je n'avais pas du tout apprécié son propos : « L'émotion est nègre et la raison hellène », qui semblait vouloir dire que je n'étais pas doué de raison. Lors du voyage du Général de Gaulle au Sénégal, je n'avais pas compris pourquoi, avec Mamadou Dia, ils avaient laissé le ministre de l'Intérieur, Valdiodio Ndiaye, pour défendre seul le droit à l'indépendance du Sénégal malgré la présence apaisante de Lamine Gueye, Sénateur-maire et de Gabriel D'Arboussier, Président du Grand Conseil de l'AOF. Mais le jugement que l'on porte sur un homme de l'extérieur et l'opinion que l'on se fait de lui quand on travaille ensemble, sont parfois diamétralement opposés. J'ai découvert dans nos contacts à quel point il était attaché à son peuple et à sa négritude. Un des professeurs de littérature à l'Université de Paris, après avoir lu *Femme noire* et loué la verve poétique de Senghor, avait conclu avec perfidie : « Il est vrai que l'auteur a changé d'avis puisque par la suite, il a divorcé de sa femme africaine et épousé une française. » La fréquentation du Président Senghor m'a permis de comprendre la complexité de sa vision. Son attachement profond à sa culture n'était pas antinomique d'une acceptation de l'autre et notamment de la civilisation occidentale. C'est ce qu'il a appelé « enracinement et ouverture ». J'ai aussi compris qu'en mettant l'accent sur notre émotivité, il voulait valoriser notre capacité à aller au-delà la dichotomie réductrice de la raison discursive et notamment du cartésianisme, par l'intégration enrichissante de *l'intuition promesse*, source première de la faculté de création et d'invention. J'ai l'impression qu'il voulait dire que l'émotion permettait de dépasser le raisonnement logique, mécanique, dans un monde complexe. J'ai découvert plus tard que Senghor était un homme analytique et méthodique, qui se basait sur la réalité des rapports de force pour mener son action politique et gouvernementale. Un homme d'Etat africain, le Président Félix Houphouët-Boigny, avait dit que la politique est la saine appréciation des réalités. Senghor gouvernait, c'est pour cela qu'il ne jouait pas à l'art de l'impossible, mais s'évertuait à l'exercice du possible. J'ai ainsi compris, *ex post*, que Senghor et Mamadou Dia avaient voulu garder leur marge de manœuvre. C'est pourquoi ils n'étaient pas allés sur la place Protêt face au Général De Gaulle qui revenait courroucé de l'accueil qu'il avait reçu à Conakry et irrité par les manifestations des militants du Parti africain de l'indépendance, porteurs de pancartes avec « Diotsarew » (Indépendance). En outre, il existait un contexte politique explosif de déstabilisation des leaders politiques. Des promesses, sans base légale, étaient faites par des personnes n'ayant aucune autorité appropriée et qui n'engageaient que ceux qui y croyaient. Elles étaient cependant dangereuses car de nature à semer les germes de la division : statut de département français pour les autochtones du Cap-Vert ou constitution d'un Etat pour une autre région. Elles étaient cependant accompagnées d'arguments sonnants et trébuchants. Senghor et Dia étaient en faveur d'une indépendance immédiate dans le cadre d'une fédération ouest africaine, conformément aux engagements du Congrès de Cotonou mais ils avaient peut-être réalisé que les rapports de force à l'époque n'étaient pas entièrement en leur faveur. Ils en avaient tiré des conclusions logiques en s'abstenant de faire un discours contraire à leurs convictions et à leurs devoirs de solidarité avec les camarades africains des autres territoires.

En travaillant avec lui, j'ai découvert un homme intègre, qui n'était pas intéressé par l'argent. Il avait l'ambition de faire du Sénégal une « Grèce noire », porteuse d'une civilisation basée sur la culture. Les philosophes comme Platon mettaient la valeur au-dessus de tout et prônaient une société juste où chaque homme est à la place qu'il mérite. Il a donc essayé de développer l'éducation, les arts et lettres, pour que le Sénégal soit au plus haut niveau possible de la connaissance scientifique et de l'expression culturelle. Il avait réalisé aussi que les biens artistiques avaient une grande valeur économique.

Grâce à lui, j'ai fait la connaissance d'Alvin Toffler à la réunion du Bureau international de l'informatique (IBI*)* qui s'est tenue à Acapulco, au Mexique. Je suis arrivé la nuit à l'hôtel « Princess ». Nous avons débuté les travaux le lendemain à huit heures de matin, avec un discours du Ministre Miguel de la Madrid, qui allait devenir Président de la République. Nous avons quitté la ville au crépuscule. Je me suis demandé pourquoi j'avais dû voyager de

Dakar à Acapulco où je n'ai rien vu, pour une nuit et une journée à l'hôtel. Alvin Toffler avait écrit « *Future Shock », le « Choc du Futur »*, mettant en évidence l'impact traumatique des changements importants et rapides sur les personnes et les sociétés dans une période de transition de la civilisation industrielle à celle de l'information. Il avait ensuite produit « The Third Wave », « *La Troisième Vague* », qui expliquait la coexistence et le bouleversement de trois modes d'existence sur la planète. Ceux qui vivaient de l'agriculture au rythme des saisons dans les campagnes, ceux qui travaillaient par équipes, trois fois huit heures, dans des industries tournant de jour comme de nuit, et ceux qui vivaient hors du temps et de l'espace dans les métiers des transports ultramarins et des technologies de l'information. Senghor avait eu non seulement la science, mais la prescience et l'intuition, du processus qui s'amorçait et qui allait avoir une importance vitale sur le devenir des Nations. Il considérait qu'il était indispensable de permettre au Sénégal et à l'Afrique d'être sur la même ligne de départ que les autres continents, face aux balbutiements d'une nouvelle révolution. Senghor, qui était un enseignant, portait beaucoup d'attention aux jeunes cadres du parti et du gouvernement. Il nous a appris à bien travailler. Lors de la première audience qu'il m'avait accordée en tant que nouveau membre du gouvernement, j'ai fait l'exposé des questions relatives à l'évolution et aux perspectives de mon département. A la fin, il a dit : « C'est très bien, c'est très clair, mais où est la fiche ? » J'ai répondu : « Quelle fiche, Monsieur le Président ? ». Il m'a alors expliqué gentiment et doucement : « Ah bon, on ne vous a pas prévenu. Quand vous venez à une audience avec moi, vous devez avoir une fiche où vous indiquez les points que vous voulez discuter en deux copies. Je peux ainsi annoter ma copie pour pouvoir donner des instructions de suivi. De votre côté, vous pouvez vous souvenir des observations que je fais. » Le bureau « Organisation et méthode » qu'il a créé à la Présidence devait permettre de brider la tendance à l'improvisation pour introduire de la rigueur et de la programmation dans nos activités, afin que nous soyons plus efficaces. Il avait dit : « Nous avons raté les révolutions agricoles et industrielles, nous ne manquerons pas le train de la révolution de l'information. » Il nous avait donné tous les atouts pour être au rendez-vous de ce changement qui allait bouleverser le monde, bien avant l'Inde et tous les autres pays du Tiers-monde. Ainsi en 1982, à la foire de

Dakar, il y avait des jeunes Sénégalais de quatre à six ans tapant sur les claviers d'ordinateurs devant le public émerveillé. Je me rappellerai toujours les propos d'un groupe de lycéens qui, devant ces enfants en train de faire la programmation en logo, avaient dit : « Mais, ils sont méga intelligents ». Je me suis retourné pour leur dire : « Non, ils sont comme vous et si vous apprenez le langage de programmation, vous pourrez faire la même chose ».

– Ayant connu de près le Président Senghor avec lequel j'ai réalisé un livre-entretien, comme je le refais aujourd'hui avec vous, permettez-moi d'ajouter une notation personnelle à son propos. Senghor a personnifié, à mes yeux, l'idéal grec de la conjonction de l'émotion et de la raison, de l'art poétique et l'art politique, de la réflexion et de l'action, comme le dit le titre du livre-entretien que nous avions fait paraitre à Paris, en 1980 : « La Poésie de l'Action ». De plus, il a été un grand pédagogue de la liberté introduisant, le premier, le multipartisme « organisé » c'est-à-dire limité aux trois principales tendances, entre lesquelles oscille le choix du corps social : conserver, réformer, bouleverser. Il n'empêche qu'au moment où le dogme du parti unique était unanimement louangé par des leaders autocratiques, lui seul avait osé briser l'unanimisme de commande et proclamer que l'homme et la société africains avaient le droit à l'exercice de la démocratie. Comme les autres hommes et communautés du monde.

Enfin, sa troisième qualité a consisté en ce geste de pure grandeur qui l'a amené à quitter, volontairement, le pouvoir avant le terme naturel de son mandat de Président de la République, estimant que sa mission était terminée et qu'il lui fallait revenir vers le jardin des mots. Comme, au temps des Romains, Cincinnatus était retourné à sa charrue. L'exil volontaire du Général De Gaulle en Irlande, après l'échec du référendum, annonçait ce magnifique renoncement qui devrait constituer un modèle pour plus d'un responsable de notre continent.

– Je suis très heureux de ces clarifications. J'ai écrit des « éloges de Senghor » à l'occasion de la célébration de son 90e anniversaire à l'UNESCO, pour montrer les différentes facettes du personnage et sa contribution intellectuelle et politique. Il a été jusqu'au bout de ses convictions en décidant de quitter le pouvoir pour la poésie et la littérature.

Je pense que c'est aussi une leçon dans un monde où l'on est si attaché au pouvoir, à ses côtés matériels et à ses mirages.

Avec Abdou Diouf, nous avions des relations étroites. Nous avons grandi à Saint-Louis. C'était mon aîné au lycée Faidherbe. Quand je suis allé à Fontainebleau, il m'arrivait de venir à Paris et de passer la nuit chez notre ami commun, Diakha Dieng qui est devenu son directeur de cabinet. Ils étaient sur le même palier à la cité universitaire au Pavillon Lucien Paye de la FOM. Nous avions aussi un autre ami, qui allait devenir ingénieur du génie rural, Ama Diallo. Ils sont malheureusement décédés tous les deux. Nous avons donc maintenu ces contacts en France. Le Président Abdou Diouf a, très jeune, occupé des responsabilités, notamment les fonctions de gouverneur du Sine Saloum. Quand il y a eu le conflit entre Senghor et Dia et qu'on lui a demandé de prêter un serment de fidélité à Senghor, il avait eu le courage de répondre qu'il avait déjà prêté serment à la République. Il a un grand sens de l'Etat, il a su maintenir et faire fonctionner les institutions de la République du Sénégal. Il a aussi donné une leçon de démocratie à l'Afrique car il a accepté avec élégance sa défaite aux élections présidentielles. Il n'y a pas eu beaucoup d'exemples de cette nature en Afrique et dans le monde. Il a aussi eu une posture d'homme d'État parce que depuis son départ, il s'est imposé le devoir de silence et de réserve d'un ancien Président de la République. C'est une des raisons pour lesquelles il a été élu et réélu Secrétaire général de la Francophonie. Ce poste, à travers sa personne, a eu plus de visibilité. Il a renforcé la démocratie au Sénégal en supprimant la limitation par Senghor des partis politiques à trois, étape transitoire et révolutionnaire en cette période où le système de parti unique prévalait en Afrique. Il a aussi supprimé les visas de sortie pour donner aux Sénégalais la liberté de mouvement dans le monde, sans autorisation du Ministère de l'intérieur. Il a en outre maintenu d'excellents rapports avec ses pairs africains et évité des conflits. Il a noué des rapports privilégiés avec le monde arabe et a été le premier Africain Président de l'Organisation de la Conférence Islamique. Les chefs d'État d'Europe et des États-Unis ont porté témoignage de l'excellence des relations qu'il entretenait avec leurs pays, notamment au cours des voyages au Sénégal des Présidents Mitterrand et Chirac ainsi que du Président Clinton et de son épouse, de même que la chaleur de l'accueil de Chefs d'Etat des pays de l'OCDE. Avec l'Asie, l'Amérique latine et les Caraïbes, il a reçu à Dakar la réunion du groupe du G-15. Le Sénégal a ainsi joué un rôle sans commune mesure avec son poids économique, démographique et son espace géographique dans le monde. Aux Nations Unies, le Sénégal a présidé depuis sa création le Comité destiné à défendre les droits inaliénables du peuple palestinien. Je pense que c'est la preuve d'un effort réussi d'universalisme et de projection de son pays sur la scène internationale, dans des conditions qui ont suscité l'appréciation, l'amitié et le respect de ses partenaires.

– Quels sont les intellectuels sénégalais qui ont influencé votre parcours personnel ?

– Naturellement, Cheikh Anta Diop, puisque mon livre de chevet à l'époque était *Nations nègres et culture* comme beaucoup d'étudiants africains. J'ai aussi eu l'occasion de voir que la réalité des relations entre Cheikh Anta Diop et Senghor n'était pas faite d'antagonisme comme le pensaient certains responsables politiques. Lorsque j'ai voulu organiser les journées de réflexion sur la science et la technique, j'ai suggéré que l'une des commissions soit présidée par Cheikh Anta Diop, qui à l'époque était au laboratoire de Carbonne 14 de l'IFAN. Le Premier Ministre que j'ai consulté, m'a demandé d'en parler au Président de la République. J'ai sollicité et obtenu une audience pour lui expliquer le projet et l'organisation envisagée, en précisant que j'avais pensé à confier la présidence de l'une des commissions à Cheikh Anta Diop, qui me semblait avoir le profil le meilleur. Il a acquiescé aussitôt. Cheikh Anta Diop a bien voulu accepter ma proposition et a participé aux travaux à la foire de Dakar. C'était un homme qui avait eu le courage intellectuel de contredire les pseudos spécialistes de l'Afrique. Il a démontré ce qu'aujourd'hui aucun être sensé ne discute : que la couleur de la peau, le lieu de naissance ou les croyances religieuses ne peuvent pas fonder le jugement que l'on porte sur un être humain. Au moment où il le disait, l'écrivait et le publiait, très peu d'intellectuels africains avaient le courage de s'élever sur des bases scientifiques contre les théoriciens de l'inégalité et de la supériorité de certains groupes ethniques. J'ai écouté l'oraison funèbre du Professeur Moustapha Diop, docteur en pédiatrie, à la mort de Cheikh Anta Diop. C'était l'un de ses amis les plus proches et il a conclu fort justement : « Un arbre géant s'est effondré. » En quelques mots, il avait ainsi rappelé la grande stature et le port altier de celui qui est resté profondément enraciné dans la terre nourricière d'Afrique d'où il a tiré un épanouissement intellectuel universel grâce à la sève de sa science. Il comparait la puissance de Cheikh Anta à l'arbre séculaire des savanes avec son tronc vigoureux, ses branches multiples et ses feuilles vibrantes, auxquelles le chaud soleil d'Afrique, dans sa course diurne, apporte la puissance et la solidité de l'homme de foi, de courage et de persévérance. Ce jour là, j'étais tellement sous le coup de l'émotion que j'ai fait une chose déraisonnable : j'ai conduit ma voiture de la BCEAO jusqu'au lieu où il a été enterré, à Thieytou, alors que c'est une zone où beaucoup de véhicules se sont trouvés bloqués à cause du sable. Je n'ai même pas pris le temps d'aller demander à mon chauffeur de m'accompagner.

– Cheikh Hamidou Kane a été également, depuis votre rencontre au Nigéria, un ami et un modèle...

– Cheikh Hamidou Kane est incontestablement l'un de mes meilleurs amis. Il est en même temps un aîné et un modèle. C'est d'abord un homme profondément bon, jusqu'à la candeur. Il ne voit rien de mal chez l'autre, et il ne veut que du bien aux autres. C'est un grand intellectuel, d'une vaste culture, et un écrivain reconnu sur le plan international. Il a aussi une profonde connaissance de l'histoire, en particulier de son continent. Il a donc joué un rôle important dans le rapprochement des membres de l'intelligentsia africaine. Cheikh est toujours au rendez-vous lorsqu'on lui demande d'évoquer les grands débats et questions qui touchent de près ou de loin l'Afrique. Son ouvrage *L'Aventure ambiguë*, a montré les défis qui se posent à un jeune Africain des années 50 en France, la nécessité de maintenir sa culture face à celle de l'Occident, qui a des attraits certains mais aussi des dangers réels. Le fait de ne pas choisir le refus mais un dialogue, en essayant de maintenir son identité, est une problématique qu'il a posée très tôt. Ce fut un élément fondamental du bien-être ou du mal-être pour les générations d'Africains qui ont fait leurs humanités ou leurs études scientifiques en France et en Europe. C'est une personne pour qui j'ai la plus grande affection et la plus profonde amitié, et surtout beaucoup de respect, de même que pour sa famille qui est devenue la mienne.

CHAPITRE VII

Une expérience bancaire

– Après votre passage par le Parlement, vous allez retrouver votre engagement sur le plan international...

– Il y a eu certes le choix assumé de ne pas continuer mes fonctions à l'Assemblée nationale qui a eu pour conséquence la recherche d'autres options. J'eus trois propositions dont celle de rejoindre le Centre de recherche pour le développement international (CRDI). Je connaissais bien cette institution depuis la période où j'étais Secrétaire exécutif de l'ADRAO. J'avais déjà coopéré avec son Président, David Hopper qui deviendra Vice-Président Senior de la Banque mondiale. C'était un des acteurs de la révolution verte envoyé par la Rockefeller Foundation en Inde. J'avais ainsi développé des relations étroites avec les directeurs et les experts des différents départements techniques. Ils m'avaient d'ailleurs choisi pour être membre du Conseil d'administration du Centre international de la recherche agroforestière de Nairobi, créé à leur initiative. Lorsque j'ai indiqué mon souhait de trouver une fonction plus en rapport avec ce que j'avais fait avant mon retour au Sénégal, Ivan Head, ancien conseiller diplomatique du Premier ministre Trudeau, devenu Président du CRDI, a considéré que c'était une opportunité pour son institution de recruter quelqu'un qui avait occupé de hautes fonctions régionales ainsi que des responsabilités gouvernementales et parlementaires dans son pays. En plus, nous avions établi des relations amicales. Il m'a proposé de faire, dans un premier temps, une mission d'évaluation de son organisation dans des pays d'Afrique. J'ai effectué ce travail qui m'a permis de comprendre l'action du CRDI, sa perception par les chercheurs, l'adéquation de ses projets à leurs besoins, et les changements qu'il conviendrait d'envisager. L'un des avantages comparatifs du Centre, c'est l'aide directe aux chercheurs au lieu du soutien à des institutions ou des gouvernements. Ces personnes, souvent jeunes, devaient proposer des projets de recherche portant sur des thèmes importants pour le développement économique et social de leur pays. Les travaux devaient aussi contribuer à l'amélioration des connaissances scientifiques dans ce secteur. Au cours de mon déplacement, les réactions des partenaires rencontrés ont généralement été positives. La visibilité du CRDI était cependant moins affirmée. Très peu de personnes avaient entendu parler de cette institution en dehors des experts qui collaboraient avec elle. J'ai suggéré de continuer à donner les financements aux chercheurs tout en œuvrant à trouver le moyen de mieux faire connaître le Centre et son action. C'était important pour les bénéficiaires mais aussi pour les autorités canadiennes dont le soutien était indispensable notamment au cours des arbitrages budgétaires de l'aide au développement. David Hopper et Ivan Head, avec leur personnalité, leur audience et leurs relations, assuraient la notoriété de l'institution, mais à terme cette personnalisation de la direction ne serait pas suffisante. J'ai pris contact avec les différents départements techniques pour étudier leurs programmes. Après cette consultance au siège, à Ottawa, j'ai été nommé Directeur du bureau du CRDI pour l'Afrique de l'Ouest et l'Afrique centrale, qui avait son siège à Dakar au Sénégal.

J'ai eu la surprise pendant mon séjour au Cameroun pour cette étude de recevoir un message me demandant de prendre contact, dès mon retour, avec Abdoulaye Fadiga, Gouverneur de la Banque centrale des États de l'Afrique de l'Ouest. À mon arrivée à Dakar, il m'a reçu et m'a expliqué qu'il allait faire des changements importants dans les postes supérieurs de la Banque centrale à la suite de la décision d'avancer l'âge de départ à la retraite des agents. Ce changement allait permettre un renouvellement des cadres et donner l'occasion à des jeunes de travailler dans le système bancaire. Les agents de haut niveau qui allaient partir étaient bien formés et avaient une expérience leur permettant de trouver, sans difficulté, un autre emploi. En outre, ils recevaient une retraite appropriée qui les mettrait à l'abri du besoin. Cette évolution était nécessaire pour le rajeunissement et la dynamisation de l'institution. Les pays membres pourraient aussi utiliser des agents de haut niveau dans l'administration, le secteur bancaire ou dans les entreprises publiques et privées. Daniel Cabou, ancien Ministre et Secrétaire général de la Présidence de la République du Sénégal, avait été un excellent secrétaire général de la Banque centrale. Il devait prendre la direction du bureau de Paris à un poste de représentation auprès des institutions financières et économiques en France, pays où il était très respecté. Il n'était pas possible de trouver une solution similaire pour tous les autres hauts fonctionnaires, il avait la particularité d'être un des trois membres du Gouvernement de la Banque Centrale. Il était chargé de la coordination des départements et assurait le suivi de toutes les décisions. Abdoulaye Fadiga m'a précisé qu'il était « la cheville ouvrière de l'institution ». Il était très satisfait de lui, mais ne pouvait faire une dérogation, sinon il lui serait très difficile de justifier le départ des agents atteints par la nouvelle limite d'âge. Il avait porté son choix sur moi à cause de l'exercice de responsabilités aux plans régional et national. Il savait que j'avais mis en place et dirigé des organisations africaines. Il considérait que ma formation économique était suffisante pour une compréhension des questions financières. Je n'étais pas banquier, mais il avait ajouté : « les professionnels de la banque ne manquaient pas à la BCEAO où il avait été nommé sans être un professionnel du secteur. » J'ai été pris de court car, je ne savais même pas qu'il existait un poste de secrétaire général de la BCEAO à pourvoir. De plus, ce n'était pas le plan de carrière que j'avais à l'esprit. Je voulais bien retourner dans la fonction internationale, mais dans le domaine de la science et de la technique. J'ai remercié le Gouverneur Fadiga de sa confiance et de ce témoignage d'estime. Je lui ai demandé de me laisser le temps de réfléchir et de consulter mon épouse, comme je le fais toujours avant chaque choix important pour notre vie. Elle m'a dit que j'étais mieux placé pour savoir ce qui était bien pour ma carrière et les implications pour notre famille. J'hésitais à accepter ce poste d'abord pour des raisons émotionnelles. Ivan Head m'avait tout de suite offert un poste quand j'ai voulu quitter mes fonctions politiques nationales. Et la nouvelle proposition m'obligerait à quitter la direction régionale du CRDI qu'il m'avait proposée en témoignage de confiance. D'un autre côté, Abdoulaye Fadiga avait ajouté qu'il avait parlé au Président Abdou Diouf. Il lui avait indiqué que le poste n'était pas réservé au Sénégal, qui avait déjà le siège de l'Organisation, mais il considérait opportun d'avoir un haut fonctionnaire compétent et expérimenté, qui soit respecté et ait des contacts appropriés dans le pays hôte. Le Président Abdou Diouf avait répondu qu'il y avait un autre candidat d'une grande stature mais j'avais été un ministre qu'il avait apprécié et avec lequel il avait de bons rapports. Il approuvait donc le choix du Gouverneur. Ces propos ont accru mon inconfort. C'était une situation quasi cornélienne. J'ai mis plusieurs mois à prendre une décision. Abdoulaye Fadiga m'appelait souvent pour me demander à quelle date j'allais prendre mes fonctions. Notre ami commun Charles Banny, Directeur des études de la BCEAO, relayait les messages du Gouverneur. L'argument décisif utilisé par Abdoulaye Fadiga était à la limite du « fair-play ». Il s'est étonné de l'hésitation d'un ancien membre de la Fédération des étudiants d'Afrique noire à faire un choix entre une organisation canadienne et une institution d'intégration économique africaine.

– Un rappel à l'ordre des priorités de la fidélité...

– J'ai pensé qu'il avait raison. Je suis allé voir le Président Abdou Diouf pour le remercier et solliciter son concours afin d'expliquer à Ivan Head la dimension géopolitique du poste et son importance pour le Sénégal. Il a bien voulu accepter de le faire et a demandé au Ministre d'État Jean Collin de préparer une lettre pour le Président du CRDI. J'étais bien embarrassé de devoir expliquer à Ivan Head que j'allais quitter le CRDI. Je lui ai donc fait une longue lettre manuscrite sur les raisons de mon départ prématuré avant d'aller le voir.

– On a souvent cité la coopération canado-africaine comme un modèle. Est-ce votre expérience au pays de l'érable vous a permis de vérifier la pertinence de cette affirmation ?

– Je dirais oui sans hésitation. Certes il y a eu des évolutions récentes qui n'ont pas toujours été dans le sens de l'impulsion initiale de Pierre Elliot Trudeau, l'inspirateur convaincu et engagé d'une politique de coopération canado-africaine. Il a été le précurseur des Premiers ministres canadiens qui se sont rendus en Afrique et il a commencé par le Sénégal. Son pays a connu la conquête coloniale menée contre les populations indiennes locales. Il y a eu, en outre, les combats entre Français et Anglais. La population du pays s'est élargie avec l'immigration en provenance des Etats-Unis et des Caraïbes, mais aussi d'Asie et du Moyen-Orient. L'activité économique du pays est surtout tournée vers l'extérieur avec une économie orientée vers l'exportation. En outre, les relations avec le voisin du sud sont complexes. C'est un mélange d'affection et de solidarité basé sur des principes existentiels et institutionnels communs mais avec des péripéties marquées par des affrontements pour l'indépendance des décisions politiques et économiques du pays. Cette nécessaire ouverture sur le monde a eu une forte influence sur les rapports avec l'Amérique latine, les Caraïbes, et même l'Union soviétique, malgré la gravité du conflit est-ouest. Pierre Elliot Trudeau, qui a toujours été un militant de l'internationalisme et des Nations Unies, a voulu être le fer de lance des relations économiques et politiques avec le continent à l'aube des indépendances africaines. C'est dans ce contexte que l'Agence canadienne de développement (ACDI) a été créée au sein du ministère des Affaires étrangères. Le CRDI, organisation à caractère spécifique a eu un Conseil d'administration avec plus d'autonomie. J'ai constaté une exception vertueuse canadienne. La gentillesse, la disponibilité et surtout la volonté d'intégration des différentes communautés méritent d'être signalées dans le monde d'exclusion où nous vivons. Un gouverneur général, Madame Michaëlle Jean, nommé en 2005, est d'origine haïtienne. Pierre Elliott Trudeau a aussi encouragé le bilinguisme. Originaire du Québec, il a pu gérer les sursauts du nationalisme québécois qui était une réaction à la marginalisation historique des francophones. Cette multi culturalité, base de la société, a été projetée dans une diplomatie, non seulement politique mais aussi économique. Il a prôné l'adhésion aux valeurs fondamentales des Nations Unies pour soutenir les pays les plus pauvres. Le Canada a ouvert ses écoles, lycées et universités aux jeunes Africains, afin qu'ils acquièrent les connaissances nécessaires à leur intégration dans la vie moderne. Quand j'étais Président de la Commission des Affaires étrangères de l'Assemblée nationale du Sénégal, j'ai fait un voyage au Canada pour solliciter le soutien du Parlement à la modernisation et à l'informatisation du traitement des documents parlementaires de mon pays. Pierre Elliot Trudeau était présent le jour de ma visite au Parlement. Un député lui a signalé ma présence dans les gradins réservés aux personnalités. Il a aussitôt demandé la parole pour me souhaiter la bienvenue. Ses propos ont été consignés dans les actes officiels de la session. Je suis arrivé en plein hiver à Ottawa où il faisait très froid. J'ai fait un discours pour remercier mes hôtes et j'ai mentionné qu'ils avaient déroulé le tapis rouge en mon honneur. Dans sa réponse, l'une des personnalités canadiennes a précisé, avec humour, qu'ils avaient déroulé un tapis blanc de neige.

– En 1985, vous vous retrouvez à Dakar au poste de Secrétaire général de la Banque centrale des Etats de l'Afrique de l'Ouest, ajoutant aussi à votre expérience professionnelle une corde supplémentaire. Un long intermède de cinq ans va vous permettre d'étoffer aussi votre CV en acquérant une solide expérience des finances et de la banque...

– J'ai reçu d'abord un ouvrage avec les textes de base de la BCEAO qui explique aussi son histoire, son rôle et son fonctionnement. Ensuite, on m'a remis un second livre de la Banque de France, heureusement moins volumineux, sur la politique monétaire. Je devais lire attentivement ces documents pour comprendre les différents mécanismes d'un système qui reposait à l'époque sur la régulation quantitative de la monnaie. Plus tard, la banque est passée à des mesures plus incitatives. Il fallait ensuite connaître les opérations de l'organisation. Je me suis placé dans l'attitude de celui qui doit tout apprendre. J'ai pris contact avec chaque département pour être au fait du travail qui y était réalisé. J'ai séjourné deux semaines à l'agence nationale de la BCEAO à Dakar, pour voir comment se déroulaient les différentes activités hors du siège. J'ai assisté à la manipulation, au comptage et à la destruction de billets de banque. J'ai analysé les documents reçus et envoyés par le bureau national et l'agence auxiliaire de Ziguinchor. Cette expérience m'a aidé dans mon rôle de coordination et de pré arbitrage sur plusieurs questions. Je les soumettais à la décision finale du gouvernement de la banque constitué du Gouverneur, du Vice-gouverneur, du Secrétaire général et d'un nouveau Secrétaire général adjoint, poste qu'Abdoulaye Fadiga avait dû créer à cause du délai que j'avais mis à accepter son offre. Je lui serai toujours reconnaissant de sa grande confiance à mon égard. La Banque centrale avait des cadres très compétents. J'avais aussi la responsabilité de présider le Comité de sélection de jeunes diplômés des États membres. Après un processus rigoureux d'examen des dossiers de candidatures, ils étaient envoyés au Centre Ouest Africain de Formation et d'Études Bancaires (COFEB), qui faisait partie de la Banque centrale. Je devais aussi présider les travaux d'évaluation du personnel en vue des promotions. Heureusement, la Banque centrale encourage l'effort. Les diplômes obtenus pendant le travail sont pris en compte pour un avancement à un grade supérieur dans la hiérarchie de l'institution. Il n'est pas étonnant que l'institution ait fourni, à partir de cette pépinière des cadres de très grande valeur, des agents détachés qui ont occupé des postes de ministre de l'économie et des finances, de Premier ministre et même de Président de la République.

– Le gouverneur de la BCEAO était l'ivoirien Abdoulaye Fadiga qui a œuvré, de manière décisive, à la naissance et au développement de l'Union économique et monétaire Ouest africaine et qui mérite que son œuvre soit rappelée aux jeunes générations...

– Abdoulaye Fadiga était l'un des dirigeants les plus remarquables des organisations africaines. Il a tissé des relations très étroites avec les autres banques centrales, notamment celles du Nigéria, du Ghana, de Sierra Leone, de Guinée et de Gambie, dans la région occidentale mais aussi dans d'autres pays du Continent. C'est lui qui a facilité l'entrée de la Guinée-Bissau au sein de l'Union économique et monétaire ouest africaine (UEMOA). C'était un homme d'une humilité rare. Il prenait le temps, à chaque fête de Tabaski (Eid El Adha), d'envoyer de la viande à ses hauts cadres. Il avait connu une période difficile en prison lorsque les intellectuels du nord de la Côte d'Ivoire avaient été accusés de complot. Mais à sa sortie, il a bénéficié de la confiance et du soutien du Président Houphouët-Boigny. C'était un banquier hors pair. Secrétaire général de l'Organisation interafricaine du Café et Directeur général de la Caisse de stabilisation et de soutien des produits agricoles, il a été nommé en 1974, premier Gouverneur de la Banque centrale. Il a recruté les jeunes cadres africains qui ont constitué le socle de l'institution monétaire. En collaboration avec les ministres des finances, Edem Kodjo du Togo, André Peytavin, ensuite Babacar Ba du Sénégal et Henri Konan Bédié de Côte d'Ivoire, il a négocié tous les accords pour passer d'un franc CFA, géré par la Banque de France, à une monnaie ouest africaine sous l'autorité d'une entité politique et juridique autonome. Ce n'était pas une tâche aisée, si on pense au temps qu'il a fallu à l'Europe pour avoir une monnaie commune qui subit actuellement les soubresauts de la conjoncture financière et économique mondiale. Il a aussi créé la « Chambre de compensation », située en Sierra Leone. Elle permettait de ne régler que le solde des transactions entre les banques centrales au lieu de payer la totalité de chacune des importations et des exportations. Le mécanisme a bien fonctionné avec les banques centrales du Nigéria et du Ghana, mais les autres pays dont les institutions financières étaient moins bien gérées ont entraîné des difficultés dans le fonctionnement de cette Chambre. Certaines étaient devenues débitrices structurelles malgré l'échelonnement du paiement de leurs dettes et l'octroi de nombreux moratoires. La Chambre de compensation constituait un pas important dans la coopération entre banques centrales pour rendre leurs transactions plus efficaces. J'ai, au demeurant, été désigné pour représenter la BCEAO à la réunion d'Addis-Abeba qui devait discuter de la création du Fond monétaire africain. Les instructions étaient très claires. La BCEAO soutiendrait tout projet techniquement valable basé sur des facteurs macro-économiques évidents. Il fallait créer les conditions du succès de l'initiative. Pour cela, il était indispensable de mettre en place le cadre et les instruments d'une bonne gestion économique et d'un équilibre budgétaire. Des politiques commerciales, fiscales, financières et monétaires devaient être convergentes et être suivies avec des indicateurs quantitatifs à atteindre dans des délais définis. L'objectif de création du Fond était louable, c'était une approche de visionnaire. Il fallait cependant ensuite descendre sur terre pour analyser les produits intérieurs bruts, les balances commerciales et des paiements, les niveaux de la fiscalité et de la dette ainsi que les budgets de fonctionnement et d'investissement, les règles et tarifs douaniers, le taux de change et l'émission monétaire. Avant la réunion, je l'ai dit à mon ami Adedeji, mais il a pensé que nous étions opposés à son projet.

– Dans l'effort accompli pour l'édification d'organisations régionales africaines, comment évaluez-vous l'apport des différentes personnalités qui s'y sont engagées ?

– Il faut d'abord rendre justice à l'action du ghanéen Robert K. Gardiner, qui a été le deuxième Secrétaire exécutif d'origine africaine de la Commission économique pour l'Afrique (CEA) au moment où Diallo Telli Boubacar était Secrétaire général de l'Organisation de l'Unité africaine. Il était venu à Lagos pour la réunion des ministres de la CEA, présidée par le Ministre kenyan, Tom MBoya. C'est là que j'ai connu ce grand leader syndical africain, qui hélas allait être assassiné deux ans après, alors qu'il était le favori pour la succession du Président Jomo Kenyatta. Je venais juste d'être nommé à la tête du Conseil africain de l'arachide. J'ai ainsi pu participer à cette réunion de la Commission. A ma grande surprise, à son retour en

Ethiopie, Gardiner m'a envoyé une lettre de recrutement. Je ne sais pas pourquoi, j'ai retenu qu'il y avait même la quantité de bagages qui serait prise en charge pour mon voyage à Addis-Abeba. Je lui étais reconnaissant de ses bonnes dispositions à mon égard, mais je pensais que pour recruter quelqu'un, il fallait lui demander son avis. Or, je n'avais aucune intention de quitter la direction du Conseil africain de l'arachide. Gardiner a eu le mérite d'avoir engagé et formé des cadres africains à la Commission. Il est intervenu pour aider des pays africains qui accédaient alors à l'indépendance. En République démocratique du Congo, quand il y a eu les problèmes entre Kasavubu et Lunumba, il a essayé de convaincre le Secrétaire général de l'ONU, Dag Hammarskjöld, de faire intervenir les soldats, notamment ghanéens en mission de paix, pour une interposition entre les factions et la protection des dirigeants du pays. Les premiers programmes de développement économique et social des nouveaux pays indépendants ont été préparés avec l'assistance de la CEA dirigée par Gardiner. Dès le début, il a identifié le problème de l'étroitesse des marchés des États et expliqué la nécessité d'avoir des ensembles économiques intégrés pour bénéficier de l'économie d'échelle. En dehors de l'Ethiopie, du Libéria, du Soudan et plus récemment du Ghana, seuls quelques pays d'Afrique du nord avaient déjà eu accès à la souveraineté internationale. La lutte entre Senghor et Houphouët-Boigny sur les conditions de l'indépendance au sein de l'Afrique Occidentale Française (AOF) avait abouti à l'échec des tentatives de constitution d'un grand ensemble économique et politique africain francophone. Ces États ont été balkanisés. Du côté anglophone, quelques années plus tard, la guerre du Biafra a failli entraîner le démantèlement du Nigéria. La Communauté est-africaine n'allait pas survivre aux querelles entre les dirigeants de ses Etats membres. Gardiner a fait un excellent travail de gestion et mérité le respect des autres pays membres de l'ONU. C'est ainsi qu'Adedeji avait été choisi pour être le troisième Secrétaire exécutif africain de la CEA. Il a mené une lutte continue pour la création d'ensembles économiques sous-régionaux. J'ai eu le privilège de travailler avec Diallo Telli et Robert K. Gardiner dans la préparation de la première réunion des organisations régionales africaines à Addis-Abeba que j'avais proposée, avec le Secrétaire exécutif du bassin du lac Tchad, Tonwe Benson. Il est ensuite devenu ambassadeur du Nigeria en

Suisse et membre du Conseil d'administration de la BAD. Il est malheureusement décédé des suites d'une crise cardiaque. La réunion devait permettre de coordonner et d'intégrer les actions, pour éviter les duplications et identifier les secteurs qui n'étaient pas couverts. Je pense que les conclusions de ces échanges de vues ont servi de base à l'action d'Adedeji en vue de la création d'unions économiques régionales, mais aussi d'organisations spécialisées, comme le Centre régional de technologie. Adedeji a réussi dans cette entreprise mais le problème a été le fonctionnement et surtout le financement de ces institutions pour leur permettre d'atteindre leurs objectifs. Il a engagé un débat houleux avec la Banque mondiale au sujet des effets négatifs des plans d'ajustement sur le développement économique et social de l'Afrique. Adedeji a eu le mérite de montrer que l'Afrique avait la capacité d'apporter une contribution intellectuelle aux réflexions sur les questions qui concernent son avenir économique. Après la souveraineté politique internationale consolidée avec la création de l'Organisation de l'Unité africaine par les pères fondateurs, il a suscité l'émergence des bases institutionnelles de l'unité économique au niveau sous-régional comme première étape vers un ensemble continental. Il a pris des positions autocentrées en s'opposant à une vision mondiale plaquée sur l'Afrique. Il a encouragé les dirigeants, cadres et populations, à prendre par eux-mêmes les décisions qui allaient engager leur avenir économique et social. Diallo Telli Boubacar a eu un rôle important dans l'organisation de cette réunion conjointe OUA-CEA. Il était venu à Lagos pour une visite officielle et en avait profité pour donner une impulsion décisive à cette rencontre. Je l'ai vu quelques années plus tard à Conakry, à l'occasion des obsèques du leader capverdien Amilcar Cabral, leader du PAIGC, tué par les colonialistes portugais. Ce n'était déjà plus le même homme. Il subissait des pressions énormes. Il n'avait pas suivi les conseils de Senghor, qui lui avait demandé de ne pas rentrer en Guinée à la fin de son mandat à l'OUA, car Sekou Touré allait l'assassiner. Il lui avait proposé de venir à Dakar et d'occuper une chaire à la faculté de droit de l'université. Mais Telli avait répondu qu'il devait contribuer au développement de son pays qui lui avait confié la plus haute fonction interafricaine. Je sentais qu'il n'était pas à l'aise dans le système politique mais je ne pressentais cependant pas que son élimination physique dans les geôles guinéennes allait suivre quelque temps après.

– Revenons à votre expérience bancaire à la BCEAO. Quelle découverte du monde des finances et des banques vous a-t-elle permis et quelles furent les rencontres les plus marquantes qu'elle occasionna...

– La BCEAO m'a donné l'opportunité de découvrir le monde de l'économie et de la finance. Je présidais les réunions annuelles de la Banque pour déterminer les « concours globaux » aux pays membres. A cette occasion, les responsables de l'institution venaient des différentes agences pour se retrouver au siège de Dakar. Les prévisions de croissance de l'économie, notamment de la production agricole, qui est déterminante dans le PIB, étaient la base de l'exercice. Pour les banques primaires, les calculs étaient basés sur des projections des besoins de financement de l'économie et leur traduction en termes d'émission monétaire. Les concours aux Trésors publics étaient basés sur les recettes des trois dernières années.

Je présidais aussi les réunions avec les missions du Fonds monétaire international qui passaient par Dakar avant de se rendre dans les pays de l'Union monétaire. Elles faisaient aussi le « débriefing » à la BCEAO à leur retour, avant de continuer sur Washington. J'ai été ainsi informé des négociations avec les gouvernements des Etats membres. Nous avons essayé de modérer les positions des institutions financières internationales dont les politiques reposaient sur des arbitrages d'idéologie libérale. Elles ne faisaient ni de l'humanitarisme, ni de l'altruisme. C'étaient des banques qui devaient équilibrer leurs comptes et veiller à ce que leurs dettes soient remboursées. C'est ainsi qu'elles assuraient leur crédibilité sur le marché financier pour pouvoir faire des emprunts à des taux intéressants. Elles étaient notées par Standard & Poor's, Moody's et Fitch Group. Leur logique du développement économique et social des pays africains n'était pas la priorité à la lutte contre la pauvreté pour une société plus juste et plus stable politiquement.

À la BCEAO, j'ai appris les systèmes bancaires de gestion et de contrôle financier. La direction de l'inspection au siège à Dakar, et ensuite la commission bancaire créée à Abidjan, veillaient à la clôture des opérations chaque jour, dans les agences nationales et auxiliaires ainsi qu'au siège de la BCEAO. Elles procédaient à l'analyse des comptes des banques primaires et assuraient le respect des règles de l'Union et des ratios de gestion. J'ai appris qu'il y avait des organismes spécialisés dans la fourniture d'informations sur la crédibilité des sociétés comme Dun & Bradstreet, ce qui nous a évité bien des déboires dans nos partenariats et nos relations contractuelles. La confidentialité des télécommunications était assurée par des sociétés spécialisées dans les codages pour sécuriser les transactions financières internationales. Le transport des billets par avions et camions était couvert par une assurance. La BCEAO et le département de la recherche scientifique ont été pour moi des universités de cours pratiques d'une valeur inestimable pour la direction de la FAO. Dans deux domaines cependant je n'ai pas pu convaincre, même si le temps m'a donné raison. Pour l'informatisation de la BCEAO, j'ai voulu qu'en plus du système classique centralisé, monolithique, on adopte la microinformatique et que le personnel ait des ordinateurs dans les bureaux pour améliorer son efficacité. Cela s'est traduit par un débat sur le choix entre les deux systèmes alors que je prônais leur complémentarité. Il y avait aussi le problème du rapatriement des billets de banque de l'Union qui affectait négativement notre compte d'opération à la Banque de France. Chaque semaine, nous discutions des mesures de contrôle avec le soutien des services de douane et de police. Après une année de patience pour comprendre les mécanismes, j'ai fini par dire qu'au lieu d'essayer d'empêcher la sortie des billets qui nous étaient retournés en vertu des accords avec la France, il serait plus simple de refuser de reprendre les billets sortis frauduleusement et de s'en tenir aux transactions à travers le système bancaire. J'ai eu droit à une leçon magistrale sur la convertibilité de la monnaie et le risque d'une telle mesure pour la crédibilité du franc CFA. Comme je ne suis pas banquier, je n'ai pas insisté. Quelques années plus tard, il y a eu des transferts massifs de billets CFA à la suite des rumeurs sur une dévaluation qui a fini par avoir lieu. Parmi les mesures d'accompagnement, on a fait ce que j'avais proposé quelques années plus tôt. Certes, la dévaluation avait des causes structurelles liées au coût des facteurs, au déficit du commerce extérieur et aux problèmes de balance des paiements. Mais la monnaie manuelle ou fiduciaire n'est pas toute la masse monétaire. On ne sortait naturellement pas la monnaie divisionnaire constituée de pièces métalliques trop lourdes à transporter. Il y a la monnaie scripturale constituée par les avoirs en compte à vue, à terme, en titres, en valeurs mobilière et les devises des institutions financières qui offrent la sécurité, la commodité et la sûreté car leurs règlements sont enregistrés dans des comptabilités. Ces moyens de paiement circulent par des instruments (chèques, virements, cartes). Un de mes professeurs disait que si on fait appel à un gendarme pour régler un problème économique c'est que l'on n'a pas trouvé la bonne solution.

Lors de mon premier voyage à Paris comme Secrétaire général, j'ai rendu visite au Gouverneur Michel Camdessus. Il a eu l'extrême gentillesse d'offrir un déjeuner en mon honneur, en invitant tous les directeurs de la Banque de France. Nous sommes amis depuis ce jour. Il est devenu directeur exécutif du FMI. Je l'ai retrouvé au Comité des responsables des agences du système des Nations Unies et des institutions de Breton Woods, qui se réunit deux fois par an. J'avais ainsi l'agréable occasion de discuter avec lui d'un certain nombre de questions économiques mondiales. J'insistais chaque fois sur la nécessité d'investir dans l'agriculture et il répondait qu'il était plus important de contrôler l'inflation. À son retour en France, nous avons maintenu ces relations chaleureuses. Un jour, j'ai pu lui dire que les crises alimentaires mondiales avaient aggravé l'inflation. Il a répondu que j'avais de la suite dans les idées car je revenais toujours sur cette question. J'ai apprécié le combat qu'il a mené par la suite pour le droit à l'eau.

J'ai aussi fait la connaissance de Jean-Claude Trichet quand il était Directeur du Trésor. Il est aussi devenu Gouverneur de la Banque de France. Il a organisé un déjeuner avec les responsables des institutions financières françaises pour les encourager à soutenir la lutte de la FAO contre la faim. Il m'a invité à la Banque centrale européenne à Francfort, quand il y a eu la crise de 2007-2008, pour expliquer l'évolution et les perspectives des prix des denrées alimentaires, qui allaient avoir un impact sur l'inflation, et donc sur les taux d'intérêt et la monnaie européenne, l'euro. Dans le même ordre d'idées, il y a eu une réunion coprésidée par le Premier Ministre de Trinité-et-Tobago et le Président de la Guyane, sur les investissements à faire dans l'agriculture des pays des Caraïbes. J'ai ensuite rencontré le Ministre de l'agriculture avec le Ministre des finances du pays hôte. Ce dernier m'a expliqué qu'il ne voulait pas me contredire au cours des discussions mais il n'avait pas besoin d'investir dans l'agriculture pour régler le problème de la sécurité alimentaire et de la lutte contre la faim. Si du point de vue macroéconomique il avait suffisamment de ressources, comme c'était le cas grâce au pétrole et au gaz, il pouvait acheter les produits et soutenir les prix par des subventions. Par contre, si la production agricole devait avoir un effet sur l'inflation dans son pays, alors, ce serait différent. Quelques temps après il y a eu la crise alimentaire de 2007/2008. Je me suis empressé de rappeler notre discussion à son collègue qui était venu me voir à Rome et je lui ai demandé de dire au Ministre des finances qu'il devait maintenant investir dans la production agricole pour accroître l'offre en vue de faire face à la demande et ainsi éviter la hausse des prix et l'inflation.

CHAPITRE VIII

En campagne

– Comment êtes-vous arrivé, en 1990, à envisager une candidature à la direction générale de la FAO ?

– L'un de mes amis très proches est venu un jour me dire qu'il venait d'apprendre que le poste de directeur du département Afrique du Fonds monétaire international allait être vacant et qu'il était important de proposer un candidat africain. Certaines personnalités pensaient qu'en tant que Secrétaire général de la BCEAO, je pouvais avoir le profil approprié. Cette discussion s'est déroulée dans la cour de la Banque centrale, sur la pelouse. J'ai réagi à cette suggestion en expliquant que j'avais été nommé Secrétaire général de la BCEAO, non parce que j'avais des avantages comparatifs en matière de finances publiques et de monnaie, mais grâce à mon expérience de gestion d'organisations régionales africaines. Je n'avais pas dirigé une banque primaire et je n'étais pas un agent du Ministère des finances. En conséquence, je ne voulais pas m'engager dans cette voie. J'en ai reparlé avec deux amis, dont un banquier. Ils ont admis que j'avais raison, mais au cours de cet échange de vues, l'un d'eux a dit que ce qui me conviendrait c'était le poste de Directeur général de la FAO, car il est très important pour l'Afrique bien que la candidature antérieure de Mensah du Bénin à ce poste n'ait pas été couronnée de succès.

Occuper ce poste ne m'avait même pas effleuré l'esprit. Il avait ajouté qu'il y avait eu une candidature sénégalaise en 1967 contre Boerma qui n'avait pas réussi. C'était celle de Gabriel D'Arboussier, ancien Directeur de l'Institut des Nations Unies pour la formation et la recherche (UNITAR). Cet ami est revenu me parler du poste. Il est allé voir des hauts responsables sénégalais à ce sujet, et un jour il m'a dit qu'il avait fait beaucoup de consultations sur cette question. Il y avait un large consensus sur son idée et il n'avait pas le moindre doute sur le fait que je devais devenir Directeur général de la FAO. J'ai répondu en lui rappelant qu'il avait dit que toutes les candidatures de l'Afrique avaient échoué malgré la grande qualité des personnalités présentées. Je savais que je remplissais les conditions car, en plus de l'expérience agronomique et scientifique, j'avais eu un parcours bancaire et de gestion, une expérience politique et diplomatique en plus d'une pratique de direction d'organisations régionales. Mais je pensais qu'il s'agissait d'une élection, et que ce n'était pas seulement une question de compétences. Il est revenu quelque temps après en m'encourageant à m'engager dans cette aventure. Il a reconnu qu'il était nécessaire de préparer comme il se devait ce projet, en commençant par l'analyse des conditions de réussite de notre entreprise. A l'entretien suivant, je lui ai dit que j'avais pris le temps pour réfléchir et j'avais abouti à la conclusion que pour gagner une telle élection, je devais quitter Dakar et aller aux Nations Unies à New York. Dans le cadre de la BCEAO, j'allais avoir des contraintes juridiques et administratives pour mener une campagne mondiale. Il fallait donc que je sois nommé Ambassadeur aux Nations Unies, à côté de l'actuel Représentant qui devait rester à son poste et continuer à faire son travail. J'aurais besoin de faire beaucoup de voyages et de travailler sur les questions agricoles et de sécurité alimentaire mondiales. Plusieurs pays avaient déjà deux ou trois Ambassadeurs aux Nations Unies qui s'occupaient soit de politique, ou d'économie, ou d'autres secteurs. En outre, pour que je quitte la BCEAO, il faudrait l'accord du Gouverneur. Les discussions sur cette question ont continué pendant quelques semaines. Un jour il m'a demandé qu'elle fût ma décision. Je lui ai confirmé que j'étais prêt à m'engager si mes conditions étaient remplies. J'ai donc décidé de parler au Gouverneur de la BCEAO. Entre temps, il y avait eu un changement à ce poste. Fadiga, décédé brusquement, avait été remplacé par Alassane Ouattara, qui était resté une courte période, avant de devenir le Premier Ministre de Houphouët-Boigny. Il avait été remplacé par Charles Konan Banny, par délégation, avant confirmation. J'ai donc parlé à Banny. Il était mon ami et avait beaucoup insisté, quand il était Directeur des études, afin que je quitte le CRDI pour la BCEAO. Il m'a dit qu'il était d'accord sur le projet et que je pouvais compter sur son appui. J'ai eu ensuite une audience avec le Président Abdou Diouf. Je lui ai relaté toutes les péripéties de la proposition et j'ai indiqué la disponibilité du Gouverneur à me soutenir dans cette entreprise. Étant fonctionnaire sénégalais, je ne pouvais pas m'engager dans une compétition pour un poste international aussi important sans son accord. Il m'a dit qu'il soutiendrait cette candidature avec plaisir. J'ai rencontré Ousmane Tanor Dieng, qui était conseiller diplomatique du Président de la République. Il a été très coopératif et a pris les dispositions pour ma nomination comme Ambassadeur. J'ai revu le Gouverneur pour lui dire qu'il me paraissait plus judicieux de n'aller à New York que pour des réunions économiques, afin d'établir des contacts aux Nations Unies. Il serait préférable d'être affecté à la Banque mondiale, à Washington où je ferais mieux mon travail. Cette institution est plus proche des réalités économiques et agricoles car elle est en charge du financement du développement dans le monde. Banny m'a indiqué qu'il partageait mon point de vue mais qu'il fallait obtenir l'accord de la Banque mondiale. J'ai indiqué que j'allais m'en charger parce que j'avais d'excellentes relations avec le Vice-Président pour l'Afrique, Kim Jaycox. J'en ai parlé à ce dernier qui m'a répondu qu'il serait très heureux de recevoir un haut cadre de la Banque centrale. Il me proposa d'être affecté au département Afrique et de devenir membre du Comité des conseillers de la Banque mondiale. Il prendrait toutes les actions utiles et mettrait à ma disposition un bureau, une secrétaire et la logistique nécessaire dès qu'il recevrait la lettre proposant mon détachement. C'est ce qui fut fait. J'étais ainsi dans des conditions excellentes pour atteindre mon objectif. J'étais ambassadeur aux Nations Unies où je participais ainsi à toutes les réunions internationales importantes. Je suivais aussi les activités des fonds, programmes et agences spécialisées du système des Nations Unies, comme la FAO car ces institutions faisaient rapport au Conseil économique et social. J'étais donc à l'interface des différentes activités de coopération internationale. Les travaux de la cinquième Commission, me permettaient d'être informé des règles et des procédures administratives et financières ainsi que des discussions sur les questions budgétaires. J'étais en contact avec les Ambassadeurs des différents pays à New York. À la Banque mondiale, il y avait les projets de développement dans le monde, notamment ceux du secteur agricole. J'avais accès aux documents et informations. Je participais aux différents séminaires et aux consultations appropriées.

Comme j'étais en position de détachement, la BCEAO assurait mon salaire de base. Je n'étais pas rémunéré par le Gouvernement du Sénégal, mais il a pris en charge quelques coûts de transport tout au début de l'entreprise. La

Banque mondiale ne pouvait pas justifier le financement de mes déplacements, bien que je fusse membre du Comité des conseillers. La solution aux problèmes logistiques a été trouvée grâce à la Rockefeller Foundation avec laquelle j'avais eu des relations depuis l'ADRAO. Elle était membre du groupe consultatif de la recherche agricole internationale avec la Fondation Ford, la Banque mondiale et le PNUD. J'avais présenté mon programme et mon budget à ce groupe pendant six ans. Les membres me connaissaient et avaient de bons rapports avec moi. J'ai donc exprimé le souhait de faire le tour de différentes régions du monde, pour réaliser une étude comparative du développement agricole. C'est ainsi que j'ai bénéficié de ressources à cet effet, comme c'était le cas pour d'autres bénéficiaires de programmes similaires. Mais pour moi, cela tombait bien car j'ai pu voyager en Asie, en Amérique latine et aux Caraïbes. Je ne suis pas allé dans les pays développés ou en Afrique où j'étais connu. J'ai ainsi noué des relations avec les Ministres et les Directeurs de l'agriculture ainsi que les responsables de la recherche agricole de ces pays. Cette bourse d'études ainsi que les billets de congé annuel au Sénégal que la BCEAO me donnait et qui ont été transformés en MCO (Miscellaneous Charges Order) m'ont permis de couvrir les coûts des transports. J'avais enfin réuni tous les facteurs pour une candidature crédible.

Dès janvier 1990, j'ai loué sur la Pennsylvenia Avenue, vers Washington Circle, un petit studio à deux cents mètres de la Banque mondiale. Ma famille était restée à Dakar et ne m'a rejoint qu'au mois de juillet, après la fin de l'année scolaire des enfants.

– *Comment s'est élaborée la stratégie de préparation de la présentation de votre candidature ?*

– La diplomatie sénégalaise était considérée comme l'une des plus efficaces, non seulement en Afrique mais aussi dans le monde. Elle a commencé à être mobilisée par le Chef de l'Etat, qui a écrit les lettres de demande de soutien à ses pairs. Il était assisté par des collaborateurs de haut niveau. Son conseiller diplomatique était Babacar Carlos MBaye. Devenu par la suite ambassadeur auprès de la Confédération helvétique, il a rejoint récemment l'Organisation pour l'interdiction des armes chimiques à la Haye. Monsieur Paul Badji était conseiller diplomatique du Premier Ministre. Il est devenu Ambassadeur aux

Nations Unies et ensuite en Belgique. Monsieur Fodé Seck était le Directeur de la coopération multilatérale du Ministère des affaires étrangères et allait occuper les postes de Secrétaire général du Gouvernement et Ambassadeur au Brésil. Il était appuyé par M. Momar Gueye, qui allait devenir Ambassadeur auprès de la FAO, au « desk » des Nations Unies, Asie, Afrique, Relations bilatérales, etc. Les correspondances étaient préparées à la Présidence de la République et envoyées à la primature. Elles me parvenaient directement, grâce à des exercices peu orthodoxes pour du courrier diplomatique. Mon frère Ahmed Gueye allait récupérer les lettres et les remettait à des hôtesses ou stewards d'Air Afrique, qui les apportaient à l'Hôtel Doral Inn de New York, sur Lexington Avenue, à Manhattan. Le secrétaire de la mission permanente à New York, Monsieur Gana Gueye les récupérait et me les faisait parvenir à Washington. Ensuite, au gré de mes voyages, je pouvais porter les messages du Président de la République. Parfois il y eut des situations qui auraient pu être embarrassantes. Ainsi, j'avais fait annoncer mon arrivée à Mexico, en indiquant que je venais participer à une réunion de l'Inter-American Institute for Cooperation on Agriculture, l'IICA, créé par les pays d'Amérique latine et des Caraïbes avec les Etats-Unis et le Canada. C'était en 1993 à l'Hôtel Fiesta americana. J'avais informé les affaires étrangères du fait que j'avais une lettre du Président Abdou Diouf pour le Président de la République du Mexique et que je souhaitais pouvoir la lui remettre en personne. Mais la lettre malgré mes appels pressants, ne m'est pas parvenue à temps. À l'aéroport de Mexico, un fonctionnaire de la Présidence de la République était venu pour m'accueillir et me dire qu'il avait reçu la correspondance relative à la lettre du Président du Sénégal, cependant il était désolé car le Président du Mexique avait dû faire un voyage d'urgence en Californie. Il avait cependant donné des instructions pour que je puisse remettre la lettre au Ministre des affaires étrangères. Quelle aubaine ! J'ai répondu que mon Président m'avait donné une lettre pour que je la remette en mains propres au Président du Mexique. S'il n'était pas là, je comprenais les circonstances mais je devais attendre une autre occasion plus propice. En fait, je n'avais rien du tout à lui remettre, mais cette absence m'a sauvé d'une situation délicate. La lettre est arrivée seulement à mon retour à New York. J'ai ainsi pu la faire parvenir au

Président mexicain par l'intermédiaire de son Ambassadeur aux Nations Unies.

Cette réunion de l'IICA avait été très intéressante. On se rapprochait de la date de l'élection. Certains candidats, notamment le Ministre hollandais, étaient présents. Il a demandé à me voir, et j'ai accepté très poliment. Il a tout de suite « voulu me prendre de vitesse », comme on dit chez nous au Sénégal avec ces propos : « Vous savez que je suis Ministre de l'agriculture des Pays-Bas » et j'ai répondu : « Oui, moi aussi j'ai été Ministre, de la recherche scientifique du Sénégal. » « Je parle anglais, allemand et néerlandais. » J'ai répondu : « Oui, moi je parle anglais, français et espagnol, qui sont des langues officielles de la FAO, et le wolof. » Il a ajouté : « J'ai toujours gagné toutes mes élections. » J'ai répondu : « J'ai gagné mon élection à la tête du Conseil africain de l'arachide, de l'ADRAO, et comme Député à l'Assemblée nationale du Sénégal. » M. Pape Faye, notre Conseiller à l'Ambassade du Brésil, aimablement envoyé pour m'assister dans mes contacts par Moustapha Niasse, devenu entre temps Ministre des affaires étrangères, en remplacement de Djibo Ka, a pouffé de rire, et a dit : « Il nous prend pour qui ? Il pense que c'est comme ça qu'il va nous impressionner ? »

Ma candidature allait être discutée dans trois enceintes cruciales. L'Union africaine, l'Organisation de la Conférence islamique, et le Mouvement des Non Alignés. Mais la lutte pour être choisi comme candidat unique de l'Afrique fut la partie la plus difficile et, en même temps, la plus décisive de la campagne électorale. Le Sénégal avait pris des contacts et envoyé des lettres aux différents gouvernements. J'ai eu aussi à me rendre dans certains pays. J'avais d'excellentes relations dans la région à cause de mes fonctions antérieures, notamment au Conseil africain de l'arachide et à l'ADRAO. En outre, j'avais noué, à la Fédération des étudiants d'Afrique noire en France, des relations fraternelles avec des étudiants qui occupaient souvent des positions importantes dans leur pays. De plus, j'étais encore agent de la BCEAO et j'avais des contacts avec les institutions financières des différents pays.

Pour des raisons politiques internes, le sommet de l'Organisation de l'Unité africaine qui devait se tenir au Togo a été transféré au Sénégal. Cela ne pouvait pas mieux tomber. Nous disposions donc d'un certain nombre de possibilités d'action que nous n'aurions pas eu ailleurs. Nous assurions l'accueil, le logement, le transport et la sécurité des délégations. À notre grande surprise, une candidature tunisienne se manifesta à ce moment-là. Jusqu'alors nous avions réussi à empêcher une concurrence africaine. J'allais savoir plus tard qui l'avait suscitée et pourquoi. C'était celle de Mohsen Bel Hadj Amor, ancien Directeur du personnel de la FAO avant de partir à la Commission de la fonction publique internationale, à New York. Le ministre des Affaires étrangères de Tunisie, dès son arrivée à Dakar, a été interpellé par notre ministre des Affaires étrangères, Djibo Kâ. En plaisantant, il lui a demandé comment, étant sénégalais, car il avait servi longtemps comme Ambassadeur à Dakar, il avait osé présenter une candidature contre son pays. Il y avait aussi des liens très étroits entre les Présidents Bourguiba et Senghor, Abdou Diouf et Ben Ali. Les deux collègues ont donc décidé d'essayer de trouver une solution amiable à ce problème. Le Ministre des forces armées, Medoune Fall, ancien Représentant aux Nations Unies où il avait établi des relations cordiales avec les Ambassadeurs et Ministres des affaires étrangères des pays arabes, notamment dans le cadre du Comité Al Qods, a été chargé d'accueillir le Président tunisien. Dans la voiture qui les conduisait à l'hôtel, il a fait part de l'embarras du Président Diouf de devoir entrer en compétition avec la Tunisie. Il rappela les démarches faites par le Sénégal auprès de ses pairs depuis plusieurs mois pour obtenir leur soutien. Le Président Ben Ali répondit aussitôt qu'il ne pouvait pas y avoir de problème entre les deux pays et qu'il allait retirer la candidature tunisienne. Mais la question n'était pas réglée pour autant. Il fallait soumettre le dossier au Comité des candidatures de l'Organisation de l'Unité africaine où le Sénégal n'était pas représenté pour obtenir un engagement de l'ensemble des pays. Un gouvernement africain membre était absent et avait demandé à son consul, sénégalais, de le représenter. Encore fallait-il le trouver, il habitait à l'intérieur du pays, afin qu'il puisse participer aux travaux et établir des contacts avec les autres membres. J'étais debout à l'extérieur de la salle où les discussions se prolongeaient. Au bout d'un long moment, je suis allé me baigner dans la piscine de l'hôtel Méridien. A la fin des travaux, on m'a cherché partout avant de me trouver tout mouillé sortant de l'eau comme dans les peintures de la mythologie, pour m'annoncer le soutien du Comité.

Il fallait ensuite faire adopter la proposition par la séance plénière. Coup de théâtre, lorsque le point a été soulevé, le Secrétariat ne trouva pas le projet de résolution. Djibo Kâ s'est levé, furieux, et comme il avait ses bureaux et ses secrétaires à l'hôtel, il a pu retrouver une copie du texte qui était dans ses dossiers. Il retourna en plénière pour dire : « Voilà le document et je le présente au nom du Sénégal à la place du Secrétariat qui ne fait pas son travail. » Les pays membres ont alors apporté leur soutien et la résolution a été adoptée à l'unanimité.

À la réunion de l'Organisation de la Conférence islamique à Karachi au Pakistan, j'ai été choqué de voir comment on pouvait détourner la religion pour atteindre un objectif politique. Il y avait une forte délégation sénégalaise avec les Ambassadeurs en Arabie saoudite et dans les autres pays du Golfe, mais aussi en Asie. Ils commencèrent à prendre des contacts avec les différents pays membres et, à leur grande surprise, les délégués ont réagi en disant qu'ils savaient que le Sénégal était un État laïque, mais ils ne comprenaient pas qu'on leur demande, dans le cadre de l'OCI, de soutenir un candidat qui n'était pas musulman. La délégation du Bangladesh qui avait un candidat avait fait le tour de toutes les délégations pour utiliser cet argument fallacieux. Les diplomates sénégalais ont dû refaire le tour des représentants pour non seulement rétablir les faits mais aussi « enfoncer le clou » en rappelant qu'il était grave, au regard de la religion, d'affirmer que quelqu'un qui est musulman, ne l'est pas. Ensuite, l'occasion m'a été offerte d'intervenir sur un point de l'ordre du jour et d'utiliser comme toutes les autres délégations les formules d'usage du Coran en arabe, au début et à la fin de mon discours.

– *Un exemple affligeant des multiples instrumentalisations de la religion.*

– Vous voyez bien, jusqu'où certains peuvent aller. Toujours est-il que malgré tous les efforts pour arriver à une décision commune, nous n'y sommes pas parvenus. Le Bangladesh a bloqué toute possibilité de décision de consensus sur une candidature de l'OCI. Il fallait changer de stratégie et se battre pour obtenir que celui des deux candidats qui serait le mieux placé soit soutenu par les membres de l'OCI. Tous les pays ont alors donné leur accord à cette proposition. On avait ainsi un potentiel de voix en réserve pour les derniers tours du scrutin.

La troisième réunion, celle du Mouvement des Non Alignés a eu lieu à Djakarta, en Indonésie, dont j'avais rencontré le Président Suharto à l'Institut international de recherche sur le riz, l'IRI, à Los Baños, aux Philippines. J'ai voyagé de Tokyo avec l'Ambassadeur du Sénégal au Japon, El Hadj Amadou Thiam. Très aimable et coopératif, il m'a dit dès notre arrivée qu'il se mettrait en retrait pour promouvoir ma candidature et me faire connaître. Il me demanda d'aller représenter le Sénégal aux différentes réunions jusqu'à l'arrivée du ministre, pour que je sois en « pôle position ». J'ai donc participé aux négociations entre différents pays, notamment sur la Yougoslavie. La délégation indonésienne, connaissant mes relations avec le Président Suharto, m'a encouragé et soutenu. L'une des conclusions de la réunion a été de créer un Comité des Non Alignés sur la sécurité alimentaire. Les Indonésiens ont sauté sur cette opportunité en demandant que j'en sois le président, avec un rappel appuyé des hautes fonctions de ma carrière nationale et internationale.

A la Conférence des Nations Unies sur la science et la technique pour le développement à Vienne, j'avais été élu Président de la première Commission. J'étais alors Secrétaire d'Etat à la recherche scientifique. J'ai été Vice-Président à celle sur les utilisations pacifiques de l'espace, également dans la même capitale et à celle sur les énergies nouvelles et renouvelables à Nairobi. Ces rencontres internationales m'avaient donné une visibilité mondiale importante.

J'ai fait deux voyages en Indonésie pour les réunions du Comité des Non Alignés. C'était une grande opportunité de contacts et d'établissement de relations avec des responsables et experts de l'agriculture dans ces pays.

La Conférence mondiale sur l'environnement et le développement au niveau des Chefs d'Etat et de Gouvernement, qui a eu lieu à Rio de Janeiro en juin 1992, a été mise à profit par le Ministre Jacques Baudin qui conduisait la délégation sénégalaise pour de nombreux contacts, en ma présence, avec les différents pays. C'était avant la rencontre de haut niveau à laquelle a participé le Président Abdou Diouf.

Le Président du Chili, Patricio Aylwin, qui soutenait vigoureusement un candidat de son pays, a fait le voyage à Dakar pour rencontrer le Président Abdou Diouf, afin de le convaincre de lui apporter son appui. Très diplomatiquement, le Président Abdou Diouf l'a remercié d'être le premier Président de son pays à se rendre au Sénégal. Il a été bien accueilli avec l'hospitalité coutumière. Quand ils ont abordé la question, le Président Abdou Diouf a dit qu'il regrettait de ne pouvoir lui donner satisfaction. Il avait apprécié le déplacement chez nous, et conformément à nos traditions, nous respections celui qui fait ce geste d'amitié. Mais cette candidature n'était plus celle du Sénégal, c'était celle de l'Afrique et il ne pouvait pas, en tant que membre de l'Organisation de l'Union africaine, aller contre une décision collective des pays membres, surtout prise sur sa proposition. Il suggéra que les deux pays envisagent de soutenir celui des deux candidats qui serait le mieux placé, après les premiers tours de scrutin. Le Président du Chili donna alors son accord sur cette proposition. C'est un autre élément qui va jouer un rôle déterminant dans le dernier tour du vote pour l'élection.

J'ai eu aussi des contacts avec les diplomates à Rome, grâce au soutien de l'Ambassadeur du Sénégal, Youssouf Barro, accrédité auprès de la FAO et de l'Italie. Il était toujours calme et d'une grande efficacité. J'ai rencontré les différents représentants des pays membres. Le groupe africain avait demandé à rencontrer des journalistes occidentaux pour me les présenter. L'un d'eux a demandé s'il y avait un candidat africain. Un autre a été plus cynique lors d'une interview, il a dit que je venais du Sénégal, donc du continent où il y a le plus d'affamés, et il s'étonnait de ma prétention, dans ces circonstances, à diriger l'Organisation des Nations Unies pour l'alimentation et l'agriculture. Je lui ai répondu que c'était justement parce que l'Afrique a le plus de problèmes agricoles et alimentaires qu'elle a besoin des connaissances, de l'expérience et de l'influence de la FAO pour faire face à cette situation et aux défis de la croissance de sa population.

Deux pays africains ont joué un rôle particulier dans la campagne. L'Egypte assurait la présidence de l'Organisation de l'Unité africaine. Chaque fois que j'allais en mission dans un pays, j'informais le gouvernement égyptien. L'Ambassadeur d'Égypte venait toujours m'accueillir à l'aéroport. Il avait auparavant pris des contacts, en coopération avec l'Ambassadeur du Sénégal, pour faciliter les entretiens diplomatiques. Ce grand pays était représenté partout où je suis allé et son rôle a été très positif. Le Ghana avait un Ambassadeur de la génération de Kwame Nkrumah. Il était profondément panafricain et avait fait de mon élection une affaire personnelle, d'autant qu'il m'avait connu en tant que membre du gouvernement quand il était accrédité au Sénégal. C'est chez lui que les réunions et dîners du groupe régional étaient organisés. La veille de l'élection, il a donné une réception au cours de laquelle nous avons chanté l'hymne de l'Afrique du sud « Que Dieu bénisse l'Afrique », pays qui venait juste de se libérer du joug de l'apartheid. Il y a eu beaucoup d'émotion cette soirée-là, surtout à cause d'une bévue du candidat allemand, Bonte Friedheim. A ma réception, à laquelle il était venu sans invitation, mais avait été reçu avec l'hospitalité africaine traditionnelle, il avait demandé le soutien de Boukar Shaib. Celui-ci a répondu qu'il était venu pour me faire élire parce qu'il me connaissait bien, ayant été le Président de l'ADRAO pendant un an. En outre, il était au fait de mon travail pendant six ans dans son pays le Nigéria, au Conseil africain de l'arachide. Le candidat allemand répliqua qu'il avait travaillé avec moi quand il était dans la division du Dr. Aribisala, et ensuite comme Sous-Directeur d'un département à la FAO, avant de diriger l'IITA à Ibadan. Et feu Boukar Shaib, malheureusement décédé il y a deux ans, lui a confirmé que j'étais en outre le candidat de l'OUA dont son pays est membre. A sa grande surprise, Bonte lui rétorqua que l'Afrique n'avait aucune chance, que c'était un « terrain de chasse » pour les voix. Boukar Shaib a réussi à se maîtriser et a raconté l'incident à tous les Africains. Cette péripétie a été considérée comme un affront. Elle a motivé et mobilisé davantage les délégations africaines.

– Au cours de cette campagne pour votre candidature, vous avez eu l'occasion de rencontrer beaucoup de personnalités américaines. Avec qui d'entre elles avez-vous eu des rapports intéressants ?

– Les Ambassadeurs auprès des Nations Unies étaient les cibles principales de l'action diplomatique, car la FAO est une agence spécialisée. A New York, tous les pays étaient en outre représentés. Andrew Young avait été ambassadeur des Etats-Unis avec rang de ministre, beaucoup plus tôt, sous la présidence de Jimmy Carter. Les personnalités américaines avec qui nous avons eu des contacts étaient d'abord Father Hesberg, président de l'Université catholique de Notre Dame quand j'étais au département de la recherche scientifique. Quelques années plus tard, l'invitation au candidat démocrate Obama, dans cette université catholique, pendant la campagne électorale présidentielle américaine avait provoqué des remous. Father Hesberg avait coopéré avec moi lors de la Conférence des Nations Unies sur la science et la technique à Nairobi. L'Ambassadeur Tom Pickering, alors au State Department, avait aussi joué un rôle important dans la préparation et le déroulement de cette réunion. Je les ai retrouvés tous les deux aux conférences sur « les utilisations pacifiques de l'espace », et aussi sur « les énergies nouvelles et renouvelables ». Pour la petite histoire, j'avais emmené à Vienne mon fils qui était tout petit ; je devais d'ailleurs le changer chaque jour à l'hôtel. Il était le chouchou des jeunes filles qui travaillaient pour la Conférence et qui voulaient toutes le garder pendant que j'étais en salle de réunion. Un jour, nous avons fait le tour du Hofburg, le grand palais impérial de Vienne. À la fin de la visite, mon fils m'a demandé si tous ces bâtiments appartenaient à une seule personne. J'ai répondu que c'était la propriété de l'Empereur. Il m'a alors dit candidement que quand il serait grand, il voudrait avoir un immeuble identique. J'ai pensé qu'il ne manquait pas d'ambition. Tom Pickering a été Ambassadeur au Nigéria et après en Russie. Il est devenu Adjoint du Secrétaire du Département d'Etat, Colin Powell. Cette relation a grandement facilité les contacts avec la FAO au moment où les relations entre les États-Unis et les Nations Unies traversaient une phase difficile. Un autre ancien Ambassadeur des États-Unis en Afrique du Sud, Princeton Lyman, m'a invité à faire un exposé au Conseil des relations étrangères, renforçant ainsi mes rapports avec son pays. Il a été nommé envoyé spécial du Président Obama pour le Sud Soudan. J'avais fait la connaissance, quelques années auparavant, d'Andrew Young par l'intermédiaire d'amis nigérians qui étaient proches de son frère. Je devais le revoir à la réception donnée par les Africains-Américains en l'honneur du Président Clinton et ensuite à Atlanta dont il fut le maire. Grâce aux Présidents d'Africare, C. Payne Lucas et Julius Coles, qui ont un important réseau de relations, j'ai pu rencontrer de hautes personnalités africaines-américaines du Black Caucus au Congrès. Mais c'est la Congresswoman Eva Clayton, nommée Sous-Directrice générale de la FAO qui m'a introduit auprès des sénateurs et membres de la Chambre des représentants. La nomination par le Président Bill Clinton de James McGovern, ancien candidat à la Présidence des Etats-Unis, au poste d'Ambassadeur à la FAO a ouvert à cette Organisation un vaste champ d'action diplomatique aux Etats-

Unis. Il est devenu un ami très cher. Président du groupe d'amitié parlementaire Sénégal – Royaume-Uni, et ami de plusieurs anciens Ministres et « Permanent Secretaries » j'ai essayé d'améliorer les relations avec le Gouvernement de ce pays. Le premier Représentant, Monsieur David Sands Smith avait placé, à mon arrivée, nos rapports sous les meilleurs auspices. Résurgence de mes leçons d'histoire de France quand j'étais au lycée, j'ai eu à faire de gros efforts pour ne pas interpréter subjectivement certaines critiques récurrentes de ce pays. En effet, le Royaume Uni a soutenu la FAO avec d'importants fonds fiduciaires, notamment au profit du programme sur les moyens d'existence (Livelihood programme). En outre, le dernier Représentant permanent, avant mon départ de l'Organisation, a été un parfait gentleman. De plus, des personnalités non gouvernementales comme Jeremy Irons, Ambassadeur de bonne volonté de la FAO, qui a été un des meilleurs chantres de la lutte contre la faim dans le monde et Barbara Stocking, Directrice de OXFAM, qui a joué un rôle éminent en faveur des mal nourris, notamment dans le « Comité FAO sur les objectifs du Millénaire » et au « Comité de la sécurité alimentaire mondiale » m'ont conduit à avoir un jugement plus équilibré.

CHAPITRE IX

Au service de la communauté internationale

– Votre candidature à la FAO bénéficie donc du soutien de l'Organisation de l'Unité africaine, de celui de l'Organisation de la Conférence islamique et du Mouvement des non-alignés et vous allez pouvoir la confronter aux autres candidatures en provenance d'autres régions du monde...

– Si en Afrique nous avons réussi à présenter une candidature unique, ce n'était que la première étape de la bataille diplomatique pour le poste de Directeur général de la FAO. L'Amérique latine avait aussi un seul candidat, celui du Chili. En Asie, il y avait les candidatures de l'Inde et du Bangladesh. En Europe, trois candidats, ont été présentés par l'Allemagne, les Pays-Bas et l'Irlande. De plus, l'Australie avait aussi un candidat. C'était une épreuve asymétrique, car plusieurs de ces pays avaient des moyens financiers, économiques et politiques plus importants que ceux du Sénégal. L'action diplomatique était menée à travers des contacts bilatéraux, avec les représentations diplomatiques et les missions accréditées auprès des pays ou des institutions internationales. Les grandes réunions internationales étaient aussi des opportunités de rencontres multilatérales en un seul endroit avec les différentes délégations. L'ambassadeur Lamptey du Ghana, au nom du groupe africain de la FAO, avait fait un voyage spécial au Sommet de l'OUA au Caire pour faire observer aux pays africains qu'ils avaient présenté une candidature unique, mais sans conduire une action d'envergure de soutien, sans fournir des moyens adéquats et les facilités nécessaires. Ils risquaient en conséquence de subir encore une fois un échec. Cela faisait presque une dizaine d'années qu'aucune candidature africaine n'avait eu de succès dans les différentes compétitions pour les postes de responsable dans le système des Nations Unies. Il avait été faire ce plaidoyer, en demandant que l'Afrique se réveille et soutienne fermement son candidat. Voir un ambassadeur se déplacer de son poste pour aller à une réunion internationale afin d'alerter et d'interpeller les autorités de l'Union africaine, et les gouvernements membres est un fait exceptionnel qui mérite d'être souligné.

Dans son discours après la victoire du continent à l'élection, il avait déclaré que « certains pays cherchaient à occuper un poste, l'Afrique s'était battue pour un héritage. ». Cette démarche de l'Ambassadeur a été utile du point de vue de la sensibilisation des pays membres. Elle n'a cependant pas été suivie d'effets concrets, notamment de mise à disposition de moyens. Le Ministre Moustapha Niasse, à son retour au Sénégal, avait fait un rapport très circonstancié et demandé l'envoi de missions dans différents pays. Il lui avait été répondu que ce n'était pas possible à cause de la conjoncture budgétaire et financière du Sénégal. Le gouvernement avait cependant constitué une très large délégation pour la Conférence de la FAO, dirigée par les Ministres des affaires étrangères et de l'agriculture. Les grands Ambassadeurs du Sénégal dans les différentes régions du monde étaient aussi présents. C'était une équipe diplomatique de choc. Je dois ajouter que Moustapha Niasse avait aussi obtenu que le Secrétaire général de l'Union africaine – le Tanzanien Salim Ahmed Salim – soit à Rome pour l'élection. Il avait veillé aussi à inviter l'Ambassadeur Lamptey à Dakar, après le succès de la candidature pour lui faire remettre une décoration dans l'ordre national par le Président Abdou Diouf.

– Après la campagne, l'épreuve de vérité. Comment se passe l'élection ?

– La FAO est l'institution la plus démocratique du système des Nations Unies. Les élections se font directement à la Conférence, avec la participation de tous les Etats membres, selon la règle « Un pays, une voix ». Le scrutin est à bulletin secret sous le contrôle de scrutateurs. Le Président de la Conférence, après avoir vérifié que le quorum est atteint, devant toute la salle, appelle l'un après l'autre les représentants des différents pays pour voter. Chaque candidat choisit un représentant qui assiste au dépouillement des bulletins, effectué avec l'appui des services juridiques de l'Organisation. Le résultat est communiqué au Président de la Conférence qui l'annonce après chaque tour de scrutin. Le candidat qui a le moins de voix est éliminé, et on recommence le processus du vote. On ne peut pas savoir qui a voté pour qui, ou contre qui. On le devine, mais ce n'est pas du tout garanti. La Grèce ayant retiré la candidature de M. Politis juste avant l'élection, nous n'étions plus que neuf candidats.

Le premier tour de scrutin a commencé à neuf heures du matin. J'étais deuxième au premier tour, avec 39 voix. J'ai failli perdre l'élection pour une raison inimaginable. À quoi tiennent les choses dans la vie ? Au premier tour, le candidat du Bangladesh a eu trois voix. La délégation du Sénégal est allée voir le Ministre pour rappeler les décisions qui avaient été prises au sommet de Karachi de l'Organisation de la Conférence islamique en indiquant que ces trois voix étaient importantes pour le tour suivant, car le candidat chilien avait quarante-trois voix et l'Australien vingt-neuf voix. Il a refusé et a maintenu sa candidature. Pendant des années, j'ai essayé de comprendre la raison de cette position irrationnelle. Ce n'est que six ans après, ayant noué d'excellentes relations avec le Bangladesh, que j'ai reçu l'explication. Le Ministre avait reçu des lettres de réponse à la demande de soutien de son pays, qui disaient : « Nous allons examiner avec beaucoup d'attention et de bienveillance cette candidature, compte tenu de nos relations amicales », selon la formule diplomatique d'usage. Le Ministre avait conclu qu'il s'agissait de réponses positives. Il était donc convaincu qu'au tour suivant tous ces pays allaient voter pour lui. Non seulement il n'a pas eu ces voix mais le nombre de votes est tombé à deux et il a dû se retirer de la compétition. Mais pour moi ce deuxième tour était celui de tous les dangers car le nombre de voix en ma faveur avait baissé d'une unité au lieu d'augmenter. Je me suis retrouvé ainsi en troisième position. A ce moment là, il était clair que je n'avais pas toutes les voix africaines. Le continent compte cinquante-trois pays, même s'il n'y avait que quarante-cinq représentés. En outre, des pays d'autres régions avaient voté pour moi. Le Secrétaire général de l'OUA, dépité, avait alors dit : « Si nous perdons cette élection, il vaudrait mieux ne plus avoir de candidature africaine. » Je me suis souvenu à ce moment-là de la réflexion d'Adedeji après son échec à l'élection pour la direction de l'ONUDI : « Le soutien de l'OUA, c'est le « baiser de la mort ». Le Ministre de Trinité-et-Tobago, quand j'étais arrivé dans son bureau, m'avait tancé vertement en me disant que j'avais attendu le dernier moment pour venir le voir alors qu'il y avait déjà eu des réunions au cours desquelles ils avaient déjà pris position en faveur d'un autre candidat. C'était une réaction d'affection. Le candidat chilien avait réussi à obtenir le soutien de l'ensemble du groupe d'Amérique latine et des Caraïbes, alors que je n'arrivais dans la région et pour me rendre dans deux autres pays la

Jamaïque et Antigua-et-Barbuda qu'après cette décision. Non seulement je n'avais pas fait le déplacement à temps, mais je n'avais été que dans un nombre limité de pays des Caraïbes. Pourtant, ces déplacements allaient se révéler déterminants aux derniers stades de l'élection. J'avais été aussi dans cette immense étendue de l'océan Pacifique à Tonga, Samoa et aux Îles Cook, zone polynésienne, mais aussi en Papouasie-Nouvelle-Guinée, Vanuatu, aux Îles Salomon et aux Îles Fidji, dans la partie mélanésienne. Cette étape du vote fut très difficile car le découragement commençait à s'installer dans nos rangs. C'est à ce moment-là que le délégué de la Barbade est venu me voir. L'épouse de l'Ambassadeur du Sénégal était haïtienne, et m'avait invité à dîner avec les délégations des pays des Caraïbes pour renforcer l'action diplomatique de son mari. Il m'indique que son groupe avait voté pendant deux premiers tours en soutien au candidat de l'Amérique latine. Les membres avaient donc respecté leur engagement. Maintenant, ils se sentaient libres de voter pour qui ils voulaient. Il m'annonça qu'au tour suivant, la moitié de son groupe allait voter pour moi. J'ai immédiatement prévenu la délégation sénégalaise qui a fait le tour de nos amis pour leur annoncer la bonne nouvelle et les réarmer psychologiquement. J'avais déjà dû calmer un ministre d'un pays voisin du Sénégal qui s'était tournée vers moi, inquiète, pour me demander ce qui se passait. J'étais assis avec la délégation de l'Union africaine à côté de Salim Ahmed Salim. Au troisième tour, je suis redevenu second avec quarante-quatre voix, et l'espoir est revenu. Au quatrième tour, je suis passé au premier rang avec cinquante-huit voix, grâce aux votes complémentaires des Caraïbes qui ont très bien géré leur stratégie d'impulsion progressive. Au cinquième tour, j'ai accentué l'écart avec soixante et onze voix. Au sixième tour, c'était l'élimination du candidat chilien. Il ne restait donc plus que ma candidature et celle de l'Australie. L'Ambassadeur du Chili, Juan Somavia, a réuni son groupe pour rappeler l'engagement pris par son Président à Dakar, et confirmer que sa délégation respecterait la parole donnée. Il demanda à l'Amérique latine de voter pour moi. Ce qui lui a valu bien sûr une grande sympathie des Africains. Dix-neuf pays de sa région ont accepté sa proposition et j'ai gagné l'élection au sixième tour par quatre-vingt-dix voix contre soixante-douze. Il est ensuite devenu le directeur de l'Organisation internationale du travail, avec le soutien du groupe des 77. Le candidat de l'Inde lui aussi m'a soutenu, après avoir été éliminé en disant que son pays et ses amis préféraient voter pour le candidat africain. A ce moment-là, le représentant de la Turquie est venu me voir en me disant : « Monsieur Diouf, nous sommes très gênés, parce que nous savons que feu le Président Turgut Ozal avait indiqué qu'il vous soutiendrait et le nouveau gouvernement en place, après des interventions politiques au plus haut niveau, avait décidé de voter en faveur du candidat d'un autre pays, mais maintenant que celui-ci a perdu, nous sommes à l'aise et très heureux de pouvoir vous soutenir. » À mon arrivée à Rome, j'avais eu l'idée de voir les pays de l'Europe de l'Est, qui pour la plupart, venaient d'accéder à la pleine souveraineté internationale, après la chute du mur de Berlin. Après cet entretien, les représentants de certains pays auprès de la FAO ont dit qu'ils avaient apprécié les échanges de vues et qu'ils étaient convaincus par mes arguments. Plusieurs d'entre eux avaient alors décidé de voter pour moi au dernier tour du scrutin. Ces pays n'avaient pas de relation particulière avec l'Australie comme ceux du Commonwealth. Par contre, ce qui m'a surpris c'est que beaucoup de pays du Pacifique ont voté pour moi, alors que nous pensions qu'avec la proximité géographique et les étroites relations économiques et politiques, tous ces pays voteraient pour leur grand voisin.

– *Proximité et rivalité ?*

– Oui et aussi erreur stratégique. Car le candidat australien ne s'est jamais déplacé dans les pays du Pacifique, laissant les hauts commissaires de son pays mener l'action diplomatique, alors que malgré la distance, je m'étais déplacé pour aller les voir chez eux. Aux îles Salomon, le Premier Ministre Solomon Mamaloni m'avait reçu au palais qui a une vue magnifique sur la baie où les Américains s'étaient battus avec les Japonais pendant la Deuxième Guerre mondiale. Ce fut d'ailleurs une étape décisive de la guerre dans le Pacifique. Il m'avait dit le bonheur qu'il avait de me voir. Il m'avait expliqué la distinction entre les Mélanésiens et les Polynésiens. Les Mélanésiens viennent d'Afrique. Ils étaient à l'autre bout du monde, et ils étaient peu nombreux, à la différence de ceux du continent. On lui avait dit que les Africains étaient là-bas des centaines de millions. C'était touchant d'entendre ses propos. Et il m'a demandé de remercier le Secrétaire général du Commonwealth, son frère nigérian, Chief Anyoku qui l'avait beaucoup aidé, notamment par l'envoi de juristes pour revoir la constitution et apporter une assistance judiciaire. À la fin de l'entretien, il m'avait dit que son pays voterait pour moi. Il devait décéder quelques années après mon élection. À Vanuatu, le Premier Ministre, Maxime Carlot Korman connaissait bien le Sénégal. Il avait, dans le cadre de la francophonie, bénéficié du soutien de l'ambassade du Sénégal auprès des autorités françaises lors de l'élection dans son pays. Il m'avait promis que son gouvernement voterait pour moi. Le Ministre Moustapha Niasse m'a dit, après ce grand tour du monde au cours duquel je lui envoyais un message à chaque étape, qu'il y a des noms de villes qu'il n'avait jamais entendus et qu'à mon retour au Sénégal, on devrait créer une chaire de géographie diplomatique pour moi à l'Ecole nationale d'administration et de magistrature, l'ENAM.

– Plus tard, les élections suivantes seront moins mouvementées ?

– Oui, fort heureusement, à la deuxième élection il n'y avait qu'un seul candidat argentin que j'ai battu par cent trente six voix contre vingt sept. À la dernière élection, il n'y a pas eu de concurrent. Après la proclamation des résultats, j'ai pensé que c'était le moment opportun pour annoncer mon départ et préciser que ce troisième mandat serait le dernier, ce que j'ai aussitôt fait. Avant la proclamation des résultats de la première élection, le Président de la Conférence, Ministre de l'agriculture de la Jamaïque, malgré ses efforts pour rester serein, avait un sourire tellement éclatant qu'on savait déjà qui avait gagné. Il a annoncé les résultats avec tellement de plaisir que nos amis l'ont félicité d'avoir veillé à garder sa neutralité au cours du vote. Il m'a ensuite invité à faire un discours. Lorsque je me suis levé, Salim Ahmed Salim m'a retenu par la main et m'a dit de me calmer et de parler posément, car il savait que cela avait été dur pour moi et que j'étais très tendu. Mais c'était fini, nous avions gagné et nous devions faire preuve d'élégance. Ces conseils m'ont été forts utiles, parce que j'étais parti pour dire certaines vérités que j'ai tues. J'ai fait un discours où j'ai remercié tous ceux qui avaient voulu servir en se portant candidats, et tous les pays membres de l'Organisation. C'était un modèle de propos diplomatiques.

– Comment se passe la passation de pouvoirs avec votre prédécesseur que vous connaissiez ?

– Je connaissais le Directeur général Saouma et il ne me soutenait pas. C'était de notoriété publique qu'il était en faveur du candidat chilien, pour des tas de raisons professionnelles, familiales et amicales. Je dois dire que quand je suis venu à Rome à la veille de l'élection et qu'il m'a reçu, il a un peu édulcoré son antagonisme à mon égard. Auparavant, une délégation des ambassadeurs africains était allée le voir, d'après ce qu'ils m'avaient raconté, pour présenter la candidature africaine. Il leur avait dit qu'ils n'avaient pas beaucoup de chances parce qu'en Afrique nous avons des arcs et des flèches, alors qu'en face ils ont des fusées « tomahawk. ». Au cours de notre entretien, je lui ai rappelé que c'était sur sa proposition que j'avais été nommé au Groupe consultatif de la recherche agricole internationale quand j'étais ministre de la Recherche scientifique. En outre, j'avais eu à le recevoir à déjeuner à Dakar à l'hôtel du Lagon, quand il avait fait sa visite officielle au Sénégal. Nous avions parlé de l'Institut de technologie alimentaire qui bénéficiait du soutien de la FAO et relevait de mon département. Je lui ai aussi rappelé que c'est le Directeur général, Addeke Hendrik Boerma, qui avait envoyé Mensah à Abdou Diouf pour que le Sénégal accepte de me présenter à la tête de l'ADRAO.

Quand il s'est rappelé toutes ces relations qu'il avait complètement oubliées, il paraît – je l'ai appris plus tard qu'il a dit à son cabinet : « Mais je n'avais pas réalisé qui c'était. J'aime bien ce garçon, je l'aurais soutenu et défendu en d'autres temps. » À ce moment-là, ce changement d'appréciation n'avait plus d'importance. Je dois aussi, par devoir de vérité, préciser que la stratégie fondamentale de ma campagne était basée sur la théorie des cercles concentriques de solidarité de Senghor. Le premier, l'OUA, est africain. Le deuxième, l'OCI est islamique. Le troisième, la francophonie est linguistique, le quatrième la diaspora des Caraïbes et du Pacifique est culturel, le cinquième, le mouvement des Non-Alignés est historique. Ce sont ces intersections de solidarité qui ont apporté les voix nécessaires pour gagner la première élection.

– *Après votre élection et la transmission des pouvoirs, quels furent vos premiers pas dans cette nouvelle fonction ?*

– D'abord, je dois dire que je n'avais pas souhaité que ma femme vienne à Rome pendant l'élection alors que j'avais besoin d'elle en ces moments d'épreuve. Je ne voulais pas courir le risque d'un échec et l'impact psychologique sur mon épouse à côté de moi. Elle suivait cependant tout le déroulement du vote à partir de Washington. Conformément à notre tradition, ma femme et mes enfants ont passé la nuit à prier. Et le lendemain, au fur et à mesure que les résultats arrivaient, Kim Jaycox avait demandé à être tenu informé. Il m'avait soutenu, parfois jusqu'à la limite de ce qu'il était permis de faire à un Vice-Président de la Banque mondiale astreint à la neutralité de la fonction internationale. Il avait déjà eu une réaction peu diplomatique avec l'Ambassadeur d'Allemagne à l'aéroport de Washington. Celui-ci avait demandé s'il savait qu'il y avait un candidat de son pays pour le poste de Directeur général de la FAO, car on lui avait dit que Kim soutiendrait le candidat africain. Il avait répondu en effet qu'il le soutenait parce qu'il était le meilleur. Ce témoignage de confiance et d'amitié, je ne l'ai jamais oublié. Lorsqu'il a fallu mettre en place le Comité américain pour la FAO, je lui ai demandé de bien vouloir le présider. Cela ne lui rapportait rien car c'est un poste à titre bénévole et qui au contraire lui faisait perdre du temps. Il a accepté sans hésiter et a assumé cette fonction pendant plusieurs années. C'était un petit geste de reconnaissance à l'égard de celui qui m'avait soutenu depuis le début de cette aventure. Les derniers tours de l'élection avaient lieu dans l'après-midi et le matin aux Etats-Unis à cause du décalage horaire, Kim Jaycox était dès son arrivée dans une réunion. Il avait cependant demandé à être dérangé à chaque fois que le résultat d'un tour serait connu. Dès qu'on lui a annoncé mon succès, il est sorti de la réunion en remettant de l'argent à son personnel pour faire des achats et organiser une réception. Ils ont fait la « fiesta » à la Banque mondiale. Dans la vie, on ne peut rien réussir de grand sans avoir des amis de par le monde. Dans ma langue wolof, on dit que « Nit, nit moy garabam », l'homme est le remède de l'homme, mais les sages précisent que « Nit, nitam moy garabam », c'est votre homme qui est votre remède. Mon épouse a tout de suite acheté un billet d'avion pour me rejoindre à Rome, dès le lendemain. Pour ma prestation de serment, un Sénégalais que je ne connaissais pas était venu me féliciter. Il s'était présenté spontanément à moi après ma victoire. Il avait proposé de me trouver un habit sénégalais que j'ai utilisé et que je lui ai ensuite rendu en le remerciant pour son amabilité. Je ne voulais pas aller à cet acte solennel et historique avec un costume européen. Je n'avais pas pensé à ce détail important. Dans toutes les grandes conférences et les sommets de la FAO, j'ai tenu à porter ma tenue nationale pour marquer mon enracinement culturel.

– Quels étaient les principaux axes du programme sur lequel vous avez été élu et que vous vous proposiez d'appliquer ?

– Tous les candidats avaient présenté un document, sous des formes diverses, programme de travail, profession de foi, etc., pour expliquer ce qu'ils comptaient faire s'ils étaient élus à la tête de l'Organisation. Durant ma campagne, j'avais entendu des avis et des commentaires sur l'Organisation et son fonctionnement. J'avais aussi lu des ouvrages sur l'histoire de la FAO. J'ai essayé de prendre en compte ce que les pays considéraient comme prioritaire pour l'action. J'y ai ajouté aussi les leçons de l'expérience du Conseil africain de l'arachide, de l'ADRAO, du Département de la recherche scientifique et de la Banque centrale. J'ai ainsi identifié un certain nombre de besoins et de contraintes. La conférence a fait preuve de beaucoup de flexibilité à mon égard. Le budget venait d'être approuvé juste avant mon élection, pour deux ans, sans contribution de ma part. Sur le conseil de certains amis, j'ai demandé que la conférence m'autorise, à l'intérieur du montant total du budget approuvé, à faire des propositions à un Conseil spécial qui se réunirait au mois de juin. Avec cet accord, je pouvais engager un processus de changement dans les politiques, stratégies et programmes. J'ai pu ainsi entreprendre une réorganisation et une réorientation de la FAO. La situation dans le monde était paradoxale. Il y avait une production suffisante d'aliments pour nourrir la population, mais il y avait à peu près 900 millions de personnes qui avaient faim, parce que les pays où se trouvaient ces personnes avaient un déficit de production. La première chose que j'ai proposée, c'est une stratégie pour changer cette situation. Le Directeur de l'Institut international de recherche sur le riz, que j'avais connu à l'ADRAO, le Docteur Bob Chandler avait eu la gentillesse de faire un témoignage dans mon document de candidature. Il m'avait dit à l'époque que ce qui est important c'est de choisir des projets précis et d'obtenir des résultats à montrer. Ensuite, il serait beaucoup plus facile d'avoir les soutiens et les moyens pour avancer. Le docteur Hanan, administrateur de l'USAID, dont j'avais sollicité le soutien pour l'ADRAO et auquel j'avais fait part des difficultés que j'avais à utiliser les financements mis à la disposition de l'Organisation à cause des conditionnalités, m'avait répondu qu'un bon administrateur doit être capable d'utiliser toutes les catégories de ressources qui lui étaient fournies. J'avais donc ces deux conseils à l'esprit. J'ai proposé des programmes pilotes de sécurité alimentaire dans quinze pays pour, à partir des résultats obtenus et des leçons tirées, lancer des programmes nationaux et, plus tard, régionaux et même continentaux de sécurité alimentaire. J'avais aussi constaté que les maladies transfrontières des animaux et des plantes ainsi que les dégâts des déprédateurs comme le criquet pèlerin, l'une des plaies de l'Égypte pharaonique, étaient de grands fléaux du développement agricole mondial. J'ai donc proposé un programme pour ce secteur avec une priorité à l'éradication de la peste bovine et à la mise en place de systèmes de détection et de réaction précoce, complétés par un réseau des meilleures organisations de recherche pour développer des techniques de lutte efficaces et sans impact négatif sur l'environnement. J'ai mis au centre de cette vision la question de l'eau, qui est source de vie. Pas les grands barrages, mais les petits ouvrages au niveau des villages : les puits, les canalisations d'irrigation et de drainage, et les petits barrages en terre réalisés par les populations dans le cadre de l'investissement humain, car le coût de ces ouvrages pouvait être couvert à 40% par la main d'œuvre locale. Il fallait aussi régler la question du stockage villageois, parce qu'on perdait 40% de la récolte pour certaines productions faute de moyens de conservation adéquats. Ces deux programmes étaient le socle de l'action pour accroître la productivité et la production alimentaire dans les pays pauvres. La sensibilisation politique a été menée grâce à l'organisation, pour la première fois dans l'histoire de la FAO, créée en 1945 et qui avait donc cinquante ans, d'un Sommet mondial de Chefs d'État et de Gouvernement sur la sécurité alimentaire mondiale, en 1996. Je trouvais inadmissible que, pendant tout ce temps, les plus hauts dirigeants du monde ne se soient jamais réunis pour échanger des vues sur la sécurité alimentaire internationale. Dans mon document de programme initial, j'avais proposé l'organisation d'un tel sommet. C'est un de mes amis qui m'avait dit de l'enlever pour ne pas créer une réaction hostile. Il était plus âgé que moi et j'ai suivi avec raison ses conseils. J'avais donc utilisé une formule plus neutre : « une initiative mondiale, pour pouvoir faire face aux problèmes de la sécurité alimentaire. » L'autre priorité c'était la gestion. L'agriculture, on me l'a appris à Grignon et à Nogent, est « la science des conditions locales. » Même à l'intérieur d'un pays, à une distance de quelques kilomètres, on ne peut pas faire du développement agricole de la même manière. J'ai donc proposé une décentralisation. On ne pouvait pas gérer efficacement l'agriculture du monde à partir de Rome. J'ai enfin souhaité que la FAO soit vraiment universelle. Il y avait 169 membres, aujourd'hui 191, plus l'Union européenne et deux membres associés. Ce programme a été approuvé à l'unanimité. Mais dès que certains pays ont mesuré les conséquences d'un succès du programme sur leurs exportations et leurs stocks qui étaient écoulés par l'aide alimentaire, la guérilla contre le projet de sécurité alimentaire a commencé. Un Conseiller d'ambassade, représentant adjoint auprès de la FAO d'un pays, qui certainement avait dû beaucoup apprécier le chianti italien au déjeuner, a dit au cours d'une réunion officielle d'un groupe de pays membres qu'il recevait depuis quelques jours de multiples câbles de sa capitale au sujet du programme de sécurité alimentaire. Il représentait un pays grand exportateur mondial de céréales. A ma grande surprise, d'autres pays exportateurs ont aussi commencé à critiquer le programme en disant que ce n'était pas le rôle de la FAO de s'occuper de production en menant des actions de terrain. L'Organisation devait se contenter de conseiller les gouvernements sur les politiques. Quinze années plus tard, quand la première évaluation indépendante, la plus importante de l'histoire des Nations Unies, d'une Organisation du système a été publiée, l'une des conclusions c'était que la FAO ne devait plus s'occuper de céréales. C'était écrit en toutes lettres. C'est inimaginable mais vrai. L'alimentation du monde en calories est assurée à hauteur de 46% par des céréales, et l'on proposait que l'Organisation mondiale chargée de l'alimentation et de l'agriculture ne s'occupe plus de ces productions. Mais c'est dire que certains pays ont de la suite dans les idées. Naturellement, les Ambassadeurs et Représentants permanents du Tiers monde ont rejeté cette conclusion. Quelques temps après, c'était la crise alimentaire de 2007-2008 et il y a actuellement une nouvelle hausse des prix des produits agricoles. Je pense que l'idée d'une FAO qui ne s'occupe pas des céréales, n'effleure plus l'esprit de quelqu'un. Le devoir de vérité m'impose de dire qu'il y a des pays qui soutiennent la FAO dans différentes fonctions mais qui n'ont jamais vu d'un bon œil le travail qui aurait eu pour résultat que les pays en développement, qui représentent 925 millions d'affamés, n'aient plus besoin d'importer des produits alimentaires en provenance de leurs marchés. Ils ont toujours favorisé la constitution de stocks à partir de leur production locale qu'ils ont écoulés à travers l'aide alimentaire ou grâce à des contrats publics non commerciaux. J'ai dû continuer de mener ce combat pour la croissance de la production agricole des pays pauvres pendant pratiquement toute la durée de mes mandats à la FAO.

Les gouvernements reflètent des positions de groupes et lobbys qui ont leur propre conception de ce qu'est l'intérêt national. Dans un pays il y a différentes forces parfois antagonistes. Si certaines jouent en faveur des actions pour que l'humanité dans sa globalité bénéficie des fruits de la terre, d'autres restent dans la logique d'une politique où pour que l'un gagne il faut que son partenaire perde. Pourtant, on peut et on doit avoir des politiques qui permettent à tout le monde de gagner. Aujourd'hui alors que je suis sur le point de terminer mes fonctions à la FAO, je suis convaincu qu'on a mis tous les obstacles possibles à la mise en œuvre des décisions de juin 1994. Parce que si l'on avait réalisé le programme approuvé dès les six premiers mois de ma prise de fonctions, c'est-à-dire d'augmenter la productivité et de sécuriser la production par l'irrigation, d'éliminer les pertes de récoltes, d'éviter les dégâts des insectes et des criquets, les maladies des animaux et des plantes dans les pays du Tiers monde, nous aurions un monde où le droit le plus fondamental de l'être humain, celui à l'alimentation, serait assuré.

Mais le grand défi de l'agriculture ce n'est pas seulement d'aider les pays du Tiers monde où se trouvent, certes, les plus pauvres et ceux qui ont faim dans le monde, environ un milliard de personnes aujourd'hui, c'est aussi et surtout d'aider tous les agriculteurs du monde. Il faut augmenter de 70% la production alimentaire mondiale pour nourrir une population qui va passer de 6,9 milliards aujourd'hui, à 9,1 milliards à l'horizon 2050. On ne peut atteindre cet objectif avec les agriculteurs des pays du Tiers monde, seulement. Ceux des pays développés doivent être soutenus et avoir une rémunération adéquate pour vivre dignement comme leurs compatriotes des autres secteurs. Mais cette aide ne doit pas se faire au détriment des agriculteurs des pays pauvres. Il faut des mesures qui éliminent les distorsions sur le marché international des produits agricoles. Les pays de l'OCDE accordent un équivalent de soutien de 375 milliards de dollars par an à leurs agricultures. Ces ressources ne vont pas aux petits agriculteurs et sont souvent canalisées au bénéfice d'intermédiaires de la chaîne alimentaire qui interviennent dans le stockage, le transport, la distribution, la transformation, les assurances, les financements, etc. Je me suis demandé, là j'en suis moins sûr, si notre priorité à la production n'a pas été l'une des causes de la diminution de 35% en termes réels du budget de l'Organisation entre 1994 et 2007. A la suite de la crise alimentaire mondiale et ses émeutes de la faim mais aussi après la discussion de l'évaluation externe et le consensus des Etats membres, nous avons vu progresser nos ressources. En 2008-2009 et 2010-2011, nous avons eu les plus fortes hausses de budget du système des Nations Unies. Les fonds fiduciaires, les fonds volontaires à notre Organisation dépassent maintenant largement le milliard de dollars du budget régulier. Il faut espérer qu'il y ait une nouvelle prise de conscience de la nécessité de mener des actions concrètes pour augmenter la productivité et la production agricoles des pays pauvres. La bataille que j'avais engagée au Conseil de 1994, n'a commencé à donner des résultats qu'à partir de 2007.

Le Sommet exceptionnel de 1996, avec la présence de plus de cent Chefs d'Etat et de Gouvernement et de Sa Sainteté le Pape, aura sonné le réveil de la conscience mondiale.

Le Président Chirac qui faisait une visite officielle en Chine au moment du Sommet, avait demandé au Premier Ministre, Alain Juppé, de le représenter. Depuis lors, j'ai gardé d'excellentes relations avec lui. Le Sommet, après avoir supprimé plus de cinq cents « crochets », points de divergence sur le document initial, avait approuvé un programme d'action et décidé de diminuer, de moitié, le nombre de personnes qui ont faim dans le monde à l'horizon 2015. Cet objectif sera repris, en termes de proportions au lieu de nombres, par les Nations Unies dans les objectifs du Millénaire pour le développement en 2000.

Dès 2002, j'ai dû convoquer un deuxième Sommet, cette fois-ci avec une forte résistance de certains pays développés qui ont cependant envoyé un, parfois deux ministres, souvent de l'agriculture et de la coopération. Mais ils avaient probablement préféré ne pas entendre, au niveau de leurs Chefs d'Etat et de Gouvernement, les critiques sur le fait que les engagements de 1996 n'avaient pas été respectés. La part de l'aide au développement dans l'agriculture « lato sensu » avait atteint 19% en 1980. Ces ressources avaient permis de financer la révolution verte et d'éviter la famine en Asie et en Amérique latine. Cette part avait baissé de manière drastique pour atteindre 3% en 2006. Or, les économistes, qui souvent ne sont pas d'accord, acceptent tous que si l'on n'investit pas dans un secteur, il ne se développe pas. Nous avions fait des projections, montré, dit et répété, y compris dans les médias, que si les tendances observées continuaient, l'objectif de diminuer de moitié le nombre de personnes qui ont faim en 2015 ne serait atteint qu'en 2150. Les données étaient dans les documents de ce deuxième Sommet et des propositions concrètes avaient été faites pour corriger ces erreurs stratégiques. Nous avions prévu ce qui allait arriver et nous l'avions annoncé. Mais il n'y avait ni la volonté politique ni les ressources pour arrêter la descente aux enfers de la faim. En juin 2008, la réunion ministérielle de haut niveau à Rome, mettant l'accent sur l'impact du changement climatique et de la transformation des aliments en bioénergies, est devenue « de facto » un Sommet. Cette initiative, lancée un an avant la date de la rencontre, est devenue pratiquement une réunion d'urgence, à cause de la crise alimentaire de 2007-2008. Quelques mois auparavant, sur les chaînes de télévision du monde, notamment à France 24, en réponse à la question d'un journaliste : « Est-ce qu'il aura des émeutes de la faim ? », j'avais répondu : « Oui. » Hélas, nous avons vu ces images tragiques dans vingt deux pays, avec des morts, des blessés et un gouvernement est tombé à cause des manifestations de colère de la population. Le Président de la France, Nicholas Sarkozy et le Premier Ministre du Japon, Yasuo Fukuda, étaient présents. Mais quand j'ai convoqué, pour le mois de novembre 2009, une réunion de Chefs d'Etat et de Gouvernement, pour que l'on puisse régler les problèmes structurels afin d'éviter le renouvellement des événements conjoncturels, il n'y avait que le Premier Ministre du pays hôte parmi les dirigeants des pays du G-8. Le Président de la Commission de l'Union européenne, Monsieur Barroso, et quelques Chefs d'Etat de l'Europe centrale et orientale, avaient cependant fait le déplacement à Rome. Un Chef d'Etat, dès le début de son discours, a demandé « où étaient les riches ?». Il faut que la communauté internationale ait le courage d'assurer une conformité entre ses paroles et ses actes. Il y a toujours de belles déclarations sur les libertés, sur l'unicité du monde devenu village planétaire, sur les grandes valeurs communes, mais ce n'est pas le spectacle qui s'offre à nos yeux. Il est temps de faire en sorte que ces enfants et ces femmes qui constituent la majorité du milliard d'affamés, puissent manger à leur faim. Les intérêts égocentriques et les politiques à court terme ont empêché, jusqu'à présent, qu'on investisse les ressources nécessaires pour que la partie la plus pauvre de l'humanité puisse se nourrir. C'est un problème existentiel, c'est un enjeu fondamental. Est-ce que les intérêts économiques à court terme, et parfois électoraux, doivent avoir pour conséquence la faim dans le monde ? Les pays en voie de développement eux-mêmes ont leur part de responsabilité dans la situation actuelle. Pourquoi la part moyenne de leur budget pour l'agriculture se situe à seulement 5%, alors que 70% des pauvres vivent en milieu rural et que l'agriculture est la source essentielle de leurs emplois, de la croissance de leur produit intérieur brut, de l'équilibre de leur balance commerciale et de la solidité de leur monnaie qui repose sur leur balance des paiements ?

En 2003, les Chefs d'État et de Gouvernement d'Afrique s'étaient engagés, au cours du Sommet de l'Union africaine à Maputo, à doubler en cinq ans la part de l'agriculture dans leur budget, pour atteindre au moins 10% du total. Combien de pays aujourd'hui ont respecté cet engagement ? Environ une quinzaine sur cinquante trois.

Il y a aussi la spéculation sur les marchés à terme des produits agricoles, exacerbée par les mesures de dérégulation qui ont été prises à partir de 1999. Après la grande dépression des années 30, on avait facilité le bon fonctionnement des marchés à terme, notamment pour permettre des arbitrages, et injecter plus de ressources financières dans ce secteur. Dans un cadre réglementé, les objectifs avaient été atteints. Maintenant, après la dérégulation, les spéculateurs peuvent intervenir sans limitation dans les opérations à court terme et « out of the counter ». Il n'y a plus de limites au nombre d'opérations qu'ils peuvent réaliser. La spéculation n'est certes pas la seule cause de la volatilité des prix. La raison structurelle c'est le déséquilibre entre l'offre et la demande. Les spéculateurs s'engouffrent dans cette brèche pour gagner de l'argent grâce aux anticipations sur l'évolution des marchés. Ce processus entraîne un accroissement des prix des produits agricoles, qui deviennent inaccessibles aux plus pauvres.

– Malgré ces difficultés, est-ce que vous pensez qu'on arrivera à établir, comme certains analystes tels Jean Ziegler y invitent un droit à l'alimentation juridique, reconnu internationalement ?

– Il faut préciser que la vue globale que j'ai décrite est factuelle, mais fort heureusement, un certain nombre de pays ont donné la priorité à l'agriculture et à l'alimentation. En Asie, il y a la Chine, l'Inde, le Vietnam, la Thaïlande, le Bangladesh, etc. En Afrique : le Ghana, la Tanzanie, le Nigéria, le Malawi, etc., il y en a une quinzaine. En Amérique latine : l'Argentine, l'Uruguay, le Brésil, etc. Ces pays ont réussi à faire des progrès importants et rapides, malgré le handicap de la baisse de la part de l'agriculture dans l'aide au développement, en dépit d'un commerce international qui n'est ni libre, ni équitable et malgré la spéculation sur les marchés à terme. Il convient donc de souligner avec force que la principale responsabilité du développement économique et social d'un pays revient au peuple souverain et à ses dirigeants. Les règles et structures internationales sont des explications mais ne sont pas des justifications ou des excuses suffisantes pour ne pas faire ce qui est dans l'intérêt de la population de son pays.

En ce qui concerne le droit à l'alimentation, la FAO a travaillé longtemps sur cette question. À l'issue de négociations qui ont duré plusieurs années, un accord a été obtenu par consensus de l'ensemble des États membres sur les « Principes pour un droit à l'alimentation ». Cet accord n'est pas un outil juridique opposable par chaque citoyen à son gouvernement. Les pays n'ont pas voulu signer un document avec des engagements aussi contraignants. Il fallait être réaliste et arriver à un compromis qui respecte l'autorité de juridiction nationale. Les pays qui le souhaitaient pouvaient cependant inclure les dispositions de l'accord dans leur cadre réglementaire, législatif ou même constitutionnel. L'Inde est allée suffisamment loin dans la mise en œuvre de ce droit. Dans certaines situations graves, la Cour suprême a ainsi obligé le gouvernement à donner des aliments aux personnes qui avaient faim. Ce n'était pas l'exécutif mais le pouvoir judiciaire qui avait fait prendre les dispositions nécessaires. Jean Ziegler qui est un ami proche, pour bien des raisons, notamment idéologiques, a fait un important travail d'information et de sensibilisation dans ses fonctions de rapporteur de la Commission des droits de l'homme sur les questions de sécurité alimentaire. Mais le droit n'a de sens que s'il est sous-tendu par l'action, par des mesures concrètes pour assurer son respect. C'est pour cela que nous avons toujours voulu mener de pair les efforts pour avoir des lignes directrices pour un droit à l'alimentation et l'investissement nécessaire public et privé, national et international. Il ne faut cependant pas que ces investissements aboutissent à la spoliation des plus démunis et à l'accaparement des terres et de l'eau des pays les plus pauvres. Dans le cas contraire, on aboutirait à ce que j'ai appelé dans un article un « néo pacte colonial ». Mais nous avons besoin des investissements et les pays doivent trouver des formules appropriées pour les utiliser. Ma préférence, c'est que les pays du Tiers monde qui ont des surplus de terres et d'eau qui ne sont pas suffisamment exploitées, les apportent comme leur part au capital d'une entreprise, dans laquelle les investisseurs extérieurs fourniraient leurs ressources financières, leurs capacités de gestion et même parfois leurs marchés solvables. Ce serait ainsi une société où les deux parties pourraient travailler et bénéficier ensemble des résultats d'exploitation. Ainsi la partie nationale n'aliènerait pas ce qui est son capital. Les deux parties trouveraient leur compte dans un arrangement qu'on appelle « gagnant-gagnant », ou « win-win » en anglais. Néanmoins, les gouvernements des pays souverains font les choix qu'ils jugent les meilleurs pour leur peuple à un stade donné de leur histoire.

– Vous soulignez souvent l'importance que revêt à vos yeux l'action sur le terrain. Pouvez-vous nous en citer quelques exemples…

– Il y a d'abord des actions d'urgence. Chaque fois qu'il y a eu des problèmes climatiques ou des catastrophes naturelles, nous sommes intervenus pour aider les cultivateurs, éleveurs, pêcheurs, pasteurs, des différents pays touchés, à reconstituer leurs capacités productives pour avoir un minimum de revenus et assurer leur subsistance. Aujourd'hui, les programmes d'urgence de la FAO dépassent un milliard de dollars et nous avons deux mille experts engagés dans leur mise en œuvre. En Irak, nous sommes intervenus de manière massive. Fort heureusement, la FAO n'a jamais été citée parmi les institutions et pays qui ont eu des problèmes avec le programme « pétrole contre nourriture ». Nous avions plus de trois mille agents dans le nord de l'Irak, zone d'interdiction de vol. Nous y étions « de facto » le Ministère de l'agriculture. Au sud, nous avons soutenu le Ministère de l'agriculture dans des conditions plus classiques.

Nous avons été engagés en Indonésie, au Sri Lanka, au Bangladesh et en Thaïlande après le tsunami. Nous avons fourni des semences et des engrais, etc. Nous avons aidé les éleveurs avec des vaccins et des aliments pour le bétail. Nous avons participé à la réfection des bateaux, des barques de pêche et des systèmes de conservation des poissons, etc. Ces actions concrètes ont été faites à la demande des pays concernés.

Un autre volet important de notre programme, c'est la lutte contre les ravageurs et les maladies transfrontières des animaux et des plantes. La campagne en 2003 contre le criquet pèlerin, qui a provoqué des destructions catastrophiques de récoltes, a été conduite par la FAO. Elle a dû faire face à des épizooties comme l'influenza aviaire dans le monde avec ses partenaires, l'Office international des épizooties de l'Organisation mondiale de la santé animale (OIE) et l'Organisation mondiale de la santé (OMS). Certaines maladies animales étaient en outre transmissibles aux humains. Il fallait les attaquer à la base, avec des programmes préventifs en Afrique, au Moyen-Orient, en Amérique latine. En Europe et en Amérique du Nord, cette prévention a permis d'éviter les catastrophes. Aujourd'hui il y a encore des situations endémiques d'influenza aviaire dans un pays au Moyen-Orient et dans un autre en Asie. Nous avions prévenu les pays mais ils n'avaient pas réagi à temps. Le Comité européen de la fièvre aphteuse de la FAO avait lancé, en janvier et février 2001, des alertes sur les risques de propagation sans que les dispositions appropriées ne fussent prises. Le coût du traitement d'abord et ensuite de l'abattage des animaux dans les différents pays européens s'est élevé à 20 milliards de dollars.

Les consommateurs doivent aussi être protégés et les partenaires commerciaux disposer de bases scientifiques claires pour le règlement des différents sur le marché international. C'est pourquoi la FAO et l'OMS ont créé le Comité du Codex Alimentarius, afin d'établir des normes de qualité des aliments. Dans un supermarché, si le yaourt et les autres denrées périssables conditionnées ont une date de péremption, c'est grâce à une norme du Codex. La Commission internationale de protection des plantes, à la FAO, établit les normes phytosanitaires nécessaires aussi pour l'OMC.

L'Organisation a des systèmes d'information et elle prépare les statistiques mondiales sur la production, l'offre et la demande, ainsi que les prix pour les cultures, la production animale, les forêts, la pêche et l'aquaculture. Elle effectue des études sur les terres et l'eau ainsi que sur les ressources génétiques, végétales et animales. Le traité international sur les ressources phytogénétiques a permis de reconnaître les droits des producteurs et des agriculteurs. L'échange de ce matériel génétique, dans ce contexte, permet de garantir les intérêts des uns et des autres partenaires. C'est le premier Accord international du siècle et du millénaire. Nous sommes en train de préparer un code similaire pour les ressources génétiques animales.

Nous avons fait adopter le Code de conduite sur la pêche responsable, pour éviter la surexploitation des ressources halieutiques des mers.

Nous avons organisé des négociations avec le Programme des Nations Unies pour l'environnement (PNUE) pour avoir « l'accord de consentement préalable ». Ainsi, avant que les pesticides et produits dangereux ne soient envoyés dans les pays du Tiers monde, il faut à présent qu'ils donnent leur accord préalable par écrit. Il y a une liste agréée de pesticides et de produits chimiques dangereux en annexe à l'Accord. Tout ce travail dit « normatif » est fait au siège de la FAO.

Le travail opérationnel sur le terrain est tout aussi important. L'assistance technique de la FAO a permis de préparer le « Programme détaillé de développement de l'agriculture africaine », en coopération avec tous les ministres concernés. Ensuite, 51 pays ont fait une demande de soutien pour la préparation de programmes nationaux correspondants. Ils ont maintenant des programmes d'investissement à moyen terme et des profils de projets bancables pour pouvoir accéder à des financements. Dans le cadre de l'initiative de l'Aquila et de Pittsburgh, le Fonds global de l'agriculture et de la sécurité alimentaire a accordé à douze pays des financements de 485 millions de dollars sur un engagement total de 22 milliards pour la période 2009-2010-2011. Même s'il y a eu des ressources mobilisées par d'autres canaux, on est bien loin des engagements pris. La FAO participe à la préparation de 41% des projets agricoles de la Banque mondiale, et de 49%

pour le FIDA. Ses ressources semblent importantes, puisque elles atteignent par exercice biennal un milliard de dollars du budget régulier et 1,3 du programme volontaire, ce qui fait à peu près 1,3 milliard de dollars annuels. Mais, cela représente moins de 1,5 dollar par an pour chaque personne qui a faim dans le monde, alors que le seuil de pauvreté extrême est atteint avec 1,25 dollar par personne et par jour. Voilà les éléments chiffrés qui expliquent que la FAO n'est pas maîtresse des décisions d'investissement. Elle a un rôle catalytique : elle fournit des informations et facilite la sensibilisation. Elle fait des études et des analyses, établit des normes, des réseaux de connaissances et de bonnes pratiques qu'elle encourage les Etats membres à mettre en œuvre. Elle conduit des projets pilotes et des programmes d'assistance.

A l'occasion du premier Sommet mondial de l'alimentation, j'ai voulu éviter de tomber dans la situation habituelle où quelques années après des Sommets, le public ne se souvenait même plus de l'objet de la réunion ainsi que des accords obtenus et de leur suivi. Il fallait trouver un moyen pour maintenir la sensibilisation sur les décisions et l'état de leur réalisation. La Journée mondiale de l'alimentation, célébrée chaque année le 16 octobre, date anniversaire de la création de la FAO, était une opportunité pour mobiliser régulièrement les médias du monde sur ce thème. Les artistes, sportifs et intellectuels sont les vecteurs les plus importants des messages qui touchent l'humanité. Nous avons commencé à prendre contact avec un premier groupe de chanteurs à l'occasion du Sommet mondial de l'alimentation de 1996 : Khaled et Youssou NDour, notamment. Ils ont bien voulu accepter de participer à un spectacle populaire au cours d'une soirée sur la place du Colisée et sont devenus des Ambassadeurs de bonne volonté de la FAO. Progressivement, ce programme a été mieux organisé, structuré et systématisé. Nous avons associé les médias, les sociétés de communication et de publicité, nommé d'autres Ambassadeurs et Ambassadrices. Ils ont effectué des visites filmées dans des projets sur le terrain.

Des spectacles ont été organisés et diffusés par la télévision, les années suivantes en Italie, en Espagne, en Jamaïque, à Monaco etc.

Nous avons aussi organisé des matchs amicaux de football, à Rome en présence de Pelé et d'autres artistes. Des accords ont été signés avec la Ligue espagnole puis européenne de football qui a décerné, l'année dernière, au Directeur général son prix de l'action humanitaire. En un seul week-end, près de deux cent matches de football ont été organisés en Europe. Les sifflets et les maillots avec le nom de la FAO et de la campagne « Un milliard d'affamés » ont été utilisés à cette occasion. La Ligue africaine de football, celles d'Amérique du Sud, d'Asie et du Pacifique ont aussi signé un accord avec l'Organisation. La prochaine Coupe d'Afrique des Nations (CAN) devrait être l'occasion d'une série d'activités de promotion. Des programmes seront organisés à l'occasion des matchs de football. Les marathons ont également été utilisés pour enrôler des coureurs dans le programme de communication.

Deux semaines avant le Sommet mondial de novembre 2009, la presse ne parlait pas du tout de cet évènement. J'ai donc décidé de lancer un appel à la grève de la faim. J'ai naturellement donné l'exemple. Le Secrétaire général des Nations Unies s'est joint à cette initiative, de même que le maire de Rome, des lycées, etc. Cela a provoqué un grand intérêt des médias. Nous avons continué cette opération sur Internet avec « Un milliard de personnes ont faim dans le monde », en utilisant les réseaux sociaux, notamment Facebook et Twitter. L'objectif était d'obtenir 1 million de signatures. Nous avons dépassé 3,6 millions. Nous avons décidé de prolonger la campagne au-delà de la Conférence, jusqu'à la prochaine Journée mondiale de l'alimentation, au mois d'octobre.

– La FAO travaille en synergie avec d'autres organismes œuvrant dans le domaine de l'agriculture, de l'alimentation, du commerce agricole, notamment avec le PAM et le FIDA qui se trouvent elles aussi à Rome, mais également avec d'autres organisations régionales ou mondiales situées ailleurs…

– En 1945, c'est la FAO qui a été créée et ses textes de base ont été ratifiés une semaine avant ceux de l'Organisation des Nations Unies. D'autres institutions ont été créées par la suite, celles de Bretton Woods, pour aider au financement du développement. La reconstruction au lendemain de la guerre, tout comme notre action, était centrée sur l'Europe, et ensuite sur le Japon.

C'est seulement avec les indépendances des années soixante que les pays du Tiers monde sont devenus une zone prioritaire. D'autres mécanismes de financement du développement ont été mis en place, les banques régionales : interaméricaine à Washington, asiatique à Manille, africaine à Abidjan, européenne à Londres. Le Fonds européen de développement à Bruxelles mobilise des ressources importantes pour les pays ACP.

A l'occasion de la Conférence mondiale de l'alimentation en 1974, plusieurs organismes ont été créés pour renforcer ou démultiplier l'action de la FAO. Le Programme alimentaire mondial, mis en place au départ pour une période d'essai de trois ans, a vu son existence prolongée pour faire face aux besoins d'urgence alimentaire provoqués par des conflits et des catastrophes naturelles. Le Conseil mondial de l'alimentation a été supprimé après quelque temps par deux résolutions de l'Assemblée générale des Nations Unies et de la Conférence de la FAO. Le Groupe consultatif pour la production et l'investissement alimentaires dans les pays en développement (CGFPI) a disparu au bout de quelque temps. Plus tard, d'autres organisations vont naître, le Fonds international de développement agricole (FIDA) devait permettre de recycler les pétrodollars après la crise de 1972. Il comporte trois groupes, les pays pétroliers, les pays développés et les pays bénéficiaires. Il était convenu que le siège serait dans un pays développé, Rome a été choisie parce qu'il y avait déjà la FAO et le PAM. Le Président serait d'un pays de l'OPEP. Cette règle a été respectée avec l'exception de l'élection de Monsieur Lennart Bäge de la Suède en 2001. Un dirigeant d'un pays de l'OPEP, le Nigéria, a pris sa suite. Le FIDA finance, avec des prêts à taux faible, l'agriculture et surtout les petites exploitations agricoles.

Le Comité de sécurité alimentaire mondiale (CSA) a un caractère universel. Il comprend des États membres de la FAO et des Nations Unies. Une réforme récente permet la participation, non seulement des gouvernements, mais aussi du secteur privé, des organisations professionnelles, de la société civile et des ONG. Les autres partenaires du système des Nations Unies et de Bretton Woods, la Banque mondiale, le FIDA, le PAM, la CNUCED et l'OMC ont été invités à jouer un rôle actif dans ses travaux. Un Bureau assure maintenant la continuité de l'existence de l'institution entre les sessions. En outre, un Comité d'experts de haut niveau lui apporte des avis scientifiques. Il est composé de scientifiques qui souvent étaient déjà dans les comités sectoriels de la FAO (agriculture, pêche et aquaculture, produits, objectifs du millénaire, etc.). Il reste encore à régler la question de l'interface avec les structures nationales. Ce système est complété par des mécanismes de transparence des marchés « Système d'information sur les marchés agricoles » (AMIS) (Agriculture Market Information System) et « Forum de réaction rapide »(FRR), (Rapid Reaction Forum) en cas de crise, établis par les ministres de l'agriculture du G-20, sous la Présidence française en 2011.

Le groupe consultatif de la recherche agricole internationale coordonne les actions d'investigation scientifique. Ses centres sont spécialisés sur le riz, le blé, le maïs, la pomme de terre, les cultures maraîchères et fruitières, etc.

Dans le secteur des échanges, il y a l'Organisation mondiale du commerce (OMC) et la – Conférence des Nations Unies sur le Commerce et le Développement (CNUCED).

Ainsi, il y a d'un côté les problèmes de l'agriculture, et de l'autre les solutions éparpillées dans de nombreuses institutions qui ont leur pouvoir de décision spécifique.

– En plus de cette coopération institutionnelle avec les Etats membres, vous tenez à entretenir des relations aussi bien avec les organes législatifs qu'avec les représentants des sociétés civiles, syndicats, association et, de manière spécifique, avec les organisations regroupant les femmes rurales. Pourquoi cette large attention diversifiée ?

– Ancien parlementaire, j'ai veillé à établir des relations avec les États membres qui dépassent le cadre de l'exécutif en associant le législatif à nos actions. L'Union interparlementaire a participé à la préparation des différents Sommets. Nous avons même organisé conjointement, à Bruxelles, une réunion sur la sécurité alimentaire mondiale, après la Conférence de 1996. Dans le même cadre, nous travaillons aussi avec le parlement de l'Union européenne, et certains de ses différents comités, en particulier : relations extérieures et agriculture. Dans certains pays, nous sommes invités à faire des présentations spécifiques, notamment devant la Commission des affaires étrangères en France, etc. Il y a des organisations parlementaires sous-régionales, mais jusqu'à présent nous avons essayé de travailler au niveau mondial.

Le groupe agriculture du Forum économique global de Davos, avec le soutien du maire et de l'Expo de Milan, a facilité l'organisation d'une grande réunion du secteur privé préparatoire au Sommet de 2009. Les organisations professionnelles agricoles, appuyées par la Fédération internationale des producteurs agricoles (IFAP), qui vient de changer de statut juridique, coopèrent aussi étroitement avec la FAO. Au Mexique, j'avais présenté le programme spécial et les programmes nationaux de sécurité alimentaire au Président de la République. Il avait bien voulu soutenir une mise en œuvre dans son pays dans le cadre de son programme de développement des microrégions pauvres comme le Chiapas. J'avais expliqué aussi le programme à la commission de l'agriculture et à celle des affaires étrangères du Congrès. Aujourd'hui, les financements sont fournis directement par ce parlement à travers des propositions émanant du législatif et non des projets de loi présentés par le Gouvernement. Les Gouverneurs des régions apportent aussi le concours de leurs budgets locaux.

La société civile et les ONG ont joué un rôle crucial dans la réforme du CSA et dans la prise en compte des intérêts des petits agriculteurs pauvres au cours des discussions pour aboutir à des décisions internationales. Elles sont associées aux travaux des conférences régionales de l'organisation qui ont lieu tous les deux ans. Ces instances ont été renforcées récemment. Le Président élu conserve maintenant sa fonction jusqu'à la session suivante. La société civile et les ONG ont participé aux actions de sensibilisation. Leur capacité de critique des gouvernements leur permet d'aborder des questions délicates pour une Organisation intergouvernementale. Ce sont des partenaires très importants dans notre combat contre la faim. Une stratégie de coopération avec le secteur privé et une avec les ONG avaient été approuvées par l'Organisation, après consultation avec les différents partenaires. J'avais veillé à être présent au Forum économique mondial de Davos. Mais pendant cinq ans, je n'y allais plus parce que je ne voyais pas son impact sur le travail et les objectifs de la FAO. Après la crise alimentaire mondiale de 2007, il y eut un nouvel intérêt pour les questions agricoles au Forum. Des réunions de groupes et des événements spéciaux ont été organisés sur l'agriculture et la sécurité alimentaire, l'eau et le développement durable. J'ai pu, à ces occasions, faire la connaissance de grands acteurs privés du secteur.

Le rôle des femmes est d'une grande importance pour la production alimentaire mondiale et dans les pays en développement. Ces dernières représentent 43% de la main-d'œuvre agricole. La FAO avait commencé, bien avant ma prise de fonction, à organiser la collecte des statistiques sur le rôle des femmes dans ce secteur. La science est quantitative car il faut des informations chiffrées pour concevoir des actions rationnelles. C'est ainsi qu'il a été possible de déterminer leur part dans la production, la commercialisation et la nutrition, mais aussi de connaître leur degré d'accès aux facteurs de production, terre, eau, intrants, formation, etc. Ces premières données de la FAO approfondies et améliorées, sont aujourd'hui la base de l'analyse critique de la place des femmes et des propositions pour améliorer leurs conditions de vie. Dans nos différents projets, les actions ciblent maintenant spécifiquement les femmes qui représentent plus de la moitié de la population mondiale. Le rapport FAO sur l'état de l'agriculture dans le monde en 2010-2011 : « Le rôle des femmes dans l'agriculture » a démontré leur rôle capital dans l'agriculture des pays du Tiers monde et évalué leur contribution à l'éradication de la faim dans le monde. Il a montré que si elles bénéficiaient du même accès aux facteurs de production que les hommes, le nombre d'affamés dans le monde diminuerait de 12 à 17%, soit de 100 à 150 millions de personnes.

– Au terme de votre dernier mandat, comment voyez-vous l'avenir de la FAO et sur quels axes peut se développer son action dans le futur ?

– Je voudrais d'abord parler des jeunes qui abandonnent l'activité agricole et rurale pour aller vers les villes et émigrent vers d'autres pays afin d'avoir des conditions de vie décentes. Il faut tenir compte du vieillissement du monde rural. Il faut améliorer les revenus, mais aussi l'accès aux commodités modernes : électricité, eau, santé, éducation. C'est un enjeu majeur du développement spatial des pays, avec des incidences importantes sur la préservation de la nature et le développement durable. Nous avons réussi à faire inscrire ces préoccupations dans les négociations sur le changement climatique à Bali, à Copenhague, à Cancun. Les forêts ont été prises en considération avec les programmes REDD et UN-REDD. À Durban, nous allons essayer d'obtenir la discussion du rôle des cultures, de l'élevage, de la pêche et de l'aquaculture, de même que celui des sols et de l'eau dans le changement climatique, l'adaptation et l'atténuation des émissions de gaz à effet de serre. Nous sommes dans un monde qui évolue rapidement, avec de grands bouleversements. Il est devenu un village planétaire et les mesures prises au cours des grandes discussions internationales auront des conséquences globales qui concernent chaque être humain. L'impact des communications est grand, notamment celui d'Internet et des réseaux sociaux, de même que l'irruption du « cloud computing », qui sonne la fin des serveurs individuels.

Les appareils mobiles cellulaires, les Iphone, Ipad, etc. qui sont maintenant de véritables micro-ordinateurs portables, vont révolutionner la vie des agriculteurs aussi. Grâce aux capteurs photovoltaïques, ces techniques sont accessibles en milieu rural et dans les bateaux des pêcheurs. La dispersion et la distance ont toujours été les grands problèmes de l'agriculture et du développement rural. En matière de communication au moins, ces contraintes sont en train d'être levées. Un horizon sans limite s'ouvre pour l'acquisition, la transmission et l'utilisation de la connaissance. Comment remettre en cause nos structures mentales, notre « modus operandi », notre approche des problèmes séculaires pour nous adapter à ce nouveau monde ? C'est un grand défi. Dès ma nomination au poste de Directeur général, j'ai ordonné la standardisation du matériel, ainsi que des logiciels et programmes informatiques de l'Organisation. Ce n'était pas facile de changer les habitudes mais j'ai été ferme en disant que « Chacun pouvait acheter son ordinateur et en faire ce qu'il voulait à ses frais, mais pour les machines de la FAO, c'était l'Organisation qui faisait les choix. ». Une masse d'informations était stockée depuis 1945 et même plus longtemps si l'on tient compte des institutions qui ont précédé la FAO, comme l'Institut international d'agriculture dont les bibliothèques (David Lubin) et les fonds documentaires ont été donnés à l'Organisation. Nous avons hérité de ces informations sous forme d'écrits, de plans, de photos, de sons, d'images, etc. Nous avons à la FAO une grande partie des connaissances humaines en matière d'agriculture et de développement rural. Pendant ces dix huit dernières années, nous avons beaucoup modernisé l'Organisation, en passant par les installations électriques et les équipements pour la climatisation, les salles utilitaires et de réunions, les activités médiatiques, et les téléconférences, les dispositifs de sécurité, etc. Nous avons maintenant une bibliothèque moderne dont les ouvrages sont protégés du feu et de l'eau. Ils pouvaient disparaître du jour au lendemain si ces équipements n'avaient pas été obtenus. Grâce à l'aide du Gouvernement italien, mais aussi des autres pays, des salles de conférences et des complexes utilitaires ont été créés ou rénovés. Nous avons bénéficié de financements extérieurs, qui ont permis de ne pas dépenser les ressources du budget de la FAO pour ces importants investissements.

La combinaison des documents accumulés pendant des décades et de l'outil informatique permet de traiter les informations et de les mettre sur des supports électroniques, afin de les conserver et de les diffuser. C'est une grande chance. Au début, je suis allé trop vite. On a même fait venir des élèves et des étudiants pendant les vacances pour commencer à faire ce travail, mais les technologies n'étaient pas encore au point. Maintenant, on dispose de systèmes pour « scanner » les documents et les mettre directement sous forme électronique. De grandes sociétés informatiques sont d'ailleurs en train de faire ce travail de recensement et de stockage des connaissances mondiales afin de les mettre en ligne pour les usagers. Peut-être mon successeur, moi je n'ai pas eu le temps, négociera avec ces grandes institutions qui sont en train de digitaliser les ouvrages des grandes bibliothèques et librairies du monde et même celle du Congrès des Etats-Unis. Il est nécessaire de digitaliser les connaissances qui sont à la FAO, pour les rendre accessibles de n'importe quelle partie du monde. En combinant cette mine de données avec les moyens de traitement et de diffusion qu'offrent les technologies modernes de l'information, l'Organisation est maintenant capable d'atteindre les populations de 191 nations membres.

L'autre atout de la FAO c'est la multidisciplinarité de son expertise qui permet de faire les choix stratégiques et de déterminer les priorités dans la recherche de solutions aux problèmes fondamentaux. Une approche multisectorielle est en effet indispensable dans un contexte où il faut doubler la production alimentaire des pays en développement d'ici 2050 et augmenter de 70% celle du monde.

Il faut aussi améliorer la qualité nutritionnelle et diminuer l'obésité qui s'étend maintenant au Tiers monde. Les risques de contamination des aliments, comme la dioxine pour les volailles, sur toute la chaîne alimentaire, posent des problèmes de plus en plus sérieux pour un système commercial mondialisé où les distances entre les sites de production et les centres de consommation sont désormais sans limite. J'ai proposé à ma collègue, Directrice de l'OMS, d'organiser une Conférence mondiale en 2012 sur la nutrition, vingt ans après la première organisée en 1992 conjointement avec la FAO. Le PAM et l'UNICEF ont été sollicités comme partenaires dans cette initiative. Avec le Codex Alimentarius, organe conjoint de la FAO et de l'OMS, nous établissons des normes pour protéger les consommateurs des contaminations et des pollutions mais aussi des produits toxiques. La consommation du tabac et du sucre constitue un autre front car ce sont des produits agricoles, mais dont l'usage provoque des effets dévastateurs sur la santé. La question des organismes génétiquement modifiés nous interpelle du point de vue scientifique et technique, mais aussi économique et éthique. J'ai fait une communication à l'Académie des sciences de France, le 12 octobre 1998, sur ce thème. J'ai essayé de démontrer que ce n'était pas seulement un problème scientifique, mais existentiel, car au niveau du gène, il n'y a pas de différence entre l'être humain, l'animal et la plante. La biotechnologie dépasse les OGM. Les techniques d'amélioration, notamment avec les marqueurs, les cultures tissulaires, les transferts d'embryon, la production d'éléments actifs par stimulation cellulaire sont utilisées couramment. Les OGM ont permis des avancées importantes dans l'accroissement de la productivité, et la lutte contre des maladies et les dégâts des insectes ou déprédateurs. Mais dans certains cas, l'introduction d'OGM a entraîné des résistances de la part des plantes sauvages. La FAO a mis en place, avec l'OMS, un Comité ad hoc du Codex Alimentarius sur les produits dérivés des OGM, pour avoir un consensus sur ces questions, mais sans succès à ce jour. L'autre question d'actualité c'est l'éthique en agriculture. Nous avons créé un Comité chargé de ce thème, à l'instar de ce qui a été fait en médecine et en biologie. Nous avons choisi des experts venant d'horizons divers pour avoir des avis reposant sur une vision stratégique du sujet. Il s'agit de l'humain sous ses différentes facettes : biologique, émotionnelle et spirituelle.

Enfin, il y a eu la première réforme du système des Nations Unies, réalisée entre les pays membres et la direction de l'Organisation, basée sur une évaluation externe qui a duré deux ans. Le plan immédiat d'action a été mis en œuvre dans de bonnes conditions, il doit se terminer à la fin de 2011. La deuxième phase se déroulera au cours de l'exercice biennal 2012-2013, sous la responsabilité de mon successeur.

– Quelles furent les personnalités africaines et internationales qui vous ont le plus impressionné au cours de l'exercice de votre mission au service de la communauté internationale ?

– Je voudrais commencer par Mandela, que j'ai eu le privilège de voir à deux reprises chez lui, à Johannesburg en Afrique du Sud et à Maputo au Mozambique. Il avait eu la délicate attention de demander à son assistante de venir me chercher à l'aéroport pour me conduire à l'Hôtel Sandton. La première rencontre a été une révélation. Je connaissais son itinéraire et je savais qu'il est l'un des plus grands héros de notre siècle. Mais j'ai surtout eu à cette occasion un entretien avec l'homme, pas le chef d'Etat, pas le dirigeant de la lutte anti-apartheid, pas le prisonnier politique qui a souffert à Robben Island site, que j'ai visité quelques années plus tard jusque dans sa cellule. J'ai été reçu par un aîné, avec cette simplicité désarmante, cette gentillesse souriante et cette sérénité apaisante. Il m'a mis tout de suite à l'aise. Sa petite-fille est venue nous servir du thé et nous avons parlé de différents sujets. En plus de la coopération entre l'Afrique du Sud et la FAO, deux questions ont été abordées. J'ai profité de l'occasion pour lui faire signer son livre « *La Longue marche* ». C'est l'un des plus précieux ouvrages dédicacés que j'ai en ma possession. Vers la fin de l'entretien, il m'a dit : « Monsieur Diouf, j'ai l'impression que les gens ne sont pas toujours raisonnables. ». J'ai demandé : « Mais pourquoi, Monsieur le Président ? ». Il m'a répondu : « Vous savez, ils font pression sur moi pour que je me présente à un second mandat, malgré mon âge, les épreuves que j'ai endurées et la fatigue que je ressens. Ce grand pays avec sa jeunesse, ses nombreux problèmes et tous ses défis a besoin de quelqu'un de plus vigoureux, qui soit physiquement apte à faire face aux obligations de cette tâche vitale de reconstruction de la nation. Je ne comprends pas pourquoi ils insistent. » Je lui ai répondu tout de suite : « Monsieur le Président, vous savez combien sont grands notre affection, notre respect et notre admiration pour vous. Vous êtes devenu un symbole, non seulement pour l'Afrique, mais pour toute l'humanité. Je me permets donc, humblement, de vous dire qu'il faut partir. Parce que, c'est Mandela qui apporte quelque chose à la Présidence de la République de l'Afrique du Sud et pas l'inverse. Je ne vois pas pourquoi vous devriez rester à ce poste avec tous les aléas de la magistrature suprême. » J'ai été très heureux quand il a décidé de ne pas se représenter et d'organiser les conditions d'une passation démocratique du pouvoir. A ma grande surprise, à ma sortie de cette première audience avec Mandela, aucun photographe ne m'attendait pour immortaliser cette rencontre. C'étaient les premiers moments de l'indépendance et la FAO n'avait pas encore de représentation en Afrique du Sud. Les services des Nations Unies, chargés de m'apporter une assistance, n'y avaient pas pensé. J'étais triste et pas très content vis-à-vis de mes collègues. Je n'ai donc pas manqué la deuxième occasion lorsque nous nous sommes retrouvés ensemble, au Mozambique. A cette occasion, nous avons surtout parlé de l'Afrique. Il m'a dit : « Monsieur Diouf, c'est vous qui êtes responsable de l'avenir de l'Afrique. C'est le travail que vous allez réaliser aux niveaux national, régional et international qui va permettre de bâtir un continent où il y aura la liberté, la démocratie et surtout où les populations vont voir leurs conditions de vie s'améliorer. » Je n'ai pas oublié ce message. Naturellement, à la sortie j'ai multiplié les photographies et j'en ai gardées plusieurs avec moi. J'ai eu aussi l'occasion d'avoir d'autres conversations avec lui au cours de réunions internationales, notamment de l'Union africaine et des « Non-alignés ».

– Deux autres personnalités africaines que beaucoup de choses séparent : caractères, opinions, langues et que vous réunissez pourtant dans une même considération…

– Tout d'abord, ce sont des pères de l'indépendance de leurs pays respectifs. Ils sont contemporains et ils ont contribué à la création de l'Organisation de l'Unité africaine. J'ai eu davantage de contacts avec le Président Houphouët-Boigny. D'abord parce que la Côte d'ivoire faisait partie de l'Association pour le Développement de la Riziculture en Afrique de l'Ouest (ADRAO). Après mon élection, le Président Senghor m'avait donné un message à lui remettre pour que je sollicite son soutien et ses conseils dans l'exercice de mes fonctions de responsable de cette Organisation régionale. Il était à

Yamoussoukro qui demeurait encore un petit village. Il a eu la gentillesse d'envoyer son hélicoptère me chercher à Abidjan. Il s'est écrasé quelques semaines plus tard entraînant la mort d'un homme d'affaires suisse à son bord. Au cours de cette rencontre, il m'a montré les plans et la maquette de la grande ville que Yamoussoukro allait devenir. J'avais été très impressionné par sa vision et la rigueur avec laquelle les études conceptuelles et d'exécution avaient été faites. Nous avons déjeuné à sa table et il avait veillé à ce qu'un plat sénégalais soit servi, du « Tiebou Dienne », et un plat ivoirien, du « foutou ». Malgré mon goût immodéré pour mon plan national, j'ai choisi le foutou. C'était un de mes premiers exercices de diplomatie gastronomique à l'égard d'un chef d'Etat. Ensuite, il m'a présenté Emmanuel Dioulo qui allait devenir un grand homme politique ivoirien, malheureusement, aujourd'hui décédé. Il nous a conseillé de nouer de bons rapports entre jeunes cadres du Sénégal et de la Côte d'ivoire, car il pensait que tant qu'il y aurait l'entente entre ces deux pays, la stabilité dans la sous–région serait assurée. Il nous encourageait à commencer ces relations au niveau personnel. Après le repas, il m'a emmené voir ses champs et ses projets agricoles. Cette visite était révélatrice de la priorité qu'il accordait à l'agriculture. Elle a été la base de tout le développement de ce pays à cette époque et de ce qu'on a appelé « le miracle ivoirien ». La production du café, du cacao, des bananes et de l'ananas, mais aussi du riz et des fleurs coupées ont été les fers de lance de la croissance économique fulgurante du pays. Au cours de nos conversations, il m'a appris deux choses. Premièrement : ses projets avaient été réalisés avec le financement de l'Union européenne, parce qu'au départ il avait réussi, sur des ressources propres, des opérations pilotes démontrant que cela était possible. Ensuite, il a fait venir les partenaires pour leur demander de financer l'extension des superficies déjà réalisées ; deuxièmement : pendant la période coloniale et les premières années de l'indépendance, les ingénieurs français avaient une propension à faire les cultures sur les collines. Il avait cependant compris qu'en Asie, le développement se faisait dans les bas-fonds, là où il y avait de l'eau. Sur les collines, il n'y a que les pluies saisonnières mais dans les bas-fonds, il y a de l'eau qui stagne en permanence. Donc c'est grâce aux aménagements hydro-agricoles qu'il avait faits avec le concours des experts des pays asiatiques, qu'il avait pu créer les conditions d'une agriculture s'étendant sur toute l'année et moins dépendante des aléas climatiques. Quelques années plus tard, j'ai repris contact avec le Président Houphouët-Boigny. Abdou Diouf, devenu Président de la République, avait décidé de présenter ma candidature au poste de Directeur général de la FAO. Il m'a reçu avec son neveu, Charles Konan Banny qui était mon ami et avait facilité le contact dans un cadre familial. Le Président Houphouët-Boigny était alors très malade. J'étais malheureux de le voir marcher avec difficulté. Cet entretien a eu lieu sur la terrasse de sa résidence. Il m'a confirmé la réception de la lettre du Président Abdou Diouf. Il a promis qu'il allait soutenir ma candidature. Il avait suggéré que le Président consulte les Chefs d'Etat des pays voisins de l'Afrique de l'Ouest pour obtenir leur concours en vue de solliciter l'appui des autres pays du continent. Quelques années plus tard, alors que je venais d'être élu et de recevoir sa lettre de félicitations, j'ai appris la triste nouvelle de son décès. Je suis allé aussitôt à Abidjan pour ses obsèques. Je garde un souvenir ému de ce dernier contact que j'ai eu avec l'un des grands hommes et un des sages du continent africain.

Je n'ai pas connu le Président Nyerere lorsqu'il exerçait ses fonctions de Président de la République parce qu'il avait eu la sagesse, comme Senghor, de savoir partir à temps. Nous nous sommes retrouvés à deux occasions, une fois c'était au cours d'une réunion internationale à Vienne. Nous étions dans le même Hôtel Sacher, célèbre pour son chocolat. La seconde fois, c'était au cours du Sommet de l'Union africaine à Alger. Preuve de son humilité, quand je suis arrivé dans la salle en session à huis clos, je me suis assis sur un siège vide n'ayant pas réalisé que c'était sa place. A son arrivée, tout naturellement, il est allé se mettre à une place à l'arrière. A un certain moment, un de mes voisins, Lansana Kouyaté, Directeur général de la CEDEAO s'est retourné et a demandé où était le Président Nyerere dont j'occupais le siège. Je me suis levé pour aller présenter des excuses au Président et le prier de reprendre sa place. Il n'a pas voulu. Je me suis donc assis à côté de lui et nous avons commencé à converser. J'en ai profité pour lui exprimer toute mon admiration, d'abord pour avoir eu le courage de réaliser qu'il fallait préparer la relève démocratique, ensuite pour l'avoir fait dans des conditions qui assuraient une continuité de son éthique de gouvernement. Il s'était en effet opposé à la prise du pouvoir par certains dirigeants du parti, qui n'avaient pas toute sa confiance pour défendre les valeurs morales qui lui avaient valu le respect international. Il était très heureux de mes propos et il m'a dit que les jeunes Africains devaient continuer à servir leurs peuples, car le rôle des dirigeants c'est de servir et non de se servir.

– C'était aussi un grand pédagogue. Ce qui lui valut le surnom de « Moualimou » ...

– C'était un enseignant, et comme Senghor, il l'est resté dans ses fonctions politiques et gouvernementales. Il a utilisé des méthodes pédagogiques pour former et guider son peuple. Je pense toujours à lui avec un profond respect pour son honnêteté intellectuelle. Quelques années après sa retraite politique, il a reconnu que les choix économiques qu'il avait faits, n'étaient pas les bons. Mais il a permis l'accès à l'indépendance d'un pays où le droit, les règles et les institutions étaient respectés. En outre, il a échappé à la tentation trop répandue de l'attrait des richesses et de leur accaparement par les dirigeants.

– Pour ne pas quitter l'Afrique, vous avez également eu la possibilité de connaître et de vous entretenir avec feu Sa Majesté le Roi Hassan II du Maroc ...

– Je suis allé au Maroc immédiatement après ce Sommet de l'Union africaine à Alger, parce qu'il y avait évidemment la proximité géographique et aussi pour des raisons liées à l'histoire. Le Maroc n'était plus membre de l'Organisation de l'Unité africaine. J'avais eu l'occasion de rencontrer les autres Chefs d'Etat de mon continent à Alger et je comptais en faire autant avec le Souverain marocain. Cette fois, je n'ai pas vu Sa Majesté Hassan II, parce que presque tous les Chefs d'Etat ont eu le même réflexe et se sont rendus à Rabat. Le Roi a eu la délicate attention de dire que le Directeur général de la FAO étant venu lui rendre visite au moment où il devait recevoir un grand nombre de ses pairs, il allait demander à ses deux fils de me recevoir à dîner chez eux. Il faudrait ensuite organiser un voyage officiel pour qu'il puisse de me recevoir de manière appropriée. C'est ainsi que j'ai fait la connaissance du futur Roi Mohamed VI et de son frère, le prince Moulay Rachid. Ce fut un repas très agréable avec un excellent couscous à la fin. Je me souviens toujours en souriant d'une question du prince qui m'a demandé si j'étais venu avec mon avion. J'ai pensé que le statut de prince et de fils du Commandeur des croyants était très différent de celui du Directeur général de la FAO, qui est comme le commun des mortels et qui est chargé de la lutte contre la faim dans le monde. A ce titre, il doit utiliser des vols réguliers de compagnies aériennes. Je suis revenu à Rabat plusieurs fois dans le cadre de visites officielles. A une occasion, c'était pour remettre la médaille Agricola au Roi pour les succès qu'il avait eus dans sa politique de maîtrise de l'eau. Mes hôtes marocains ont considéré comme inhabituel le fait qu'à cette occasion il m'ait donné l'accolade, en séance publique officielle devant les télévisions. Mais je pense que c'est à cause des relations traditionnelles qu'il y a toujours eu entre les pays de l'Afrique du Nord et le Sénégal. Il a ajouté à la fin de la cérémonie que les Marocains doivent remercier le Bon Dieu, parce que presque toutes les sources de leurs cours d'eau sont dans leur pays. Il savait que 40 % des cours d'eau douce sont transfrontières, et était conscient du potentiel de conflit qui en résultait. J'ai donc compris la logique de son raisonnement. Mais il a tenu à l'expliciter lors de l'entretien diffusé par les médias. Quelques temps après, il a été rappelé à Dieu. Il y avait une participation très importante de la communauté internationale et des dirigeants du monde quand j'ai été aux obsèques. J'ai surtout retenu le fait qu'il avait compris l'importance vitale de la maîtrise de l'eau. Ce qui semble être une évidence mais qui n'est malheureusement pas la priorité des politiques de beaucoup de dirigeants. On ne peut pas faire une agriculture sûre et productive si on ne maîtrise pas l'eau.

– *Vous avez également connu le Roi Hussein de Jordanie …*

– Oui, le Roi Hussein a eu aussi l'amabilité de me recevoir en audience à l'occasion d'une Conférence régionale de la FAO tenue dans son pays. Il était doué d'un sens aigu de la mesure. Il avait réalisé à quel point son pays était dans une situation délicate. Il devait gérer différents équilibres ethniques notamment entre les tribus bédouines et les populations palestiniennes. Il avait aussi à relever un défi géopolitique du fait de sa position à un endroit stratégique pour les relations entre les pays arabes et Israël, et du rôle névralgique du port d'Aqaba dans le commerce régional et international. Il avait invité la FAO à organiser le dialogue entre les pays de la sous-région pour discuter des problèmes communs de sécurité alimentaire et de développement durable mais aussi du problème de l'eau. Le Roi a beaucoup insisté sur la nécessité d'avoir une gestion commune de cette ressource, puisque les cours d'eaux locaux traversent plusieurs pays. Il avait sollicité le soutien de l'Organisation pour préparer les études techniques et scientifiques devant servir de base aux décisions politiques relatives à l'utilisation des ressources hydriques de la région.

– Vous aviez également apprécié l'échange avec l'ancien Président de la République Iranienne, Monsieur Khatami ...

– J'ai eu l'occasion de rencontrer deux fois le président Khatami, à Téhéran et puis à Rome. Je m'attendais à voir un dirigeant religieux, austère et distant dans les rapports humains. Mais il était ouvert et souriant. Il insistait sur le rôle de l'agriculture pour assurer l'emploi. Il précisait que le pétrole donnait des ressources financières, mais en soulignant la dimension historique et culturelle de l'agriculture dans le pays. Il promettait de renforcer les investissements dans le secteur, à un moment où avec l'accroissement de la population mondiale, il y aurait de plus en plus de difficultés pour satisfaire les demandes alimentaires par les importations. J'ai gardé le souvenir d'un intellectuel plus que d'un religieux et d'un grand dirigeant politique, affirmant ses convictions mais suffisamment sûr de lui-même pour accepter l'ouverture et le dialogue avec les autres.

– parlait-il de la « Révolution verte » que le Shah avait lancée sans réussite et qui fut un des éléments de la révolution contre son régime ?

– En réalité dans un langage différent, il a indiqué la nécessité de développer une agriculture s'appuyant sur la maîtrise de l'eau avec la multiplication des différents barrages dont certains étaient des ouvrages traditionnels des temps anciens. Je pense que le Shah avait eu un problème de fossé culturel avec une population très religieuse. Il suffit de voir les Iraniens à l'occasion des fêtes religieuses, se flageller jusqu'au sang ou transpirer dans le froid en chantant les louanges de Dieu et de son prophète, pour mesurer à quel point ils sont profondément croyants. Les dirigeants avaient les yeux braqués sur les indicateurs macro-économiques et la réalisation des infrastructures. Je me souviens du dîner que j'ai eu avec Amir-Abbas Hoveyda, le Premier ministre, à l'occasion d'un voyage effectué pour porter un message du

Président Senghor au Shah Inshah. J'étais alors à l'ADRAO, et je n'avais pu arriver à temps à Téhéran parce que j'avais eu un problème médical qui m'avait retardé à Bahreïn, où j'ai dû subir une petite opération à l'hôpital américain. Le Shah Inshah qui m'avait fixé un rendez-vous, m'a fait dire que malheureusement il était obligé de quitter la capitale parce qu'il avait d'autres engagements. Il me demandait de remettre le message à son Premier ministre qui a mis à notre disposition un avion pour le retrouver dans sa résidence de la Mer Caspienne. Quand nous sommes passés à table, il a voulu me servir du vin. Je l'ai remercié en disant que je ne buvais pas d'alcool. Il m'a demandé pourquoi et j'ai répondu que c'était parce que j'étais musulman. Il me rétorqua que ce n'était pas une raison pour ne pas boire du vin. J'ai pensé qu'il n'avait pas la même conception de la religion que celle de ses compatriotes que j'avais vus dans le pays, même si je connaissais les poèmes d'Omar Khayyam à la gloire de cette liqueur. Je venais d'acheter dans une librairie de la capitale des ouvrages sur les ordres en Islam, l'illuminisme, le soufisme et leur influence sur les confréries religieuses. J'ai donc réalisé le décalage immense entre l'Iran très moderne de l'Hôtel Hilton avec sa jeunesse dorée qui dansait dans le night-club au rythme des tubes de l'Occident et une population profondément ancrée dans les pratiques millénaires de la foi qui semblait vivre sur une autre planète. Je n'ai pas eu à me poser beaucoup de questions quand j'ai vu le succès de la révolution khomeyniste, à partir de Neauphle-le-Château qui a balayé les services de sécurité extrêmement puissants et omniprésents durant notre promenade digestive après le repas. L'Iran, à cette époque, était déjà ouvert à la coopération avec le Sénégal. Il avait commencé des programmes importants d'investissement, notamment dans les raffineries de pétrole, les ports en eaux profondes, les chemins de fer, etc. Je dirigeais une organisation internationale, mais ce sont ces relations privilégiées qui avaient justifié mon déplacement dans le pays qui venait de célébrer avec faste les splendeurs de Persépolis sous le Roi Darius.

– L'autre puissance régionale est, dans cette zone stratégique, la Turquie. Avez-vous eu l'occasion de rencontrer, en plus du Président Ozal, un des ses dirigeants actuels ?

– J'ai eu l'occasion de faire la connaissance du Premier Ministre Erdoğan qui est le fils spirituel de Turgut Özal avec qui j'ai siégé au Conseil d'administration de la Fondation islamique pour la science, la technologie et le développement (FISTED), à Jeddah en Arabie Saoudite. Les négociations pour l'ouverture d'un Bureau régional de la FAO pour l'Asie centrale m'avaient amené à des échanges diplomatiques, notamment avec le Ministre des affaires étrangères, Monsieur Abdullah Gül, ancien membre du Conseil d'administration de la Banque islamique, devenu plus tard Président de la République. J'ai eu à remettre au Premier Ministre Erdogan la plus haute distinction de l'Organisation : « la Médaille Agricola » car sous sa direction, la Turquie est devenue le septième pays agricole du monde. Nous avons inauguré ensemble le Bureau sous-régional à Ankara et nous avons eu des entretiens qui m'ont permis de découvrir un homme de conviction et de courage politique qui a pu allier une foi inébranlable avec un respect scrupuleux des droits et des libertés de l'Homme. Il a montré son intérêt pour la FAO en participant au Sommet mondial sur la sécurité alimentaire en novembre 2009 et en revenant deux jours plus tard à Rome pour prononcer le discours d'ouverture de la Conférence. Son « Parti de la justice pour le développement » a introduit avec succès des réformes pour assurer la croissance économique et l'augmentation des emplois. Il a établi un record de victoires aux élections quand il a été choisi pour un troisième mandat comme Premier Ministre.

– Côté israélien, quelles furent vos rencontres marquantes ?

– J'ai eu à faire la connaissance de Shimon Peres comme Ministre des affaires étrangères. Nous avions organisé une réunion à la FAO avec Yasser Arafat, Shimon Peres et Lamberto Dini, Ministre italien des affaires étrangères. Il m'avait aussi demandé de le rencontrer au Forum économique de Davos. J'ai répondu positivement à son invitation. Son objectif était de mettre en œuvre un projet de coopération entre les pays arabes, africains, Israël et la FAO. Cette initiative n'a pas eu de suite à cause du contexte des relations politiques qui s'étaient détériorées. Le Premier Ministre, Yitzhak Rabin, avait eu un programme similaire mais a été assassiné alors qu'il avait confirmé sa participation au Sommet mondial sur la sécurité alimentaire. C'est au cours d'une escale à Bangkok, sur le chemin de l'Australie que j'ai appris la terrible nouvelle. Nous avons aussi participé le soir de la réunion à un match de football à Rome. Une moitié des ressources provenant des billets d'entrée au stade a été dévolue à une organisation pour promouvoir la paix entre Palestiniens et Israéliens, et l'autre à la FAO pour ses activités de lutte contre la faim dans le monde. À cette soirée, il y avait le célèbre joueur brésilien Pelé. Il y a eu méprise parce qu'à la mi-temps, nous étions dans une salle tous les deux. Je suis sorti le premier et les spectateurs se sont précipités vers moi pour des autographes, en pensant que j'étais Pelé. Ce n'était d'ailleurs pas la seule fois. A l'occasion d'une visite officielle, le Président de l'Argentine Menem qui venait de quitter la capitale, m'avait demandé de le rejoindre à Foz do Iguaçu à la frontière nord, où se tenait une réunion entre les Gouvernements argentin et brésilien. A l'époque, Pelé était Ministre des sports du Gouvernement du Président Cardoso. J'ai d'ailleurs une photo historique où je me trouve entre les deux Présidents. Dans les couloirs, plusieurs ministres et délégués argentins m'ont salué en me disant : « Très heureux de faire votre connaissance Mister Pelé. »

– Changeons de continent. En Amérique latine, deux rencontres ont particulièrement compté pour vous : avec Fidel Castro et avec Lula...

– J'ai été reçu à plusieurs reprises par le Président Fidel Castro, qui m'a d'ailleurs décerné la médaille de la solidarité, lors d'une cérémonie très solennelle, où je devais passer par un escalier impressionnant devant une haie d'honneur composée de soldats des différentes unités de l'armée, avant de rejoindre une salle de cérémonie où les représentants des corps constitués étaient présents. La première rencontre, c'était au cours d'un dîner, à une heure du matin. J'avais attendu jusqu'à 10 heures et demi et j'avais pris mon repas en pensant que l'audience avait été reportée au lendemain. Ce n'était pas le cas, alors j'ai dû manger une seconde fois. Cela n'a pas été très aisé, parce que c'est un hôte attentionné qui choisit toujours les meilleurs morceaux pour les mettre dans votre assiette. C'est un homme extrêmement précis et qui veut des chiffres. Il est toujours accompagné d'un assistant qui, je crois, doit être statisticien, en tout cas qui est spécialiste des données. Il possède une mémoire phénoménale. Les discussions au cours de l'entretien sont très techniques. Lors d'un second entretien, je lui ai dit que pendant mes études en France, nous avions été tout un groupe à suivre l'invasion de la

Baie des cochons. Nous avions écouté le Président Osvaldo Dorticós proclamer : « La patrie ou la mort, nous vaincrons ». Jeunes étudiants, nous étions restés devant une radio qui crachotait des sons à peine audibles et nous n'avions pas dormi de la nuit. Pince sans-rire, Fidel me répondit : « Monsieur le Directeur général moi non plus, je n'ai pas dormi cette nuit-là ». Fidel avait participé au premier Sommet mondial de l'alimentation, en 1996. Et l'une des raisons, parmi d'autres, pour lesquelles il m'avait donné la Médaille de la solidarité, c'est que cette Conférence lui avait permis de rencontrer Sa Sainteté Jean-Paul II. S'il n'y avait pas eu le Sommet mondial de l'alimentation, il ne serait pas allé à Rome pour une audience papale. Le Pape a fait aussi une visite à Cuba par la suite. Ce qui a inauguré de meilleures relations entre le Gouvernement cubain et l'Église. Son Ambassadeur Juan Nuiry, un des guérilleros de la Sierra Maestra, était descendu sur la Havane avec Juan Almeida, artiste poète et officier supérieur d'origine africaine dans l'armée de Fidel. A mon arrivée à Cuba, il a dit en riant : « Fidel sait ce qu'il fait. Sa Sainteté était ici la semaine dernière, Fidel l'a reçue pour s'occuper des nourritures célestes, et cette semaine il te reçoit pour s'occuper des nourritures terrestres. ». Je n'ai pas oublié cette remarque caractéristique de son sens de l'humour et j'ai conservé la photo en « barbudo » à côté d'Almeida qu'il m'avait offerte.

Le Président Lula est certainement un des Chefs d'État qui ont joué le rôle le plus important dans la lutte contre la faim. Le problème que nous avions toujours eu à la FAO, c'est que nous ne disposions ni du contrôle des ressources financières et des investissements, ni des règles justes du marché international. Ce sont les pays de l'OCDE qui décident du volume et de la répartition de l'aide au développement. Les pays en voie de développement déterminent leurs budgets avec leur parlement. Notre action de conseil, d'information et de soutien technique, n'a de sens dans un pays que s'il y a un gouvernement qui fait un choix politique et stratégique, de donner la priorité à ceux qui ont faim. Et c'est ce que nous avons eu la chance de constater avec Lula. Il a été le premier Chef d'État qui dans son programme électoral a fixé comme objectif, s'il était élu Président, de veiller à ce que chaque Brésilien ait au moins deux repas par jour et, plus tard, trois. Le Président Lula m'a téléphoné après son élection et avant sa prise effective de fonctions deux mois plus tard, pour demander une équipe de la FAO qui travaillerait avec son groupe de transition en vue de préparer le fameux programme « Faim Zéro ». J'ai immédiatement réuni les experts de l'Organisation. Nous avons pris contact avec les différents partenaires du système des Nations Unies et des institutions de Bretton Woods, pour les encourager à soutenir le Brésil. J'ai quitté le Sénégal le 1er Janvier, au soir, pour arriver le jour suivant à Rome afin de signer deux accords d'assistance technique au profit du Brésil, le lendemain de sa prise de fonctions. Il m'avait d'ailleurs invité à la cérémonie d'investiture mais j'avais dit que je préférais attendre la constitution du nouveau gouvernement pour pouvoir venir discuter avec les membres qui allaient mettre en œuvre ses orientations politiques. Nous avons accompagné le Président Lula techniquement pour préparer cette politique qui visait à assurer l'alimentation de la population pauvre. Le Brésil était dans une situation d'injustice flagrante. C'était un des plus grands exportateurs d'aliments du monde mais y régnait une pauvreté extrême, notamment dans certaines zones du Nordeste et dans les favelas de Sao Paulo et de Rio. Nous avons préparé ensemble ce programme qu'ils ont élargi et amélioré avec des mécanismes innovants. Son Ministre de la sécurité alimentaire à l'époque, devenu son conseiller, a rejoint la FAO comme Sous-Directeur général pour l'Amérique latine et les Caraïbes. Il a été élu récemment Directeur général pour me remplacer à la fin de mon mandat. Dans toutes nos initiatives importantes au plan mondial, nous avons bénéficié du soutien de Lula. Il était présent aux Sommets mondiaux de l'alimentation qui ont eu lieu après son investiture. Il a participé à la Journée mondiale de l'alimentation, au siège de l'Organisation. Il a lancé une initiative politique avec les Présidents français Jacques Chirac, et chilien Ricardo Lagos, etc., afin que, dans l'agenda international, la priorité soit donnée à la lutte contre la faim dans le monde. Fort heureusement, au Brésil, les moyens ont suivi les intentions. Le pays est aujourd'hui un des meilleurs exemples de succès d'une volonté politique et d'un programme de la lutte contre la faim. Je lui suis très reconnaissant, pour ce soutien diplomatique à des moments cruciaux de la vie de la FAO. Sur un plan plus intellectuel, Lula a toujours été très ouvert. Il m'a cordialement consacré beaucoup de son temps. Au cours d'une conversation, j'avais rappelé les propos d'un homme d'Etat africain qui disait que : « La politique, c'est la saine appréciation des réalités. ». Il est resté un moment silencieux, et m'a dit qu'il n'était pas d'accord, car la politique c'est l'art de l'impossible. C'est gouverner qui exige une saine appréciation des réalités. C'est une nuance fondamentale. Ouvrier, s'il est devenu le Chef de l'Etat de la plus grande puissance de l'Amérique latine, ce n'est certainement pas en se basant sur ses chances au départ. Quand il est devenu Président, à la surprise de tous ceux qui avaient lutté pour son élection, il ne s'est pas précipité pour créer l'Etat providence. Il a voulu assurer d'abord la stabilité macro-économique du pays, en recréant la confiance des investisseurs et décideurs économiques afin de lutter contre la fuite des capitaux. Pourtant, c'est un dirigeant du « Parti des travailleurs ». C'est seulement après cette phase de consolidation, qu'il a commencé à mettre en œuvre une politique sociale, fondée sur l'effort productif. Il a permis aux agriculteurs d'avoir des prêts pour acquérir des semences, des engrais et du matériel afin de produire. Il a mis en place une organisation qui achète les productions des petits agriculteurs pour les utiliser dans le cadre de programmes sociaux d'accès à l'alimentation. L'achat des machines agricoles et des engrais a favorisé la production industrielle du pays. Il a augmenté la production nationale et amélioré la sécurité alimentaire ainsi que les revenus des petits agriculteurs. Un système de bons a permis à ceux qui ont des revenus bas, d'avoir accès aux aliments. Il a complété le système avec des bourses familiales et la création de petites agro-industries afin de sortir les agriculteurs pauvres de l'économie de subsistance et de leur permettre de contribuer à la croissance de l'économie nationale. Il a réussi au milieu de la plus grande crise économique et financière, à augmenter fortement le produit intérieur brut et à accroître l'emploi dans son pays. Les grands pays développés qui ont appliqué les règles classiques fondées sur des mesures d'austérité, ont obtenu une faible croissance, caractérisée par un niveau élevé de chômage. La crise était, pour lui, l'occasion appropriée pour donner des revenus aux pauvres afin qu'ils achètent des intrants et matériels agricoles, des lampes, des frigidaires et d'autres appareils domestiques, pour augmenter leur consommation d'énergie et stimuler la demande nationale. Le bon sens n'est pas la chose la mieux partagée du monde chez les économistes. C'est une approche que je n'ai pas beaucoup vue, sauf chez Mahathir Mohamad, qui lors de la crise économique et financière en Asie, avait aussi refusé de suivre les remèdes préconisés par les institutions de Bretton Woods. Quelques années après, ces mêmes Organisations lui avaient rendu hommage pour le succès de sa politique. Il avait évité de privatiser le patrimoine du pays tout en restructurant l'économie et en relançant la croissance. D'autres pays ont réussi leur redressement économique mais au prix de la cession de leur capital national. Pour le cas de l'Indonésie, les mesures ont abouti à la chute du régime de Suharto qui avait tout fait, pendant des décades, pour le développement de son pays. Lorsqu'il a pris le pouvoir, en 1967, la population était de 110 millions et le produit intérieur brut par habitant de 194 dollars US$. Avant la crise en 1997, ces chiffres étaient respectivement de 202 millions de personnes et de 912 dollars.

– *Sans quitter le continent américain, mais en montant vers le nord, je pense que le Président Clinton et le Président Obama ont compté parmi vos rencontres ...*

– J'ai eu la chance d'être reçu dans le bureau ovale de la Maison Blanche par le Président Clinton grâce au sénateur, George McGovern, ancien candidat à la présidence des Etats-Unis et Ambassadeur auprès de la FAO. Un soir, j'étais à la maison, en congé à Dakar, et je m'apprêtais à dîner, lorsque j'ai reçu un message urgent de mon adjoint, m'informant de l'invitation du Président Clinton à une réunion importante sur la sécurité alimentaire. J'ai pris les dispositions nécessaires pour prendre le vol qui quittait Dakar à 22 h 30 pour Paris et arriver le lendemain à Washington juste à temps. La cérémonie marquait la décision de consacrer des ressources plus importantes aux « programmes d'alimentation scolaire ». Le Président Clinton a eu la gentillesse de me recevoir immédiatement après et nous avons pu discuter quelques instants. J'en ai profité pour le féliciter d'avoir lancé un programme pour aider des jeunes dans des écoles à se nourrir et donc à pouvoir étudier dans les meilleures conditions. J'ai cependant attiré son attention sur la nécessité de soutenir les petits agriculteurs pauvres des pays en développement. Soixante dix pour cent des pauvres vivent en milieu rural. Ils doivent accroître leur production et leurs revenus. Il a répondu que j'avais raison et que c'était ce qu'il fallait faire. En descendant l'escalier, j'ai regretté que ce soit au moment où il était sur le point de terminer son mandat que j'avais eu cet entretien et pu expliquer les priorités. Il y a deux ans, il a eu la gentillesse d'accepter d'être l'orateur principal pour la Journée mondiale de l'alimentation à New York, aux Nations Unies. Dans les mots d'introduction avant sa prise de parole, j'ai rappelé cet entretien. C'est un homme intellectuellement très honnête qui a commencé son discours avec ces mots : « Monsieur Diouf, je me souviens que vous m'avez donné une leçon « That you lectured me » sur la nécessité de soutenir des programmes concrets de production des agriculteurs pauvres. Depuis que j'ai quitté la présidence et créé ma Fondation, j'aide les pays en voie de développement. Je me suis rendu compte que vous aviez raison. L'une des plus grandes priorités de la lutte contre la pauvreté, c'est le soutien aux petits agriculteurs des pays en développement. J'ai commencé à mettre en œuvre de tels programmes dans le cadre de « l'Initiative globale ». J'étais reconnaissant pour ce soutien et je continue à accepter, chaque année, son invitation à participer à la réunion de la « Clinton Global Foundation » qui a lieu en marge de la session de l'Assemblée générale des Nations Unies, avec une large participation de Chefs d'État et de Gouvernement.

– *Et avec Obama, je suppose que l'émotion a marqué votre rencontre ?*

– La victoire d'Obama a représenté pour beaucoup de personnes même non américaines un des grands événements de l'histoire humaine de ce début du XXIe siècle. La nuit où on faisait le décompte final des voix de cette élection, mon épouse et moi, évidemment, nous ne dormions pas. Quand la victoire a été proclamée, nous avons tous sauté du lit pour exprimer notre joie. Quelques minutes après, notre petit-fils a frappé à notre porte. Il nous a dit : « Obama a gagné, moi aussi je serai Président des États-Unis ». Il est né dans ce pays et a donc la nationalité américaine.

J'ai d'abord vu Obama de loin, puisque j'ai eu la chance d'être invité à la cérémonie de son investiture. Je revenais d'un sommet de la Ligue arabe au Koweït. Fort heureusement, j'ai changé mon programme au dernier moment et je suis arrivé à Washington le jour du « Martin Luther King's Day ». Mon avion a atterri dans la matinée de cette journée historique. Ce qui m'a permis d'assister à des événements organisés pour fêter l'action du célèbre pasteur. Le lendemain, je suis allé sur ce Mall de Washington où Martin Luther King prononça le discours « J'ai fait un rêve » « I have a dream ». C'était un grand jour. C'est le rêve de fraternité de Martin Luther King qui se réalisait.

C'est devant ce Congrès américain bâti par des esclaves noirs, qu'Obama a prêté le serment de Président des États-Unis d'Amérique et Chef suprême des armées. C'était un moment d'intense émotion. Un pays qui avait connu la ségrégation, il y a à peine quelques décennies, et où la population africaine-américaine reste largement minoritaire, avait pu élire un Président de père kenyan et de mère américaine. C'est la longue et terrible lutte des voyageurs des cales de bateaux négriers pour leurs droits civiques qui trouvait un couronnement éclatant en ce jour du mardi 20 janvier 2009. Cette élection à la fonction publique suprême des Etats-Unis, c'est « la dernière barrière psychologique des noirs qui volait en éclat », comme l'a dit le Premier Ministre de Trinité-et-Tobago, Patrick Manning. Voir ces hommes et ces femmes de toutes les races, de tous les âges, qui s'embrassaient et qui pleuraient était une source d'immense bonheur qui effaçait des siècles d'exploitation, d'injustice et d'intolérance. Oprah Winfrey, la célèbre présentatrice de télévision, avait même embrassé un voisin qu'elle ne connaissait pas et qui a eu des problèmes, à son retour chez lui, avec son épouse qui lui a demandé où il avait connu Oprah. Autour de moi, tout le monde s'embrassait de joie sans se connaître. C'était une grande chance d'assister à cette cérémonie empreinte d'émotion et bercée par la voie chaude de la « Lady of Soul »: Aretha Franklin.

Les hauts faits qui ont changé le cours de l'histoire humaine ont toujours commencé par des rêves. Pourtant, il faudra renouveler le combat pour la primauté du bien qui est loin d'être terminé car la victoire sur le mal n'est jamais définitivement assurée. Comme toujours, des forces antagonistes vont se développer. C'est le principe de l'action et de la réaction dans un monde qui évolue au rythme d'un balancier d'horloge.

J'étais heureux de voir le Président Obama au Sommet du G-8 de L'Aquila auquel j'avais été invité. J'ai eu l'occasion de m'entretenir avec lui au cours de la réception, la veille du Sommet. J'ai pu lui expliquer les programmes et les priorités de la FAO, la nécessité d'investir davantage dans l'agriculture. En descendant l'escalier ensemble après la réception, je lui ai dit que j'avais quitté le Koweït pour arriver à Washington afin d'assister à la cérémonie de sa prestation de serment. Il m'a remercié, car il est très courtois et a ajouté qu'il faisait extrêmement froid ce jour-là. J'ai répondu que je n'avais pas été sensible à la basse température car j'avais chaud au cœur. Le lendemain, nous étions assis à la même table de discussions des problèmes de sécurité alimentaire. J'ai même pu lui faire parvenir un mot pour une requête concernant l'Organisation et il avait bien voulu acquiescer. A la fin de la réunion, nous avons pris des photos ensemble. Il avait pu obtenir des Chefs d'Etat qu'ils s'engagent à donner 20 milliards de dollars entre 2009, 2010 et 2011 pour la sécurité alimentaire mondiale. Ce chiffre a été porté à 22 milliards au Sommet du G-20 qui a suivi à Pittsburgh. Ce n'était pas le montant qui était le plus important, mais la reconnaissance du fait qu'il faut accroître la productivité et la production dans les petites exploitations agricoles des pays pauvres, où se trouvent près d'un milliard d'affamés en vue de mettre fin à l'insécurité alimentaire mondiale. C'était bien la première fois que lors d'un Sommet du G-8, l'on mettait en cause le postulat de la fourniture d'aliments aux pays pauvres sous forme d'aide alimentaire ou d'exportations concessionnelles de vivres. J'ai quitté cette réunion remotivé et encouragé de ce changement historique de politique des pays riches. J'avais souhaité que le Président Obama participe au Sommet mondial sur la sécurité alimentaire de novembre 2009, mais il était en visite officielle en Chine, et il n'a pas pu venir malheureusement à cet événement.

A partir de ce jour-là, j'ai observé que l'attitude de l'administration américaine à l'égard des problèmes de sécurité alimentaire du monde était beaucoup plus positive avec le soutien « bipartisan » des sénateurs Lugar et Casey. Le Président Bush, convaincu par Jim Morris, Directeur exécutif du PAM, avait cependant proposé au Congrès de permettre que l'aide alimentaire en nature soit utilisée à hauteur de 25% en financement pour acheter localement des produits agricoles et aider des petits agriculteurs du Tiers monde. Une coalition hétéroclite d'intérêts puissants avait réussi en 2008 au Congrès américain à rejeter cette initiative louable. Pourtant le Canada a adopté une telle politique en consacrant depuis 2005, jusqu'à 50% des ressources de l'aide alimentaire aux achats locaux.

Bien que des efforts aient été faits par l'administration américaine, les résultats ne sont pas à la hauteur des espoirs. C'était la première fois que je voyais un secrétaire au Trésor, Timothy Geithner, organiser une réunion de ministres des finances et d'autres responsables du secteur du développement pour essayer de mobiliser des ressources en faveur d'un fonds multilatéral de financement créé à la Banque mondiale pour l'agriculture. C'était l'illustration d'une volonté politique réelle. Des systèmes ont été mis en place pour quantifier les engagements des différents partenaires et vérifier les conditions de leur respect. Aujourd'hui, on est peut-être encore à la veille d'une possible crise alimentaire, à cause de la nouvelle hausse des prix des produits agricoles. La combinaison des facteurs climatiques, sécheresses et feux de forêt en Russie, ainsi que la décision du gouvernement de suspendre ses exportations pour pouvoir satisfaire sa demande intérieure ont eu un effet immédiat sur le cours mondial des céréales. Il ne faut pas s'en étonner dans une optique d'action unilatérale, car chaque gouvernement est d'abord responsable devant son peuple. Mais la conséquence des effets cumulés de telles décisions, c'est que les prix flambent. En Australie mais aussi en Afrique orientale et australe, c'est une combinaison de sécheresses et d'inondations que l'on observe comme en Amérique du Sud. Les ouragans ont touché l'Amérique centrale, une partie du Mexique et les Caraïbes. En Amérique du nord, il y a le froid, comme en Chine, et des inondations. En Europe, on constate l'excès d'eau en hiver et les sécheresses dès le printemps. Toutes ces perturbations climatiques vont affecter la production alimentaire mondiale. Si les récoltes attendues ne sont pas à la hauteur de ce qui est nécessaire, alors qu'on a déjà fortement puisé dans les stocks, on risque d'avoir une répétition de ce que nous avons connu en 2007-2008. Il semble établi que « l'histoire soit un éternel recommencement » pour les crises alimentaires, malgré les alertes et les conseils pour accroître les investissements dans la production agricole.

– Nous avions parlé des points de vue du leader d'un pays émergent, le Brésil de Lula. Est-ce qu'on peut trouver, dans d'autres pays émergents, une position particulière par rapport aux questions du développement agricole. Qu'en est-il, par exemple, de la Chine ?

– J'ai bien connu le Premier Ministre Li Peng, qui fut ensuite le Président du Parlement, Il a représenté son pays au premier Sommet mondial de l'alimentation en 1996. Le Premier Ministre Wen Jiabao était Chef de la délégation de son pays au Sommet de 2002. Et j'ai eu plusieurs rencontres avec le Président Jiang Zemin, lors de mes différentes visites officielles en Chine, notamment à l'occasion de la remise de la médaille Agricola. Il a fait aussi un voyage en Italie et m'a reçu à son hôtel à Rome. J'ai découvert avec le Président Jiang Zemin un nouveau type de dirigeant chinois, très pragmatique, bien formé sur les plans intellectuel, économique et technique. Il était fidèle à la doctrine de Deng Xiaoping « qu'importe qu'un chat soit noir ou blanc s'il attrape les souris ». Il m'a dit au cours d'une discussion que « Les experts, souvent, ne voient pas la globalité des problèmes. » Lorsque le programme d'accroissement des moyens de stockage des produits agricoles a été discuté, ils ont commencé à indiquer toutes les bonnes raisons de ne pas le faire : le coût des infrastructures, la perte de qualité des produits, les intérêts bancaires et les charges financières. Il m'a dit qu'il leur avait posé une simple question : « Combien cela coûterait s'il n'y avait pas de stocks et qu'il y ait la famine en Chine ? » C'est à partir de ce moment-là, que tout le monde a été d'accord pour accroître les moyens de stockage à l'intérieur du pays. Il avait également bien perçu la nécessité des infrastructures de transport et d'irrigation. C'est une longue tradition depuis les Empereurs de Chine. Mais il a compris qu'il fallait concilier deux choses : d'une part, la nécessité de constituer des stocks avec une obligation pour les producteurs de fournir une certaine quantité de leur récolte pour nourrir une population d'un milliard trois cent millions de personnes ; d'autre part, de permettre aux agriculteurs de produire ce qu'ils voulaient, et de le vendre au prix qu'ils pouvaient, au-delà de ce volume. Ils ont ainsi créé une incitation à produire davantage. Cela a permis un grand bond de la production. La Chine a ainsi, en un temps très court, sorti le plus grand nombre de personnes de la pauvreté, environ 80 millions, entre 1990-92 et 2005-07. Les dirigeants ont aussi réalisé que leur développement économique risquait d'être remis en cause s'il y avait un écart trop grand entre les revenus des villes et ceux des zones rurales. Ils ont alors lancé des programmes de stimulation de la production et d'augmentation des revenus des agriculteurs. Il m'a expliqué que, dans la conception classique du communisme de l'époque, il y avait ceux qui avaient le capital et en face les travailleurs, mais il avait insisté pour que l'on fasse entrer au Comité central du Parti Communiste des dirigeants d'entreprises qui étaient des innovateurs technologiques. Il fallait beaucoup de courage politique pour faire une telle proposition, parce que les entrepreneurs sont considérés en général comme les ennemis de la classe ouvrière, selon Marx et Lénine. Il est arrivé à cet objectif qui permet maintenant des discussions au niveau du Parti avec ceux qui ont une influence sur l'emploi et connaissent les contraintes de la compétitivité sur le plan international. Ces échanges de vues au niveau du Parti permettent aussi une sensibilisation à la nécessité d'améliorer les conditions de vie des travailleurs, notamment avec les augmentations de leurs salaires qui s'accélèrent. Grâce à des taux de croissance de 8 à 12% de leur produit intérieur brut, ils ont pu créer une demande solvable interne et sont en mesure aujourd'hui de compter, de plus en plus, sur un des plus grands marchés locaux du monde. J'ai retenu ses analyses, car Senghor nous avait dit que lorsque l'on discute avec les asiatiques, il faut être très attentif, parce qu'en général ils s'expriment par paraboles. Il faut donc aller au-delà de ce qu'ils vous disent pour comprendre le message codé qu'ils veulent transmettre. Un jour, j'étais avec mon épouse, et il m'a dit qu'il était important de connaître le Vice-Premier Ministre Wen Jiabao qui s'occupe des questions agricoles. J'ai suivi ses conseils puisque, dès mon retour à Rome, je lui ai envoyé une lettre et j'ai maintenu le contact avec lui. Ce qu'il avait voulu me dire c'est qu'il allait devenir le Premier Ministre.

– Nous allons, si vous le voulez bien, terminer ce tour du monde des personnalités que vous avez connues et avec lesquelles vous aviez échangé, par l'Europe et plus précisément par la France. Bien sûr, on connaît l'intérêt de Jacques Chirac pour l'agriculture et l'intérêt qu'il n'a cessé de témoigner aussi bien en faveur de la FAO que de vous-même. Mais, il y a aussi une autre personnalité dont on connaît moins l'intérêt pour l'agriculture, bien qu'il ait titré l'un de ses ouvrages « La Paille et le Grain ». Je veux parler du Président Mitterrand. Quel rapport aviez-vous avec lui ?

– J'ai eu des contacts quand j'étais au Gouvernement de la République avec différents Chefs d'Etat français, le Président Giscard d'Estaing à Paris et le Président Mitterrand, à Saint-Louis. C'était juste avant ma candidature au poste de député. J'étais dans un véhicule qui nous conduisait de l'aéroport à l'île, avec le Ministre de la coopération, Jean-Pierre Cot. Voyant les militants qui criaient « Mame Jacques, Mame Jacques ! », il m'a dit que je profitais bien de leur passage et que j'allais être élu. La population avait bien accueilli, au Sénégal, le Président Mitterrand en compagnie du Président Abdou Diouf. J'ai encore des photos de cette visite. J'étais heureux de le revoir quelques temps après à Paris, au moment où il lançait le Centre mondial de l'informatique. Quand j'ai été élu Directeur général de la FAO, j'ai demandé une audience, dès ma prise de fonction, qu'il m'a accordée aussitôt. Je dois dire que j'ai fait une petite entorse au protocole. Je n'avais pas réalisé qu'il avait fait prendre les dispositions pour que la garde me présente les honneurs. Je suis d'abord allé rendre visite à son conseiller diplomatique que je connaissais bien au numéro 2 de la rue de l'Elysée, et nous sommes venus tranquillement à pied à l'Elysée. La garde qui s'attendait à mon arrivée avec un véhicule, m'a laissé passer tranquillement et a réalisé plus tard que j'étais déjà dans les bureaux du Président et qu'elle n'avait pas pu me rendre les honneurs. Le Président Mitterrand a commencé par me dire que j'occupais une fonction prestigieuse et importante au niveau mondial. Il m'a indiqué que je venais d'un pays très proche de la France, par l'histoire, la culture et l'économie. En outre, j'étais un des produits de l'Université et des grandes écoles françaises. Il était donc heureux que je sois à ce poste et il m'a assuré du soutien de la France dans mes responsabilités. Il m'a ensuite demandé ce que la France pouvait faire pour m'aider dans mes nouvelles responsabilités ? » J'ai présenté le programme de réforme de l'Organisation, qui comportait des changements de priorités, des réorganisations structurelles, une décentralisation, etc. Et il m'a dit qu'il était satisfait de mon exposé et pensait que j'avais fait les bons choix. Je lui ai dit que j'envisageais aussi d'organiser le premier Sommet de Chefs d'Etat et de Gouvernement pour discuter de la sécurité alimentaire mondiale. Il y en avait eu sur beaucoup de sujets : les questions économiques et financières, le terrorisme, l'immigration, la drogue, etc. Il m'a dit qu'il n'avait pas réalisé que c'était le cas et que je pouvais compter sur son soutien et sa participation personnelle à ce Sommet. Malheureusement, il est décédé, comme vous le savez, avant le Sommet, qui a eu lieu en 1996.

CHAPITRE X

Un regard citoyen

– Après avoir essayé de retracer votre itinéraire personnel, parlons à présent, si vous le voulez bien, de votre évaluation de quelques problèmes qu'affronte notre monde, en ce début incertain du XXIe siècle qu'inaugure, symboliquement, la chute du mur de Berlin.....

– La chute du mur de Berlin a provoqué un séisme politique. Nous sortions enfin d'un monde bipolaire où tout était analysé à l'aune des rapports de force, des antagonismes et des conflits entre les pays membres de l'OTAN et ceux du bloc de l'Union soviétique. C'était la confrontation, dans certains cas mortelle, obéissant à la théorie des dominos qui faisait des nations du monde des pions seulement sur un échiquier planétaire. La compétition était idéologique, économique et militaire, avec parfois pour conséquences des guerres civiles et des situations de belligérance entre Etats. Pour la première fois, depuis la Deuxième Guerre mondiale, les relations internationales cessaient d'être vues à travers le prisme de la dichotomie capitalisme et communisme ou individualisme et totalitarisme. Les jeunes militaires qui sautaient le mur de Berlin pour aller à l'Ouest, étaient le symbole de ce cataclysme géopolitique suivi d'expressions populaires du besoin de liberté dans plusieurs pays de l'Europe de l'Est. C'était le retour à une réalité fondamentale de notre monde, la primauté de l'homme et sa libération du pouvoir omnipotent d'un système institutionnel global. La réaction aux événements et aux problèmes est fonction de convictions profondes et non de l'appartenance souvent imposée à un bloc ou une alliance, notamment de l'Ouest ou de l'Est. La création du mouvement des Non-alignés à Bandung était le refus d'un positionnement basé, uniquement, sur une norme de bipolarisation. Il s'agissait d'affirmer l'autonomie de vision et de conception. La chute du mur de Berlin, du point de vue intellectuel, était une libération du cadre obligé dans la réflexion sur la primauté des libertés individuelles par rapport au bien collectif, avec comme résultat des différenciations importantes du point de vue social et des conséquences dans l'exercice du pouvoir politique et économique.

– La fin de la bipolarisation allait avoir des effets ambivalents : d'un côté une libération de pays anciennement assujettis et, d'autre part, une métastase de micro-nationalismes parfois belliqueux.....

– La première phase du processus politique a été celle de la libération. Ensuite, ce fut la résurgence, parfois avec des excès tragiques, du concept de nationalité. Cette nouvelle polarisation allait entraîner des conflits armés, dans la zone des Balkans, notamment. Sur le plan économique, le COMECON et l'OCDE ou sur le plan militaire, l'OTAN et le Pacte de Varsovie, ont été des éléments de consolidation d'une dualité d'approche, conduisant à l'effacement des identités culturelles et historiques. Les Etats nations qui avaient cédé le pas à de grands ensembles politiques et économiques, allaient ré émerger surtout à la périphérie des deux groupes et être des champs de lutte d'influence ainsi que des occasions d'affrontements. La Tchécoslovaquie a éclaté pour enfanter les Républiques tchèque et slovaque. La Yougoslavie a connu des soubresauts violents avec des guerres qui ont revêtu un caractère d'antagonisme religieux et conduisant même à l'épuration ethnique. C'est le côté négatif du changement qui sur d'autres aspects a eu des effets positifs. L'impact économique a été important, avec une accélération de la remise en cause des relations de domination qui prévalaient. Le colonialisme et ensuite le néocolonialisme étaient fondés sur un pacte d'inégalité. La production de matières premières était assurée par les pays soumis au profit des industries des pays dominants. A l'indépendance, les flux commerciaux sont, cependant, restés centrés sur l'ancienne puissance coloniale, avec parfois la situation paradoxale de pays qui avaient une frontière commune mais dont les produits remontaient en Europe avant de revenir sur les marchés du pays voisin.

– Un peu plus tard, le monde multipolaire allait permettre l'irruption de nouveaux acteurs sur la scène géopolitique internationale : les puissances dites émergentes regroupés sous le sigle de BRIC.....

Dans une deuxième phase, en effet, de grands ensembles sont apparus alors qu'ils étaient auparavant dominés. C'est le cas de la Chine, l'Inde, l'Indonésie, la Malaisie, le Brésil, le Mexique, l'Argentine, le Nigéria et l'Afrique du Sud. La souveraineté politique, combinée aux importantes ressources naturelles, sur de vastes espaces géographiques et des populations nombreuses constituant un grand marché, ont permis à ces pays de jouer un rôle important sur la scène internationale. Les rapports de force ont donc, fondamentalement, changé. En outre, l'économie est devenue plus globale, avec la mondialisation des échanges. La loi de l'offre et de la demande avec ses interférences a été le facteur déterminant dans un marché qui n'est ni libre, ni équitable mais qui détermine les règles des échanges internationaux. Les grandes négociations commerciales, les *Round* Uruguay et Doha, ont néanmoins permis une amélioration de la régulation des marchés. Il y a maintenant un cadre politique général de discussion globale de ces questions. L'ONU a ainsi trouvé une nouvelle jouvence, à défaut de puissance, avec la possibilité de discuter les problèmes non sur la base des relations entre l'Est et l'Ouest, mais en fonction des réalités géopolitiques spécifiques des pays, de leur histoire et de leur culture. A la chute du mur de Berlin, l'ONU a cru pouvoir passer du maintien à l'imposition de la paix, en utilisant des moyens militaires, si nécessaire. Des conflits d'intérêts, parfois des considérations idéologiques, sont pourtant restés encore assez forts pour empêcher la réalisation de cette nouvelle vision du monde. Conscients de la nécessité de s'unir pour peser sur les décisions internationales, les Etats ont constitué des regroupements avec le renforcement de l'Union européenne et de l'Accord de libre-échange nord-américain (NAFTA). L'Organisation de l'Unité africaine politique est passée à l'Union africaine économique. L'Association des nations de l'Asie du Sud-Est (ASEAN), le Programme de coopération régionale de l'Asie du Sud (SARC), le Marché commun du sud de l'Amérique latine (MERCOSUR) et la Communauté des Caraïbes (CARICOM) ont été créés à côté d'autres groupes de solidarité économique. La géographie reprenait ainsi le pas sur l'idéologie. Le réagencement des solidarités a abouti à un remodelage de l'Union soviétique devenue la Communauté des États indépendants, alors que des pays de la Baltique, de l'Europe centrale et orientale rejoignaient l'Union européenne pour être en mesure de relever les défis économiques, monétaires et sociaux.

– A quoi aboutit cette mutation des regroupements politiques dans le monde : à la mise au point de nouveaux équilibres ou, comme le soutiennent certains théoriciens de l'affrontement généralisé, comme Samuel Huntington et sa théorie du conflit des civilisations, à une reformulation radicale des rapports de force dans le monde ?

– Certains étaient convaincus que le tournant décisif dans l'antagonisme entre le monde occidental et soviétique allait aboutir à la disparition des idéologies. Il a fallu se rendre compte très rapidement que la fin du tropisme vers deux idéologies dominantes n'allait, ni changer radicalement les modes de pensée, ni la théorisation des idées et des valeurs mises en pratique par des Etats représentant des nations. Les divisions traditionnelles ont été effacées par des confrontations culturelles, surtout religieuses et exacerbées par des extrémismes qui fleurissent toujours pendant les périodes de difficultés économiques surtout quand les systèmes démocratiques sont manipulés. Le consensus sur le principe de non exclusion et le respect des minorités a été balayé ou mis à rude épreuve par l'apparition des idéologies d'extrême droite. La détérioration des conditions de vie sous l'effet des crises financières a provoqué une désaffection des couches pauvres de la population à l'égard des partis de gauche, au profit de mouvements souvent xénophobes qui leur ont trouvé l'excuse démagogique des boucs émissaires. Des partis, pourtant héritiers des valeurs de l'humanisme, ont perdu leur âme dans des jeux d'alliances coupables et ont aussi offert à l'intolérance une acceptation dangereuse, jusque dans les hémicycles des représentations parlementaires nationales. Dans les pays développés, l'idéologie libérale, fondée sur la culture chrétienne, s'était opposée à toutes les formes d'ostracisme. Elle a pourtant commencé à accepter, pour des raisons électorales, de s'engager dans des compromissions contraires à ses principes fondateurs. Elle risque aussi d'oublier son essence, en s'éloignant des idéaux de la Révolution française de 1789, exportés aux Etats-Unis à travers Lafayette et dans le reste du monde. La fraternité entre les hommes, la compréhension des autres, le souci de permettre aux plus démunis de vivre dignement, le respect de la liberté d'expression et de culte religieux étaient des socles solides pour la clarté de choix fondés sur la conviction. On est cependant entré dans la pénombre des calculs politiques en perdant les repères fondamentaux. L'homme d'Etat, à la différence de l'être politique, doit dépasser les résultats des sondages et l'horizon de la prochaine élection. Nous vivons une civilisation de l'instantanéité, projetée par les journaux, la télévision, la radio et Internet, à travers Facebook, Twitter, Google, Wikipédia, Flickr etc. Auparavant, les grands dirigeants du monde étaient des historiens, des philosophes, des poètes abreuvés aux sources de la politique, préoccupés de la gestion de la cité, avec ses valeurs, son évolution temporelle et sa destinée. Les choix stratégiques, idéologiques et culturels, disparaissent, à présent, devant les justifications du réalisme. Un docteur sénégalais, responsable politique disait que la vie est devenue difficile, car nous sommes dans « un monde de canards », en précisant qu'il s'agit de celui « où les bébés ouvrent la voie et les parents suivent ». Le message qu'il voulait faire passer, c'est que les dirigeants qui auraient dû réfléchir, avoir une vision, orienter l'action, sont maintenant ceux qui se laissent guider. Ils sont devenus les girouettes des vents médiatiques et des sondages d'opinion. Il semble qu'il y ait une conjonction de deux phénomènes : l'information instantanée et le choix démocratique. Les sociologues ont expliqué que ce sont les groupuscules extrêmes, et non la majorité silencieuse, qui déterminent les grands mouvements d'opinion. Des sociétés très libérales, et parfois même permissives, sont passées aux idéologies les plus rétrogrades et les plus rigoristes. Nous semblons avoir quitté le domaine du raisonnable, au sens de la rationalité mais aussi des valeurs qui sont le fondement de l'identité humaine, pour revenir aux impulsions animales que nous avions eu la capacité de dépasser pour devenir des humains. Bien des dirigeants, sachant parfaitement ce qui est raisonnable, font un choix contraire, dès lors qu'il va leur permettre d'avoir des succès politiques. C'est la dialectique des fins et des moyens qui nécessite un arbitrage éthique. Il n'y a plus beaucoup de dirigeants politiques, aujourd'hui, avec une stature d'hommes d'Etat ayant le courage et la ténacité nécessaires pour maintenir le cap de l'intérêt général à long terme, malgré les turbulences de la conjoncture.

– Dans la recomposition généralisée de l'échiquier mondial, quel rôle pourrait avoir des organisations régionales : comme l'Union Africaine, l'Union Européenne, la Ligue des États Arabes, le Nafta, le Mercosur ou l'ASEAN.....

– Avec l'éclatement des deux grands blocs, il y a eu une atomisation de l'échiquier économique et politique. Les pays ont compris très rapidement les défis de la dimension mondiale du marché, du potentiel de transport rapide et de la multiplicité des biens et des services. Ils ont donc décidé d'affronter ce combat groupés, au lieu d'être en ordre dispersé. Ces regroupements ont été établis sur des bases géographiques. Mais certains des ensembles ont une histoire commune et des liens culturels. L'Organisation de l'Unité africaine, créée à la suite des luttes pour l'indépendance, a eu un succès certain dans ses efforts de décolonisation, puisque tous les pays du continent ont obtenu leur indépendance en trois décades de combats parfois très durs. C'était une Organisation essentiellement politique. Elle a donné naissance à l'Union africaine avec pour ambition d'améliorer les conditions de vie des populations à travers une coopération économique. L'Union européenne, après deux grandes guerres, a constitué un ensemble économique de l'autre côté de la Méditerranée. Les relations entre les deux rives ont certes été marquées par des rapports d'exploitation avec l'esclavage et la colonisation, mais il y a eu le pardon qui n'est pas l'oubli. Il faut aussi dire que certains n'ont rien pardonné. Cette charge d'émotivité est à prendre en compte, mais ce n'est pas le facteur dominant, car les ressentiments peuvent s'estomper sous l'influence des éléments culturels communs. Ils se manifestent par la langue et l'enseignement. La coexistence entre l'éducation moderne et traditionnelle a abouti à des interrogations, parfois des questionnements et des déchirements, relatés dans *L'Aventure ambiguë* de Cheikh Hamidou Kane. Peut-on rester soi-même alors que l'on vit dans une société occidentale avec ses valeurs spécifiques véhiculées par les nouvelles technologies de l'information ? Quelles sont les complémentarités mais aussi les dissensions ? Qu'est-ce que ces incohérences provoquent comme facteurs perturbants pour l'unicité affective et mentale ? L'exploitation, le pillage des ressources, les travaux forcés, l'asservissement et l'esclavage d'antan ne peuvent masquer les réalités présentes. Dans les années soixante, l'Europe et l'Afrique auraient pu constituer, selon les vœux de Senghor, un vaste ensemble avec l'alliance de la technicité, de la capacité de gestion et des ressources financières d'un côté, une population croissante avec une majorité de jeunes, avides de savoir et de savoir-faire, des matières premières énergétiques et minérales, de l'autre. Cette occasion de repentir fut manquée.

L'Europe a choisi de se replier sur elle-même et de s'étendre vers l'est. Maintenant, le monde entier se rue sur l'Afrique, qu'il s'agisse, de la Chine, de l'Inde, du Brésil, de la Malaisie, de la Turquie, de la Russie ou de l'Amérique latine et du Nord. L'Europe n'a pas eu la capacité de dépasser les intérêts à court terme, les rapports de domination, souvent de groupes particuliers, pour avoir cette vision d'ensemble, sans paternalisme, ni malice, d'objectifs à moyen et long termes, basés sur une complémentarité géographique et historique autour de la « mare nostrum ». Ainsi, elle ne s'est pas évertuée à bâtir les fondements solides d'une coopération assurant la réciprocité des intérêts entre États souverains. Au contraire, elle s'est acharnée à balkaniser le continent, après avoir mené de vains combats d'arrière-garde contre le flot impétueux et inexorable de la lutte des hérauts et héros, « sans peur et sans reproche », du combat contre le colonialisme et l'apartheid. Aujourd'hui, les cadres intellectuels, politiques et économiques sortent des mêmes écoles et universités. Ils ont accès aux mêmes informations, notamment sur Internet. Ils savent ce qui se passe dans le monde et comprennent un principe simple : « ne pas demander à l'autre ce qu'on n'aurait pas accepté soi-même, mais, par contre, trouver des formules qui soient dans l'intérêt des deux parties ». Ce sont de telles associations qui s'inscrivent dans la durée. Des partenariats tournés vers l'avenir et construits sur les réalités d'une planète en évolution permettraient de créer un des ensembles les plus importants du monde. Mais, ce n'est pas ce qui se passe aujourd'hui. Un ami européen disait, lors des négociations agricoles de l'OMC, qu'il ne comprenait pas pourquoi les Africains s'alliaient avec des pays émergents du Tiers monde, leurs concurrents, au lieu d'être du côté de l'Europe qui, pourtant, constitue leur marché principal. J'ai répondu que les négociateurs qui prennent ces positions-là sortent des mêmes écoles que les experts européens et ils raisonnent comme eux. La politique agricole commune a été un grand succès pour les agriculteurs européens, mais elle n'a pas défendu ceux de l'Afrique. En outre, même le mécanisme pour atténuer l'impact négatif de la perte des marchés et prix garantis pour les produits du continent, le STABEX, ne fonctionne pratiquement plus. L'Europe a essayé d'expliquer aux Africains que ce n'est pas de sa faute, mais que ce sont les règles de l'OMC qui l'obligent à prendre ces mesures de libéralisation. Mais les Africains répondent, avec leur connaissance des dossiers, qu'il fallait leur démontrer comment l'Europe a pu conserver la politique agricole commune et défendre ses agriculteurs face aux mêmes règles de l'OMC. Je reprends l'expression populaire : « Il ne faut pas prendre les enfants du bon Dieu pour des canards sauvages ». Senghor parlait du mépris culturel de l'Occident à l'égard du Tiers monde. Il a même demandé, dans un poème « Prière de paix » : « Seigneur Dieu, pardonne à l'Europe blanche ! ». Les rapports entre l'Europe et l'Afrique, et au-delà, les relations entre les pays développés et le Tiers monde, ne doivent pas être fondés sur des principes à géométrie variable. L'Occident a raison de dire qu'il existe des valeurs universelles : les droits de l'homme, la liberté d'expression, de choix démocratique des dirigeants, de manifestation pacifique, d'égalité des opportunités, etc. Mais, dans un monde où les informations circulent de manière instantanée autour du globe, on ne peut pas ne pas constater que ces principes, au nom de la « real-politique », sont appliqués différemment selon les intérêts à sauvegarder dans les différents pays. C'est ce qui détruit toute la base intellectuelle et morale des positions de l'Occident vis-à-vis du Tiers monde. Est-ce que les pays avec lesquels l'Europe a les marchés parmi les plus importants sont démocratiques ? Au nom de quoi va-t-on porter des jugements très critiques sur des pays du continent et pas sur les autres ? L'Afrique, elle-même, après d'énormes sacrifices pour sa liberté et sa souveraineté, a des raisons de se battre pour la démocratie sans attendre des leçons extérieures. Au nom de la Charte des Nations Unies et de la Déclaration des Droits de l'Homme, chaque membre a le devoir de soutenir des causes justes. Mais une grande confusion mentale existe et elle obscurcit le débat sur l'état des rapports internationaux et l'application des principes nés des idéaux de la Révolution française qui sont le fondement de cette déclaration. Les échanges économiques doivent être libres et équitables, ce qui est loin d'être le cas. Les négociations actuelles du Cycle de Développement de Doha et les difficultés pour arriver à un accord sont une preuve supplémentaire de la nécessité de corriger les conditions des échanges et d'équilibrer les rapports. Tant que ces questions de principes universels n'auront pas été résolues, il y aura un pilotage à vue des relations mondiales avec des politiques *ad hoc*, au gré des circonstances et des intérêts du moment. Une telle approche n'apporte aucune garantie de pérennité et d'action concertée à long terme. Dans la concurrence exacerbée, certains pays disent qu'ils n'ont jamais eu de colonies et ne s'occupent donc pas de politique dans leurs rapports avec l'Afrique. Il appartient à chaque Etat d'assurer la défense de ses intérêts à court, mais aussi à moyen et long termes. C'est la position que prennent les « BRICS », etc. L'Afrique est devenue un terrain de concurrence mondiale, pour une nouvelle conquête de positions économiques et de marchés. Presque tous justifient leur intérêt par l'abondance des minerais, des ressources énergétiques, du pétrole et du gaz, mais aussi de l'hydroélectricité et de l'énergie solaire. Certains, cependant, ajoutent qu'à long terme, ils veulent assurer le développement d'un continent qui aura le plus grand marché du monde avec deux milliards de personnes à l'horizon 2050, ce qui veut dire plus que la population de la Chine ou de l'Inde. Ils souhaitent donc stimuler la croissance et augmenter les revenus du continent afin de créer une demande effective pour leurs produits, surtout industriels, et leurs services financiers, etc. Ils investissent dans les infrastructures pour avoir accès aux ressources minières et énergétiques, mais aussi pour permettre à l'Afrique d'avoir des structures compétitives de production et d'échange. Je crois que les rapports entre l'Europe et l'Afrique devraient être vus à la lumière de deux considérations stratégiques. Il est normal que l'Europe se tourne vers l'Est et qu'elle renforce ses échanges avec les pays émergents d'Asie et d'Amérique latine. Mais elle ne devrait pas oublier la dimension méridionale de sa géopolitique et de ses rapports économiques. L'Afrique a cependant une faiblesse fondamentale, c'est l'existence de 54 Etats qui prennent des décisions économiques qui ne sont pas coordonnées et harmonisées. Les luttes actuelles pour créer une entité politique commune, avec les partisans de mesures immédiates et d'autres en faveur d'actions graduelles, me paraissent être conjoncturelles. A ma connaissance, aucun pays d'Afrique n'est contre l'unité du continent. Tous les dirigeants savent que l'Afrique ne joue pas un rôle déterminant sur la scène mondiale, car elle n'a même pas de siège permanent au Conseil de sécurité. Elle doit constituer un bloc solidaire pour augmenter sa capacité de négociation sur les grandes questions politiques et économiques internationales. La seule voie de salut qui s'ouvre pour la survie des peuples d'Afrique, dans un monde dangereux et impitoyable, c'est celle de l'accélération et du renforcement de la solidarité dans l'ensemble politique et économique de l'Union Africaine, notamment par la consolidation de ses unions économiques régionales.

– La mondialisation a eu des effets économiques aux conséquences incalculables dont nous vivons aujourd'hui encore les effets et les soubresauts. Pensez-vous que la défaite politique des pays de l'ancien Bloc de l'Est ait entrainé, comme le pensent certains théoriciens du libéralisme intégral, tel Fukuyama la victoire irréversible de ce système ?

– Je ne le pense pas. D'abord, le principe de la mondialisation n'est pas le problème. Mais les modalités de sa mise en œuvre sont inacceptables. Qu'une seule humanité aborde globalement les problèmes d'une même planète me semble relever de la simple logique. L'histoire de l'expansion du genre humain en direction de tous les continents à partir de l'Afrique est certainement la meilleure preuve de la nécessité de répondre aux interrogations de l'humanité de manière collective. Les êtres humains grâce aux moyens modernes de communication, peuvent se voir, s'entendre, se déplacer sur toute la planète. Les règles discriminatoires qui sont la base des échanges économiques, commerciaux, financiers, culturels et sociaux actuels sont les obstacles à un développement humain général. Il y a, d'abord, une première contradiction fondamentale de la mondialisation : tous les économistes disent que, pour un échange mondial optimum, il faut une liberté de mouvement des biens et des services. Pourquoi ce principe est-il accepté pour les biens matériels et les services mais pas pour le travail des êtres humains qui constitue un facteur essentiel de la production ? On fait des transferts financiers instantanés à travers des systèmes informatiques d'un coin du monde à l'autre, malgré les distances, favorisant ainsi l'accès aux biens et aux services. Les voitures, les bateaux, les camions, les trains et les avions permettent le déplacement des personnes, des animaux et des marchandises. Pourtant, on interdit et on restreint la circulation des êtres humains par des règles de plus en plus draconiennes pour l'immigration. Ce qui existe aujourd'hui est une mondialisation à la carte, qui permet à un pays de choisir ce qui l'arrange et de laisser de côté ce qui convient aux autres. Un système d'échanges aussi déséquilibré ne peut durer, surtout que les rapports de force dans le monde changent rapidement. En outre, l'OCDE apporte un soutien annuel à l'agriculture qui représente 375 milliards de dollars, alors que l'aide publique au développement pour tous les secteurs, agriculture, industrie, éducation, sécurité, etc. est de l'ordre de 120 milliards de dollars par an. Les pays du Tiers monde, à l'exception de certains émergents, ne peuvent pas exporter des avions, des armes, des biens industriels et électroniques. Les dépenses en armement représentent 1 531 milliards de dollars par an, qui sont déversés surtout dans les pays du Tiers monde. C'est pourtant dans l'agriculture que ceux-ci ont un avantage comparatif, notamment grâce aux terres, à l'eau et à la main-d'œuvre. Cependant, ils ne peuvent pas exporter leurs produits agricoles dans des conditions de concurrence égale sur le marché international. De plus, les pays du Tiers monde jouent un rôle marginal dans le secteur financier international dominé par les multinationales, les banques, les assurances et les traders à forte capitalisation boursière. Aujourd'hui, la mondialisation produit un échange inégal au plan sectoriel et global. Il ne faut pas s'étonner des fortes oppositions à ce système et même dans les pays développés, notamment grâce à la société civile. L'Uruguay Round a, certes, tempéré la loi de la jungle économique qui existait dans les marchés agricoles avant les négociations. Il y a eu une amélioration par rapport à la situation antérieure, puisque ces transactions étaient exclues de tout contrôle commercial international. Mais on doit aussi reconnaître les faiblesses, les limites et les inconvénients du système actuel. La lutte sans merci entre les États-Unis et l'Europe, puis entre eux et la Chine, ne sont que les reflets apparents des réalités sous-jacentes d'un commerce international qui n'est pas équitable. Les grands pays qui ne sont pas membres de l'OCDE ont donc constitué leur groupement : le BRIC (Brésil, Russie, Inde, Chine) auquel ils associent l'Afrique du Sud dans le dialogue avec le G-8. Ils sont également membres du G-20. Dans ce cadre, ils s'efforcent de négocier et de trouver des solutions aux problèmes actuels des échanges mondiaux. Ils réussissent, certes, à exploiter certaines conditions des règles actuelles pour améliorer leur balance commerciale et accélérer leur croissance économique mais, il y a des tensions fortes avec les pays occidentaux sur le taux de change des monnaies, les conditions de rémunération de leurs travailleurs ainsi que les situations liées à l'environnement. Les pays exportateurs ont vendu du pétrole à environ 14 dollars, il y a seulement 12 ans. En effet, jusqu'en 1989, sauf pour sept années, les prix du pétrole étaient en dessous de 20 dollars. Ils font l'objet de pressions pour ne pas augmenter leurs prix, à cause de l'impact négatif que cette augmentation peut avoir sur la croissance économique mondiale. On oublie cependant d'indiquer que les taxes dans les pays industrialisés peuvent atteindre jusqu'à 60% du prix payé par le consommateur à la pompe à essence. Le marché des dérivés des produits agricoles a fait l'objet de débats houleux, notamment dans le cadre du G-20. En effet, sur les marchés à terme, il est possible d'acheter un contrat sans apport de fonds et de le vendre quelques mois après en faisant d'importants bénéfices, sans avoir pris livraison de la marchandise. Qu'il y ait la possibilité de faire des arbitrages pour réduire les risques ne suscite pas d'objection, car il faut flexibiliser le système et permettre des anticipations, mais il n'est pas admissible d'accentuer la fluctuation des prix du marché international avec des objectifs purement spéculatifs. Ainsi, se forge la conviction, qu'au départ, les règles du jeu international ne sont pas bonnes – les joueurs diraient que « les dés sont pipés ». En outre, les institutions financières ont demandé aux pays pauvres qui voulaient obtenir des financements pour leur développement économique, d'appliquer, dans le cadre des politiques d'ajustement, des mesures que les pays développés ne prenaient pas.

– Ne pensez-vous pas que l'une des raisons des problèmes financiers et économiques que nous vivons, réside dans une nutation interne subie par le capitalisme dans lequel l'entreprenariat et la force du travail ont été reléguées au second plan, au bénéfice de l'actionnariat et de la spéculation ?

– Il y a eu un échec de l'économie administrée à travers des décisions pour fixer la production, la consommation et les prix. Il y une différence entre ce système et une planification flexible des moyens pour atteindre des objectifs nécessitant une identification du facteur limitant pour lever les contraintes. C'est l'économie de type soviétique qui a échoué, avec, comme conséquence politique, la chute du mur de Berlin. C'est l'échec du COMECON, globalisation économique du communisme qui a justifié l'attrait du libéralisme. Mais ce n'est pas une raison suffisante pour que le libéralisme, tel qu'il est pratiqué aujourd'hui, soit satisfaisant. En effet, il ne respecte même pas ses règles de base. Dans tous les cours d'économie, on enseigne que pour qu'il y ait un juste prix, il faut que l'offre et la demande fonctionnent dans des conditions de concurrence parfaite, c'est-à-dire : atomicité, fluidité, liberté de décision et information appropriée, mais aussi en l'absence d'entraves comme les monopoles, oligopoles, etc. Ces conditions doivent exister chez les producteurs et les consommateurs, afin de ne pas peser sur les prix. Il faut aussi, au niveau international, ne pas avoir des mesures restrictives au commerce, notamment la limitation ou l'arrêt des exportations, même si en l'état actuel des règles de l'OMC ces mesures sont permises après une notification appropriée. Au plan national, l'économie libérale est basée sur les facteurs de production, le capital, les techniques et le travail des êtres humains que l'on rémunère. Il y a aussi la demande qui s'exprime en fonction des revenus et des habitudes de consommation. Et l'État doit arbitrer, dans l'intérêt de la nation, avec des règles, les conditions de transparence de l'exercice des rapports entre l'offre et la demande. Le capital se manifeste à travers l'actionnariat et les marchés boursiers, avec un rôle prépondérant des banques dans son fonctionnement. Aujourd'hui, on a abouti à la primauté du capital qui, dans les Conseils d'administration, oriente les grandes décisions économiques. L'objectif premier des dirigeants des sociétés, c'est de permettre à leurs actionnaires de gagner plus d'argent. Les techniques, qui sont le résultat d'un investissement intellectuel avec un coût financier, permettent aux organisations privées et publiques d'être plus efficaces dans la qualité et les coûts mais aussi dans l'identification des produits appropriés aux besoins des consommateurs. Les travailleurs n'ont plus la même capacité de négociation économique avec le capital. Ils essayent, par le biais, de syndicats et d'associations professionnelles, de négocier de meilleures conditions d'emploi et de rémunération. Par delà, les grèves et autres formes classiques de protestations, ils portent parfois leurs revendications et différends avec les employeurs sur le terrain médiatique et politique. Les travailleurs, malgré leurs réactions de refus et les négociations d'accords avec le patronat, restent dominés par des systèmes nationaux dont le pouvoir de décision économique s'exerce de plus en plus aux niveaux régional et international où la productivité est le facteur dominant d'un système financier implacable. Les choix stratégiques sont donc de nature économique et non politique car la marge de manœuvre des dirigeants nationaux se rétrécit. La technostructure, capacité d'expertise et de gestion, constitue l'armature des systèmes économiques et politiques. Le libéralisme a donc vaincu le communisme au plan économique, car même la Chine applique ses règles dans le commerce mondial. Mais, le capitalisme qu'il a enfanté ne respecte pas ses règles dans les échanges internationaux. Pourtant, aussi bizarre que cela puisse paraître, c'est dans les pays très développés qu'ont parfois été créées des conditions de concurrence sur le plan national, tellement contraignantes, qu'elles frisent la bureaucratie des régimes collectivistes. Les actes du processus de production, de vente et d'achat, y sont, dans ce cas, réglementés. C'est un effort pour modifier des rapports de force qui ne sont pas équilibrés. Ainsi, l'Union européenne et les Etats-Unis sanctionnent parfois certaines sociétés après des jugements pour collusion, en vue de fixer des prix, mais leur système économique peut aboutir à une croissance économique ne générant pas d'emplois, et qui peut même aggraver le chômage. Quelle est la finalité d'une activité économique qui n'améliore pas les conditions de vie de l'homme ? C'est pourquoi beaucoup de critiques du capitalisme sont encore d'actualité. Mais, les alternatives pour le remplacer se sont souvent révélées pires pour l'efficacité économique et les libertés individuelles. Dans le système financier international actuel, l'argent crée de la richesse sans passer par un processus productif et, en plus, « les gros capitaux battent les petits », comme disait mon professeur d'économie.

– *A cette crise du capitalisme semble curieusement répondre une crise du socialisme dans ses fondements aussi bien que dans ses différentes variantes : du communisme à la social-démocratie.*

– Le socialisme avait réussi à concevoir des modèles de société qui aspiraient à échapper aux aspects négatifs du communisme, grâce à l'expérience des pays scandinaves et de la « social-démocratie ». C'était la synthèse d'un objectif social et d'un cadre de liberté, mais c'était surtout un effort pour assurer une production efficace et une répartition équitable des revenus du capital. Ce modèle semblait répondre à la critique du totalitarisme des systèmes communistes et permettre la création d'un Etat providence, pour satisfaire les besoins fondamentaux de tous les membres de la société. La « démocratie sociale » a cependant souffert de la globalisation. Tant qu'elle fonctionnait dans un système national, elle a pu effectuer les ajustements socio-économiques nécessaires. En Suède, Olof Palme a offert aux dirigeants de l'Internationale socialiste un modèle de substitution au capitalisme, plébiscité par le suffrage universel. C'était un système presqu'autonome, qui avait des échanges avec l'extérieur, mais dont les fondements restaient un marché et des choix nationaux. Les meilleurs résultats en matière de revenu par habitant, de longévité, de santé, d'éducation, de logement, étaient obtenus dans les pays sociaux-démocrates. Mais le système reposait sur une taxation très lourde des surplus du capital, au profit de ceux qui n'avaient que leur force de travail. A partir du moment où la mondialisation a permis de déplacer le capital, les investisseurs sont allés vers les pays où la fiscalité était moins lourde. De plus, les monnaies qui étaient nationales en Europe, sont devenues régionales avec une politique de taux d'intérêt déterminée collectivement par des instances communautaires.

Aujourd'hui, il y a une grande crise du communisme qui, dans les pays occidentaux, ne représente plus qu'un pourcentage marginal de voix dans les élections par rapport à sa force au lendemain de la Seconde Guerre mondiale. Cette situation résulte de l'incapacité des partis qui continuent de défendre cette idéologie, à dépasser une critique justifiée du capitalisme pour proposer des solutions d'amélioration des conditions de vie des travailleurs dans un cadre capitaliste régional et international. Les socialistes font face au même défi mais sans le handicap du totalitarisme. Que peut faire un régime socialiste dans le cadre des règles économiques d'un marché capitaliste dans l'Union européenne ? Les règles communautaires de l'Union européenne ne permettent plus les marges de manœuvre économiques et financières d'antan. Au lieu de faire du socialisme en tant qu'idéologie économique, on essaie de trouver des réponses sociales ponctuelles aux questions d'échelle de valeurs politiques. La politique, c'est la gestion de la cité pour qu'elle soit juste. Aujourd'hui, le socialisme doit faire face au défi de grands marchés avec les avantages de l'économie d'échelle, contrastant avec l'éparpillement des populations dans des micro-États. Les besoins d'investissement en infrastructures, pour des échanges inter et transcontinentaux, notamment les routes, les chemins de fer, les transports maritimes et aériens, ne peuvent êtres satisfaits à l'échelle nationale. Mais, il existe une contradiction entre la logique de ces grands ensembles à rationalité économique et la multiplicité de centres de décision politiques basés sur des intérêts spécifiques de groupes et de sociétés dont les objectifs sont autocentrés et souvent à court terme.

– Croyez-vous à la possibilité d'une sortie de la crise qui menace l'économie mondiale ? Et quels en pourraient être les pistes ?

– La crise, en révélant les faiblesses du système actuel, a ouvert des pistes qui devraient permettre d'en sortir. Pendant les décennies de capitalisme débridé par la dérégulation, la pensée était monolithique. C'était un système considéré comme parfait. Le thatchérisme et le reaganisme ont été jusqu'à considérer que « l'État n'était pas la solution mais le problème ». Il fallait donc s'éloigner le plus possible des décisions des institutions nationales au profit de la logique du marché. Mais lorsque les Etats-Unis ont du prendre l'argent des contribuables pour sauver les banques et les grandes sociétés multinationales afin de leur éviter la banqueroute, l'édifice mental capitaliste s'est effondré. Il a fallu reconnaître que l'Etat avait son rôle à jouer dans l'économie, ce qui était couramment admis sous l'influence de Keynes et des économistes de la période postérieure à la guerre 1939-45. À partir de ce moment, il devenait possible intellectuellement de briser les tabous de la dérégulation systématique et d'analyser objectivement les faits économiques et les facteurs explicatifs pour trouver des solutions appropriées aux différents problèmes de développement. C'est ainsi que les règles de fonctionnement du système financier ont été remises en cause même aux États-Unis. Les banques ne peuvent plus faire ce qu'elles veulent sans limitation. La catégorisation et le retour à la spécialisation des différentes opérations bancaires et d'assurance s'amorce avec un contrôle plus strict qui évite les conflits d'intérêt et les délits d'initiés. Il y a un retour à une réglementation mais qui n'est pas une gestion administrative du fonctionnement des institutions financières. Il s'agit de laisser la liberté à l'action économique, mais dans un cadre qui permette d'éviter les abus. La deuxième leçon, c'est la prise de conscience qu'il n'y avait pas de solution nationale à la crise et qu'une concertation internationale était indispensable pour prendre des décisions communes ou, au moins, harmonisées. Les pays du G-8 ont aussi constaté qu'ils ne pouvaient pas à eux seuls, relancer et rééquilibrer l'économie mondiale. Ils ont fait appel à d'autres partenaires dans le cadre du G-20. Si des pays développés et émergents ne sont pas admis comme membres permanents au Conseil de sécurité pour arbitrer les questions politiques internationales, on ne peut pas les exclure des grandes décisions économiques mondiales. Mais, ce nouveau groupe a une faiblesse éthique congénitale de légitimité, car il ne compte que 20 pays sur les 194 du monde. Il faut donc trouver des mécanismes pour permettre aux grands ensembles économiques comme l'Union africaine, la Ligue des États arabes, la Conférence ibéro-américaine, l'ASEAN, etc., d'être représentés et de participer à la prise de décisions par le G-20. La troisième leçon, c'est la nécessité de retourner à l'économie réelle comme base de la monnaie. Il faut, en effet, une production matérielle pour une population qui a aujourd'hui environ 7 milliards de personnes et qui va atteindre 9 milliards, en 2050. La Présidence française du G-20 a donc prévu, dans les discussions préparatoires du Sommet de Cannes, la question de la volatilité des prix des produits agricoles. Mais ces fluctuations exagérées ne sont que la conséquence d'un décalage entre l'offre et la demande qui relève de facteurs structurels du marché. L'activité énergétique et industrielle nécessite aussi des investissements pour accroître les capacités et améliorer la technologie des processus productifs. L'analyse de ces relations et interactions, en vue de trouver des solutions appropriées aux problèmes qu'ils posent, serait de nature à permettre une sortie de la crise. Le taux de croissance de la production intérieure brute des pays développés, caractérisé par une tendance baissière et, dans certains cas, par des niveaux négatifs, est revenu, provisoirement, à la hausse autour de 2%. Dans les pays émergents, il se situe entre 7 et 10%. La situation semble être en train de changer dans le bon sens mais trop lentement, notamment pour la reprise de l'emploi et avec des risques de rechutes induites par le changement climatique, les catastrophes naturelles, l'aggravation du niveau d'endettement public ou la spéculation boursière. Mais, pour faire face à la situation globale de crise, il faut repenser les structures mondiales de gouvernance politique et économique qui sont héritées des équilibres et des rapports de force résultant de la Seconde Guerre mondiale.

– Nous ne pouvons pas parler de mondialisation sans évoquer la révolution informatique à laquelle vous avez été attentif, déjà quand vous exerciez vos

responsabilités gouvernementales au Sénégal. Les effets politiques et sociaux de cette révolution informatique ont été mis en évidence par ce qu'on appelle « Le printemps arabe ». Ils dépassent la problématique technique elle-même de la révolution informatique. Que vous inspire cette « révolution informatique » ?

– La révolution de l'information a accéléré la mondialisation, en produisant des outils de plus en plus puissants pour stocker et diffuser des textes, des images et des sons. Sa caractéristique principale est de permettre de dépasser trois facteurs limitant l'activité humaine : le temps, l'espace et la capacité de mémorisation. Le nouveau système interactif donne aussi la possibilité de communiquer avec toute la planète par delà les frontières, dans des délais très courts. Après les hiéroglyphes et l'utilisation du papyrus, la production du livre par Gutenberg avait été un pas de géant dans la conservation et la diffusion des connaissances. Mais il fallait cependant l'acheter en librairie ou le consulter dans des bibliothèques. Aujourd'hui, avec un clavier chez soi, on peut avoir accès instantanément à l'information mondiale. L'être humain a réalisé son évolution grâce à une plus grande adaptation biologique à son milieu. Ensuite, il a créé des outils pour influer sur la nature, notamment en prolongeant ses sens. Longues vues pour les yeux, véhicules pour les jambes, radio et téléphone pour les oreilles, détecteurs de gaz pour les narines, automates pour les mains, etc. La révolution informatique, c'est tout cela à la fois. On voit, entend, se déplace et agit dans le virtuel, c'est une forte démultiplication de nos sens, avec un impact majeur sur le centre principal de l'être humain qui est son cerveau, le siège de l'intelligence pour l'analyse, la réflexion et l'action. C'est un grand saut quantitatif et qualitatif dans la capacité d'excroissance des sens et de l'intelligence. Le stockage de données et les possibilités de calcul ont amélioré les techniques de projection vers l'avenir, donc la prévision, base de la gouvernance. Les premiers ordinateurs les plus puissants d'IBM, les CRAIG, ont été utilisés pour la météorologie. La capacité de communication individuelle s'est étendue aux groupes avec les réseaux sociaux qui permettent de choisir ses partenaires : Facebook, Twitter, Youtube, etc. en sont des illustrations édifiantes. Maintenant, le monde est devenu réellement un village planétaire avec des rapports humains à coûts réduits et parfois nuls. De plus, dans beaucoup de cas, on peut éviter les investissements en infrastructures de base coûteux que sont les câbles métalliques ou la fibre optique, en établissant des liaisons virtuelles par satellite. La dernière révolution qui semble la plus porteuse d'avenir, c'est le cellulaire qui a dépassé sa fonction initiale de téléphone portable pour devenir un ordinateur dont la puissance va être sans limite avec l'avènement du « Cloud computing » qui élimine le besoin de stockage individuel de données. La programmation, la communication, l'accès au texte, au son, et à l'image sont maintenant possibles. Les faibles coûts d'énergie nécessaire sont disponibles partout, grâce aux cellules photovoltaïques. Les appareils dont les coûts baissent rapidement grâce à de nouvelles technologies, la production automatisée et un marché transfrontières, seront de plus en plus à la portée des couches les moins favorisées. Ce changement, aux dimensions planétaires, est la vraie rupture intellectuelle qui dépasse la division idéologique est-ouest, en donnant naissance à un monde multipolaire constitué de groupes microcosmiques dans un réseau international. Nous sommes en train de bâtir les fondements d'une nouvelle société mondiale qui dépasse et intègre les États nations ainsi que les regroupements politico-économiques. Quelles influences auront ces bases d'information, mais aussi l'accès et les échanges de textes, de sons et d'images, sur les réactions individuelles et collectives, ainsi que sur les capacités d'organisation et de réaction au plan national et global ? C'est la grande question qui va déterminer la société du vingt-et-unième siècle. Tout l'équilibre des différents groupements humains est remis en question avec ce nouvel outil. L'Afrique est aujourd'hui le continent où le taux de pénétration du cellulaire est le plus grand.

Une réflexion devrait être menée sur la relation entre les formes classiques d'organisation institutionnelle, notamment de l'État nation, et les outils de relations directes et d'interactions entre les êtres humains par delà les frontières juridique, idéologique ou physique. On peut observer déjà les prémices de ce nouvel ordre mondial qui commence par les désordres renforcés et relayés par les réseaux sociaux des cellulaires dans les crises en Iran et dans le monde arabe mais aussi en Espagne, au Royaume-Uni et aux États-Unis. Qui aurait pu prévoir ces explosions populaires et leur propagation instantanée à travers des pays et des régions réputés pour leur stabilité. Que peuvent les violences tragiques et dérisoires face au besoin d'expression et à la volonté de libération des peuples ? Combien pathétiques sont les efforts de manipulation et de canalisation de mouvements spontanés, ainsi que les tentatives d'embrigadement au profit des ensembles hégémoniques qui caractérisent le monde actuel. C'est l'aube d'un nouveau monde qui se lève aux rayons incandescents d'un soleil de liberté et de fraternité. Je me souviens des douaniers et policiers confisquant à notre arrivée en vacances au Sénégal, l'ouvrage de « Ijib Wolof » préparé par des membres sénégalais de la Fédération des étudiants d'Afrique noire, pour permettre l'enseignement de l'alphabet de notre langue nationale. On ne peut plus arrêter le mouvement inexorable des idées et des aspirations. Il faut au contraire aller dans le sens de la marche de l'histoire, car elle est un éternel recommencement de la victoire du progrès sur l'obscurantisme et de l'émancipation sur l'exploitation. Il faut développer la capacité d'accès à l'instruction et à une culture de l'humanité en encourageant la réalisation d'écoles et de musées du monde, et en facilitant les connections à travers Internet. Certaines universités, notamment parmi les plus connues, comme MIT, Harvard, Oxford, Cambridge, etc. sont en train de mettre tous leurs cours sur Internet, pour qu'ils soient accessibles gratuitement de n'importe quelle partie de la terre. Il y a une contradiction fondamentale entre les cadres devenus des cages institutionnelles et géographiques, d'un part et, d'autre part, les outils accessibles instantanément d'une nouvelle citoyenneté librement choisie à travers des réseaux associatifs, hors des frontières nationales. Ces tensions vont entraîner le déplacement des centres de gravité des pouvoirs avec des conséquences irréversibles sur la gouvernance, les rapports sociaux internes mais aussi interétatiques.

– Pensez-vous qu'il existe un paradoxe des nouveaux moyens de la communication partageant leurs effets entre des aspects positifs comme la naissance d'un opinion publique internationale et des effets négatifs comme ceux que fait peser la culture mainstream sur la standardisation des cultures et des arts de vivre ?

– Il faut faire la différence entre le contenant et le contenu. L'outil informatique développe des capacités, mais pas les messages transmis. Il faut être prudent, car il y a des risques de dérives dangereuses, voire criminelles qu'il est difficile de maîtriser. Mais il faut savoir établir une frontière entre l'expression et le contrôle. La liberté de l'un s'arrête aux frontières de celle de l'autre. Il faut respecter les droits de l'homme et une certaine éthique du comportement social. Il y a les coutumes et traditions spécifiques des sociétés, mais aussi des éléments référentiels de base qui sont universels. L'outil informatique va permettre, à terme, de dépasser la barrière linguistique et de donner ainsi la possibilité de communiquer quelque soit la langue que l'on parle. Ce sera un progrès immense vers l'unicité du genre humain. Déjà, des recherches sont menées dans plusieurs universités et institutions pour arriver à comprendre une langue avec quelques deux ou trois cents mots essentiels. Ils ne permettront pas de faire de la poésie ou des œuvres de beauté littéraires. Mais la communication élémentaire sera possible. On est aussi en train de créer des programmes de traduction de langues et d'écriture automatique du langage parlé. Ces développements raccourciront, de manière stupéfiante, le temps nécessaire à la fois pour la réflexion, la communication et l'action. Ce que nous pouvons faire maintenant est incommensurable parce que l'informatique, c'est la mondialisation de la connaissance. Cette étape doit déboucher sur l'accès au savoir pour tous, avec des outils simples et peu coûteux. Les impacts sociaux des nouvelles opportunités de l'informatisation vont bouleverser les méthodes de formation, avec l'enseignement à distance et l'accès aux soins par la télémédecine. L'observation s'améliore avec les satellites géostationnaires tandis que la communication sonore et visuelle se développe avec les systèmes de téléconférence. Les nano-techniques ouvrent le vaste champ de la miniaturisation. Il reste, pour les adeptes de la science fiction qui n'est qu'une anticipation du réel, la téléportation pour déplacer, de manière instantanée, les objets et ensuite les êtres humains, d'un point à un autre de la terre et de l'espace. Pour le moment, on téléporte des idées et des connaissances, des sons et des images et cela change complètement notre interface avec les autres. Dans les sociétés de demain, les personnes vont dépasser les cadres obsolètes et aller au-delà des restrictions nationales en obligeant les hommes d'État à trouver des solutions innovantes aux contradictions d'un monde éclaté qui est en train de donner naissance à une nouvelle civilisation.

– Et à un nouveau rapport à l'environnement qui a vu les questions écologiques prendre une importance grandissante, y compris sur le plan

politique, avec le rôle de plus en plus affirmé des Verts. Que pensez-vous du débat en cours sur la question du changement climatique, au premier rang des préoccupations des écologistes ?

– Les connaissances scientifiques, que nous avons accumulées sur la base de données objectives, montrent que le changement climatique est réel. Les observations sur une longue période, avec des calculs de régression et des moyennes, bases de projections, ne sont pas en contraction avec des exceptions conjoncturelles et ponctuelles. Il y a une hausse effective de la température du globe et une exacerbation des extrêmes climatologiques : pluviométrie et sécheresse ainsi qu'une multiplication et une intensification des phénomènes comme les vents et les ouragans, les tremblements de terre et les tsunamis. Le rythme d'occurrence de ces événements s'est aussi accéléré. Combien de temps passait entre un ouragan et un autre dans les Caraïbes et entre deux sécheresses en Afrique ? Maintenant, il y a une cohabitation de facteurs antagonistes dans le même pays ou dans la même région. Cette évolution n'est ni linéaire ni cyclique. Le constat est objectif. Certes, les opinions divergent sur les solutions d'atténuation et d'adaptation. Comment éviter cette hausse des températures au plan global, ce réchauffement climatique ? En outre, connaissant la tendance, quelles recherches scientifiques conduire pour s'adapter à un environnement qui va changer. En agriculture par exemple : quelle amélioration variétale pour accroître la résistance aux hautes températures ? Des mesures similaires doivent être adoptées pour la foresterie, l'élevage et l'aquaculture. Il faut limiter les émissions de gaz à effet de serre par des économies dans les coûts de transport, le recours à des moyens mis en commun et des techniques plus efficaces. Il faut diminuer les énergies fossiles polluantes utilisées pour produire de l'électricité, sinon on aboutit à la situation du « chien qui se mord la queue ». Mais ce qui conduit à la perplexité, voire même au cynisme, c'est la manipulation d'un débat sur l'avenir de l'humanité : comment l'être humain va survivre en préservant un environnement qui lui avait permis d'évoluer, depuis les primates jusqu'au stade des hominidés ? La poursuite d'intérêts spécifiques d'États ou de sociétés, notamment transnationales, porte en germe un processus d'appropriation, d'exploitation et de spoliation des biens des personnes ou des pays pauvres. C'est ce qui justifie les réactions altermondialistes qui demandent de faire les choses autrement et refusent de suivre la seule voie de recherche de l'intérêt maximum et immédiat, selon un raisonnement « politiquement correct ». Que certains remettent en cause des velléités de domination avérées est une démonstration de liberté intellectuelle et d'engagement éthique. Ainsi, la FAO et l'OMS ont créé, dans le cadre du Codex Alimentarus, un « Comité *ad hoc* sur les produits dérivés des organismes génétiquement modifiés », avec les meilleurs experts du monde pour dire aux États membres comment aborder ce problème, ce qu'il faut faire ou pas, les précautions à prendre, les dispositions à adopter, etc. Il s'est réuni pendant six ans et n'a pas pu arriver à un accord. Pourtant, ce sont des hommes de la science objective, mais il y a des intérêts gigantesques derrière la question des OGM, que ce soit dans l'agriculture ou dans d'autres domaines. Le problème n'est donc pas seulement scientifique et technique mais aussi économique et financier. « Science sans conscience n'est que ruine de l'âme », car la science peut être utilisée à des fins contraires à l'éthique.

– La question de l'énergie fait également partie des préoccupations prioritaires de la communauté internationale. Avec la fin prochaine des énergies fossiles pronostiquée par certains spécialistes, le débat sur les énergies renouvelables prend un certain relief........

A côté de cette question du changement climatique qui est quand même au centre de la réflexion sur l'environnement dans le monde, il y a également une autre question que nous venons simplement d'effleurer, qui est la question de l'énergie. Avec la fin annoncée des ressources classiques énergétiques dans le monde, quel est l'avenir pour les énergies renouvelables ?

– Le problème des énergies renouvelables, c'est celui des énergies non renouvelables. Si les prix du pétrole et du gaz montent, c'est la précipitation vers les études, analyses, recherches, programmes, investissements, et actions dans les énergies alternatives. Dès que les prix baissent, tout s'arrête pour des questions de rentabilité à court terme. Le vrai défi est là. Il faut donc des institutions qui ne sont pas mues par des intérêts changeant au gré de l'évolution du prix du marché du pétrole. Pour des questions fondamentales de l'humanité, on devrait avoir la capacité de mettre en place des stratégies, des politiques, des programmes et des moyens pour trouver les solutions appropriées sur le long terme. Les institutions qui existent sont privées ou relèvent d'Etats qui ont des objectifs à court terme comme base de leurs décisions et de leurs actions. On fait ce que j'appellerais un yoyo scientifique : on investit dans la recherche qui est une activité sur la durée en fonction de l'évolution des marchés qui évoluent de manière instantanée. Aujourd'hui, le pétrole et le gaz sont la base de l'économie mondiale, mais à terme nous devrions aller vers l'hydroélectricité qui, en plus, est moins chère, même si l'investissement initial est élevé. La priorité devrait être aussi le solaire, l'éolien, la géothermie, etc. Mais, une telle politique nécessite des ressources importantes qui ne changent pas au gré des fluctuations des prix sur le marché de New York, Londres, Paris, Francfort, Hong Kong, Shanghai, etc.

Il y a aussi la problématique des bioénergies. Quand on transforme du maïs en carburant pour les véhicules, on le détourne de la consommation humaine, avec des conséquences sur la faim dans le monde. Si on respecte les règles normales de concurrence, la décision pourrait être justifiée au plan économique. Mais, aujourd'hui, on accorde des subventions de l'ordre de treize milliards de dollars par an, pour ce secteur. On applique des restrictions quantitatives aux importations en provenance d'autres pays et des tarifs douaniers élevés pour empêcher l'arrivée sur le marché de produits qui sont plus concurrentiels. En une année, on a détourné environ cent vingt millions de tonnes de céréales de la consommation humaine pour alimenter les moteurs des véhicules. Avec une bonne politique, les paysans, éleveurs, pêcheurs pourraient développer des formes locales de bioénergies, afin de moderniser et d'améliorer les conditions de vie des groupements humains éparpillés à travers les zones rurales. Le biogaz, produit avec un mélange de matière organique constituée par des déchets animaux et des résidus de récolte, permet de satisfaire les besoins en énergie domestique. Avec les tiges, les coques et autres résidus de récolte et non les graines, les grains, etc. on peut développer des formes d'énergie efficaces sans porter préjudice à l'alimentation humaine. La recherche actuelle sur les bioénergies de deuxième génération est porteuse d'espoir mais, en attendant, le bon sens nous dicte d'utiliser la production agricole pour l'alimentation d'une population qui compte environ un milliard d'affamés.

– Peut-on appliquer aux pays en développement les mêmes restrictions et les mêmes disciplines que préconisent les pays développés, au prétexte que la « maison commune brûle », selon la formule utilisée par Jacques Chirac au Sommet de la terre ?

– Dans la plupart des pays en voie de développement, il y a de facto une agriculture durable, qui répond aux normes environnementales, pour la simple et bonne raison que les pauvres agriculteurs n'ont pas d'engrais ni de pesticides. Ils pratiquent la culture itinérante et se déplacent sur d'autres terres lorsque les premières s'épuisent. Mais il est surprenant d'ignorer que le problème des engrais, c'est celui des quantités utilisées. Environ 30 kilos en Afrique, et une dizaine de kilos à l'hectare au sud du Sahara sont consommés, alors que dans les pays développés on arrive à 250 ou 300 kilos. Alors vouloir traiter le problème de l'utilisation des engrais sans tenir compte de ces différences et demander aux agricultures pauvres au nom de considérations environnementales de ne pas accroitre leur productivité, leur compétitivité et leur production, c'est au mieux une ignorance coupable, au pire une escroquerie intellectuelle. Les engrais sont les aliments de la plante, comme la nourriture pour les êtres humains. Ils assurent un complément ou une substitution aux éléments nutritifs qui sont dans le sol (azote, potassium, phosphore et micro-éléments). Sans aliments, la plante ne pousse pas. Or, il faut que l'on produise et que l'on récolte. Les pays qui en utilisent trop, avec comme conséquences des pollutions du sol et de l'eau, etc., doivent diminuer ces quantités. Mais, vouloir appliquer ce principe à l'échelle mondiale, quelque soit le pays, n'a pas de sens. Certaines personnes, parfois de bonne foi, prennent des positions dogmatiques sans analyser les situations spécifiques des différentes zones ainsi que les réalités techniques, économiques et sociales. Les données climatiques ou édaphiques dans le même pays, sur quelques kilomètres, peuvent changer complètement et affecter radicalement les productions. Le principe global, c'est qu'il faut utiliser les facteurs d'une manière qui préserve notre environnement, mais en permettant à l'homme de bien vivre. Quand j'ai rendu visite à Atlanta en 1996, à Ted Turner, fondateur de CNN, il m'a remis une banderole avec l'écriture « Save the humans » (« Sauvez les humains »). Je l'ai encore aujourd'hui. Il a bien raison, car parfois dans les débats sur l'environnement, on semble oublier l'être humain. Tout le monde est d'accord sur la nécessité de préserver notre écosystème, mais c'est dans la manière de le faire qu'il y a des divergences. Nous sommes favorables à une approche globale, mais en tenant compte des situations spécifiques et du poids de l'histoire. Les pays les moins avancés ont commencé leur développement, il y a à peine quelques années. Les pays développés ont pollué le monde pendant des centaines d'années. Pourquoi les pays qui ne sont pas responsables de la situation actuelle devraient en supporter les conséquences ? Mais est-ce que le passé donne le droit à des pays d'être aujourd'hui les plus grands pollueurs ? Ce débat est objectif et il faut lui trouver des solutions équitables.

La lutte biologique intégrée doit être encouragée pour diminuer l'utilisation des pesticides et même les éliminer dans certains cas. Des résultats sur le riz ont montré qu'on pouvait le faire en augmentant la production. Il y a souvent le cadre juridique d'accords mondiaux pour régler ces problèmes mais certains pays insistent pour qu'ils soient volontaires et sans quantification des objectifs afin de permettre à ceux qui ne veulent pas les mettre en œuvre de préserver leur droit de ne pas les appliquer et de ne pas avoir de contraintes légales. C'est de la gymnastique intellectuelle qui n'est pas très éthique mais qui est courante dans les négociations internationales.

– Les progrès fulgurants de la science entrainent, comme le balai de l'Apprenti sorcier, des effets contradictoires. Aux multiples bienfaits des applications scientifiques, en matière de santé, de bien-être, de mieux vivre, répondent les angoissantes questions que posent les manipulations génétiques, les accidents atomiques, etc.

Comment, à votre avis, dépasser avec le moins de dommages possibles, cette dualité paradoxale de la science et des ses utilisations ?

– C'est Einstein qui disait que « la science c'est comme une hache qu'on met entre les mains d'un fou. » Tout dépend de la manière dont on l'utilise. On peut faire une bombe atomique et tuer les populations de Hiroshima et de Nagasaki. On peut utiliser cette énergie pour remplacer le pétrole, le gaz et même dessaler l'eau de mer, avec cependant les risques de contamination observés à Tchernobyl et, récemment, après le tsunami au Japon et le drame de Fukushima. Il en va de même pour le génie génétique, avec en plus une problématique existentielle. Au niveau du gène, il n'y a pas de différence entre la plante, l'animal et l'être humain. Cela mérite quand même que l'on se pose des questions et que l'on prenne des précautions sur les transferts de gènes entre espèces. L'humain est un être supérieur par son intelligence et sa morale. Dans sa biologie, il reste un animal, assujetti aux mêmes besoins et contraintes que les autres moins doués et qu'il mange souvent pour survivre. Les manipulations génétiques peuvent être utiles pour les progrès de la médecine, pour l'amélioration variétale, pour éviter les pollutions en diminuant l'usage des pesticides, etc. Mais, quel va être l'impact, à long terme, de l'utilisation des produits génétiquement modifiés ? Personne ne le sait. Le fait que des pays les aient utilisés pendant un certain temps sans conséquences négatives n'est pas un argument suffisant. On utilise pendant des années des médicaments et un jour on les retire du marché à cause de leur nocivité. Quand les aliments sont consommés, ils entrent dans le processus biologique et sont assimilés par le corps humain. La biologie moléculaire, les techniques d'établissement de cartes et de transferts génétiques, permettent d'accomplir des bonds extraordinaires dans le domaine de la médecine, de l'agriculture et de l'énergie, etc. Et le progrès humain repose sur le développement de la science en technique. Il faut cependant une éthique de l'utilisation de ces outils modernes, c'est la bioéthique. Et dans le cas spécifique du génie génétique, il y a des précautions à prendre, notamment dans l'expérimentation. Quelles mesures vis-à-vis de l'environnement ? Il y a la question de l'information du consommateur et notamment l'étiquetage des produits de consommation. Quelle est l'origine des phénomènes allergéniques ? Un gouvernement a le devoir d'organiser un dialogue libre et public pour prendre ses responsabilités face à ces enjeux. J'ai toujours encouragé les pays du Tiers monde à former des cadres dans le domaine de la biologie moléculaire et de toutes les techniques dérivées. Ainsi, ils pourront discuter avec les différents partenaires sur des bases scientifiques en fonction de leurs intérêts stratégiques. Je leur ai suggéré de commencer par utiliser les semences dérivées de la sélection classique de variétés et d'hybrides qui ont permis la révolution verte en Asie et en Amérique latine. Avec ces produits, ils n'ont pas de problèmes de droits de propriété intellectuelle. Ils ont la possibilité d'adapter ces variétés en fonction de leurs conditions locales. Il leur appartient, dans des cas spécifiques, de décider d'utiliser ou non des OGM, à partir des avis de leurs propres experts maîtrisant ces sciences et techniques.

– Est-ce cette intrication de la science et de la morale qui légitime l'existence de Comités d'éthiques ? Est-ce que ces organes de régulation doivent s'intéresser à tous les domaines de l'activité humaine ?

– A mon arrivée à la FAO, j'ai créé un comité d'éthique en agriculture. Au premier Sommet mondial de l'alimentation en 1996, j'avais invité des autorités religieuses parce que je considère que l'alimentation humaine est aussi un problème culturel. Leur contribution à la réflexion dans les comités préparatoires aux documents techniques a été extrêmement importante. Les grands penseurs ont toujours affirmé que les vrais problèmes de l'humanité sont d'abord culturels, avant d'être techniques ou économiques. L'être humain est inséparable de son éthique de vie. Il s'identifie, se valorise et agit par sa culture en tant que partie d'un groupe social. Son mode d'appropriation des connaissances et de relation avec son environnement dépend essentiellement de ses valeurs de civilisation. Il faut cependant être toujours sensible au fait que l'éthique des uns n'est pas toujours celle des autres, avoir l'esprit d'ouverture indispensable pour le respect des croyances et des convictions des différentes parties d'une même communauté humaine. Un des mes collègues agronome disait qu'entre l'agriculture et la culture il n'y a qu'un champ (ou chant).

– La crise financière que nous vivons, semble entrainer une crise du sens et une crise du progrès. C'est, en effet, pour la première fois dans l'histoire qu'une génération commence à douter de l'avenir qui sera réservée à la génération suivante. Comment expliquer cette triple crise et esquisser les voies vers une sortie ?

– Si on exclut les pays qui ont eu à souffrir de la colonisation ou des conflits internes, l'évolution économique et sociale, depuis la Seconde Guerre mondiale, a été linéaire. Elle s'accompagnait d'améliorations des conditions de vie, grâce à des moyens de travail plus performants pour mieux maîtriser et utiliser la nature. Au cours des récentes années, ce n'est plus le cas. Nous espérions que nos enfants auraient mieux et plus que nous. Dans beaucoup de circonstances, si nous n'avions pas fait les investissements qu'il fallait, nos enfants ne pourraient pas faire de telles réalisations aujourd'hui. C'est un problème moral difficile dans nos relations avec les générations qui nous suivent. Nos conditions de vie étaient meilleures que celles de nos parents et il en était de même entre eux et nos grands-parents. Pour nos enfants, en général, la situation est plus aléatoire. J'ai construit une maison dans les années soixante, à la fin de mes études. J'ai pu l'amortir par les loyers. Aujourd'hui, avec l'effet de l'inflation, mes enfants ne peuvent envisager de faire la même acquisition même s'ils étaient des fonctionnaires internationaux au sommet de la hiérarchie, comme-moi.

– Il y aussi la redoutable question de l'emploi et de la formation ?

– Surtout la question de l'emploi. Je crois que toute notre génération a investi pour assurer la formation des enfants dans nos pays et dans les grandes universités du monde. Même si dans certains cas, les gouvernements n'ont pas toujours maintenu la qualité de l'enseignement dont nous avions bénéficié. Souvent, ils n'ont pas pu développer les structures nécessaires pour un nombre d'élèves plus élevé du fait de la croissance démographique. Pourtant, aujourd'hui, il y a plus d'opportunités, avec la révolution informatique, notamment avec Internet et l'enseignement à distance et grâce aux coûts réduits du matériel pédagogique, d'assurer une formation de qualité. Ce que les gouvernements n'ont pas réussi à faire, c'est d'assurer l'emploi, surtout dans leur pays. Les enfants ont trouvé du travail à l'étranger ou en créant eux-mêmes des structures privées propres. On nous proposait des postes avant même de sortir de l'université et on nous demandait de choisir un logement pris en charge par le gouvernement, l'administration ou les sociétés d'État. On nous donnait un véhicule dont le paiement était assuré avec un prélèvement sur notre salaire. Cette période faste où il y avait une concurrence difficile entre les ministres du commerce et de l'agriculture pour bénéficier de mes services, n'est plus qu'un agréable souvenir. C'est un problème de conscience, car nos parents ont réussi à créer ce type de société où nous avons eu de grandes opportunités. Notre génération a été incapable de faire la même chose. C'est même un supplice moral pour les parents. Certes, nous savons que les temps ont changé et que même de grands pays, comme les États-Unis et l'Europe, ne réussissent plus à garantir l'emploi, surtout des jeunes, même en période de croissance économique. Ils ont cependant des filets de protection sociale et de revenu minimum ainsi que des soins médicaux pour les chômeurs. Nous aurions dû trouver les réponses appropriées aux problèmes qui se posaient alors à nos sociétés pour pouvoir assurer maintenant aux jeunes un emploi. Ils auraient ainsi la latitude de faire le choix d'une vie chez eux. C'est un problème économique mais surtout de dignité humaine. Lorsque nous sommes sortis de l'université, toutes les portes étaient grandes ouvertes. Il n'y avait pas de limite à ce que nous pourrions faire. Le ciel était l'horizon de nos aspirations et de nos ambitions. Nos enfants à la fin de leurs études, aujourd'hui, ont souvent très peu d'offres de travail correspondant à leurs compétences. Ce sont les parents qui ont fait naître ces enfants. Ils n'ont pas demandé à venir sur terre. Il appartient aux générations précédentes de préparer les conditions de vie décentes et même meilleures pour celles qui suivent. L'être humain est supérieur aux autres espèces parce que les connaissances acquises sont cumulées et passent à la génération suivante par le biais de la formation et de l'éducation. Elles accroissent ainsi les capacités et les moyens de comprendre les problèmes et de leur trouver des solutions. Dans les prochaines années, il faudra inventer des politiques qui ne soient pas le simple prolongement des tendances passées. Il s'agira, notamment, de créer des entités productives basées sur nos ressources naturelles si abondantes en Afrique. Il faudra aller au-delà du commerce des produits primaires pour générer de la valeur ajoutée tout au long de la chaine des processus de transformation qui fournissent les articles de consommation finale. Une telle approche est la seule susceptible de nous permettre d'offrir à notre jeunesse des emplois valorisant leur intelligence et leur formation supérieure, au lieu de les cantonner à des fonctions se limitant à l'usage de leur force physique par la fourniture de matières premières sans valeur ajoutée. Dans nos réflexions, nous devons sortir de la cage mentale de la dépendance pour innover à partir de nos réalités et des règles de notre environnement continental et international. Les cultures doivent être transformées localement en aliments pour la vente directe dans les supermarchés, les forêts fournir des contreplaqués et des meubles, les poissons des boîtes de conserve de produits halieutiques et des produits frais livrés par avion dans les marchés ultramarins, le pétrole des produits chimiques raffinés et du gaz pour l'énergie, les minerais des articles manufacturés, le sable et les terres rares des composants électroniques, le potentiel hydrique des bouteilles d'eau minérale et de l'énergie hydro-électrique, le soleil de l'énergie photovoltaïque. Dans le secteur financier, il faudrait créer nos banques, assurances et bourses de valeur avec les partenariats nécessaires à une activité devenue planétaire. Mais quels pays ont assuré leur développement économique en laissant à d'autres le soin de mobiliser leur épargne nationale ? Il en est de même pour les transports routiers, ferroviaires, maritimes et aériens.

Il ne s'agit pas d'une utopie, mais d'une vision qui doit guider l'action à long terme, notamment les priorités de formation et d'investissement ainsi que les négociations avec les partenaires bilatéraux et multilatéraux. Cependant, une vision ne devient opératoire que lorsqu'elle se concrétise dans des actions méthodiques, séquentielles et cohérentes. Elle doit faire l'objet de discussions nationales dans les différents secteurs avec les partenaires sociaux, économiques et techniques. Elle doit reposer sur des connaissances scientifiques et des expériences avérées, sans brider une novation au niveau conceptuel qui fasse l'objet d'une analyse critique avant les arbitrages nécessaires. Elle doit, surtout, subir les tests périodiques de résultats macro et micro-économiques mais aussi d'acceptabilité et d'adhésion sociale fondés sur l'amélioration des critères de développement humain qui existent, à titre comparatif, au plan international. Elle doit enfin prendre en compte la contrainte des marchés nationaux trop étroits et rechercher des solutions dans le cadre des unions économiques régionales. C'est pour l'Afrique un long et dur chemin comme le parcours de Mandela, mais le succès inéluctable est au bout de l'effort patient et persévérant vers un objectif clair.

A l'instar de plusieurs pays émergents, notre génération doit être un partenaire serein, sûr et conséquent dans la défense des intérêts des pays et du continent africain pour léguer, en héritage à la suivante, des conditions de vie meilleures que celles connues antérieurement. Pour l'Afrique, le renversement de la tendance date des années 80, mais l'espoir est en train de renaître avec les progrès économiques des dix dernières années. En tout état de cause, ce sont les jeunes qui ont été le fer de la lance de la révolution technologique mondiale à la fin du XXème et au début du XXIème siècle. Steve Jobs a créé Apple à l'âge de 27 ans, Larry Page et Sergei Brin, Google, tous deux à 23 ans, Jack Dorsey, Twitter, à 30 ans, Mark Elliot Zuckerberg,

Facebook, à 20 ans, Bill Gates, Microsoft, à 20 ans, Larry Ellison, Oracle, à 33 ans.

– Le grand poète allemand Friedrich Hölderlin disait : « Là où croît la menace, croît ce qui sauve ». Ne pensez-vous pas que la prise de conscience des menaces qui pèsent sur l'ensemble de l'humanité pourrait être le déclencheur d'une prise de conscience mondialisée qui pourrait nous aider à construire un avenir viable et vivable ?

– L'être humain, au cours de son histoire, a su dépasser les contradictions. Il a toujours été « le phœnix qui renaît de ses cendres ». Les épreuves le conduisent à être inventif et à trouver des solutions novatrices. Nous pouvons et nous devrions dépasser les situations que nous connaissons actuellement. Mais, je dois exprimer mes doutes sur la gouvernance globale. Je crois davantage, pour avoir vécu dans des institutions internationales, aux capacités de la jeunesse de trouver en son sein des réponses aux grands défis. Elle dispose de moyens lui permettant de créer des entités qui ne sont pas limitées par les classes sociales ou les identités géographiques du village, de la ville ou du pays. L'espoir, c'est le potentiel de mobilisation de cette jeunesse au nom de valeurs qu'on leur a enseignées, ou qui sont disponibles dans les nouveaux systèmes d'information et permettent la comparaison avec ce qui se passe dans le reste du monde. Ils ont le pouvoir d'influer sur le cours des choses dans leur pays parce qu'ils ont la générosité, l'impulsivité et parfois l'inconscience nécessaire pour de grands desseins. Les grandes ruptures qui ont abouti à des sauts qualitatifs dans le monde ont été menées presque toujours dans des situations de désespérance. Un de mes amis disait que si on avait fait l'analyse coût-bénéfice des aventures qui ont changé le cours de l'histoire, on n'aurait jamais fait ces changements. Je suis un optimiste structurel et, peut-être aussi, un peu utopiste. J'ai foi dans la jeunesse qui peut dépasser nos prudences, nos réserves et parfois nos craintes, c'est-à-dire notre conservatisme. S'il est nécessaire d'avoir un cadre mondial, institutionnel, sectoriel ou global pour qu'on ait un dialogue au lieu de se tirer dessus, alors il faut que ces enceintes permettent une analyse objective des problèmes et constituent un forum de débats, pour arriver à un consensus. L'expérience a montré que, dès la phase de mise en œuvre des programmes, on se heurte aux égoïsmes à caractère personnel ou national. Les engagements du G-8, du G-20 et de toutes les grandes Conférences internationales, comme celles que j'ai organisées, ont permis une meilleure connaissance des thématiques et une communication planétaire sur les enjeux. Mais, là où le bat blesse, c'est lorsqu'il s'agit de mettre les moyens pour appliquer des décisions communes et donc d'exercer effectivement la gouvernance. Elle ne doit pas se contenter de la seule réflexion ou du simple consensus, mais permettre l'action. La solution de facilité a toujours été de chercher un bouc émissaire. Les gouvernements ont la souveraineté, l'influence politique, les ressources budgétaires, les techniques, les expertises, et le territoire national avec son potentiel en ressources physiques : terres, eaux, énergies, minerais, biodiversité, etc. Ils ont des hommes, des citoyens qui ont un potentiel pour être des vecteurs de l'action. Il y a des institutions qui offrent le cadre pour les études, l'analyse, la réflexion, la convocation de la communauté internationale. Elles permettent de débattre de ces grandes questions et de prendre des décisions sur la base des informations collectées. Elles procèdent à l'exécution de projets pilotes et d'actions d'urgence, mais elles n'ont pas les moyens financiers pour la mise en œuvre de programmes et de projets d'envergure. Les seuls organismes qui aient le mandat et les ressources nécessaires, ce sont les institutions financières, comme la Banque mondiale, le Fonds monétaire international, les banques régionales de développement, les agences nationales des pays de l'OCDE et quelques pays exportateurs de pétrole

– *Que diriez-vous à un jeune, notamment à un jeune d'Afrique, pour faire lever en lui le levain de l'espérance ?*

– D'abord que chaque être humain est responsable de son destin et fait de sa vie ce qu'il a décidé. Que chacun a en lui les ressorts profonds nécessaires pour changer son environnement immédiat et le monde. Que la jeunesse est aussi le terrain fertile pour l'innovation, pour les idées révolutionnaires. Que les jeunes sont aussi le creuset de la générosité. Ils sont les moins sujets aux préjugés et à tout ce qui divise. Mais il faut surtout qu'ils réalisent qu'ils sont aujourd'hui la majorité du monde. Dans les systèmes démocratiques, ce sont eux qui décident de l'avenir, mais aussi du présent, pas les autres. Ils ont aussi le pouvoir de changement par l'exercice du droit de vote mais aussi comme on l'a vu par des manifestations utilisant les outils technologiques pour leur action : SMS, Facebook, Twitter, photos en ligne, etc. Pour les jeunes du Tiers monde et surtout de l'Afrique, le destin de leur peuple est entre leurs mains, et il est important qu'ils en prennent conscience. On n'est plus au stade où les jeunes se contentaient de suivre leurs aînés. Naturellement, ils doivent respecter les valeurs, les qualités, les principes qui sont le fondement de leur culture. Mais, ils doivent se libérer des pesanteurs qui bloquent leur élan de créativité et de progrès. Dans ma société, le seul moment où vous pouvez regarder quelqu'un en face et lui dire qu'une personne est plus intelligente, a plus d'attraits et de qualités que lui sans susciter une autre réaction que celle du contentement, c'est quand vous lui parlez de son fils ou de sa fille. Cela veut dire que nous souhaitons que nos enfants nous dépassent dans le succès, qu'ils fassent plus et mieux que nous et qu'ainsi nous soyons fiers d'eux. Mais, ce qui est le plus important, c'est que la jeune génération africaine actuelle assume la responsabilité historique du devenir du continent car pour de la première fois elle constitue la majorité absolue de la population.

Post-scriptum

– Nous allons conclure ces entretiens par une note ludique mais pas superficielle, si vous le voulez bien. En effet, cet exercice pourrait éclairer des aspects de votre personnalité que l'échange plus classique aurait laissés dans l'ombre. La première partie de ce Post-Scriptum pourrait s'intituler « La tentation de l'île ou lorsque Robinson rencontre Aladin ». Cet exercice est inspiré d'une émission radiophonique que Mme Xavière Ulysse, journaliste et directrice de l'Université Euro-Arabe Itinérante, avait créée sur les ondes de Radio Tunis. « Le Robinson des temps Modernes »et qu'elle nous autorise gentiment à reprendre dans le cadre de notre entretien.

Vous voici donc, Robinson Crusoé des Temps Modernes, échoué sur la plage d'une île déserte. Vous y promenant, vous découvrez la lampe d'Aladin. La frottant pour la débarrasser du sable qui la couvre, vous faites apparaître le génie qui y était enfermé. Celui-ci veut exaucer les vœux de celui qui l'a libéré et vous demande de choisir trois livres, trois disques et trois œuvres d'art, étant entendu que ces œuvres d'art peuvent être une peinture ou une sculpture, un film, ou même une architecture. Et ces trois livres, trois disques et trois œuvres d'art deviendront vos compagnons sur l'île déserte. Si vous étiez ce Robinson, quel serait votre choix et quelles en seront les motivations ? On pourrait, si vous le voulez bien, commencer par les trois livres d'abord.

– Je commence par le *Coran*, qui est le livre de ma foi. C'est le référentiel des valeurs qui doivent guider ma vie. C'est une base de comportements personnels et de relations avec les autres et donc d'attitude sociale. Le Coran donne des orientations bien précises sur ces questions. Depuis que j'ai été introduit à cette religion de mes parents et de mes grands-parents, j'ai essayé de mener une vie en conformité avec l'essentiel de ce qui est prescrit par le Livre saint et dans les hadiths sur l'enseignement de la vie de notre prophète, Muhammad Sal Allah Alayhi Wa Salam. Le choix de ce Livre est donc logique, puisque c'est le sillon du champ de ma vie sur terre, et qui devrait me permettre de mener dans l'au-delà, une seconde vie au Paradis.

– En plus de sa valeur intrinsèque, c'est aussi un lien avec l'enfance et toute la traversée de la vie que vous avez eue ?

– Le Coran, c'est d'abord l'initiation à l'école coranique. C'est ensuite une explication du comportement d'un bon musulman. On découvre, adulte, qu'il s'agit de règles éthiques internationales correspondant aux principes fondamentaux des droits de l'homme. L'être humain doit respecter les autres. Il doit éviter de faire du mal et prodiguer le bien. Il doit entretenir une hygiène corporelle et prier cinq fois par jour en se tournant vers la Kaaba pour se rappeler qu'il est un simple mortel, qu'il a au-dessus de lui son Seigneur Allah, « Tabaraka Wa Talla »,qui a agencé le monde et qui le guide. C'est aussi une preuve d'humilité que de s'agenouiller plusieurs fois chaque jour en pensant que l'on est venu sur terre et que l'on va retourner à son créateur. C'est surtout un appel à résister aux tentations. Certains succès qui ne sont que des phénomènes apparents masquent la précarité de notre condition humaine et font oublier l'ancrage fondamental aux valeurs réelles, au noumène. Avoir ce livre à côté de moi dans une île déserte me fera sentir que je ne suis pas seul, car j'ai le créateur qui me surveille avec bienveillance et me protège. Ainsi même isolé physiquement, je serai relié spirituellement au reste de l'humanité.

– Passons au choix du deuxième livre....

– Le deuxième livre, vous n'en serez pas surpris, c'est *Nations nègres et culture* de Cheikh Anta Diop, mon livre de chevet quand j'étais étudiant, en France. Je le choisis après le témoignage de ma fidélité à l'enseignement coranique universel, je voudrais entretenir mon enracinement dans mon continent, ma culture, mes valeurs de civilisation, ma solidarité avec les peuples auxquels j'appartiens, qui sont négro-africains. C'est aussi tout le mélange de négritude et d'arabité généré par les transhumances à travers le Sahara, qui n'a jamais été une barrière, mais au contraire un lieu de passage, une source de métissage intellectuel, culturel et religieux. *Nations nègres et culture* rappelle, fort à propos, que la civilisation égyptienne était symbolisée par les deux sceptres du Pharaon, qui régnait sur la Haute et la Basse Égypte, (la Nubie). Cette parenté avec les peuples du continent, Cheikh Anta Diop l'a prouvée par l'identité des langues égyptiennes et africaines, comme au Sénégal, le wolof ou le sérère. Ces langues ont connu une évolution mais il a montré les relations parentales du vocabulaire et également des traditions, des rites, notamment les conditions d'enterrement des morts et les règles d'orientation des personnes ensevelies. Il a aussi expliqué les adaptations caractéristiques de la nature et du milieu. Le choix de ce livre constitue un hommage à ses efforts et à sa rigueur scientifique pour prouver l'existence d'une civilisation négro-africaine brillante. Son œuvre a permis de donner une base culturelle et pas seulement géographique à l'unité du continent africain. La traduction politique et stratégique de ce concept de l'origine commune négro-africaine des valeurs de civilisation est le fondement de la création d'une grande Nation regroupant l'ensemble des peuples du continent africain, du nord au sud et de l'est à l'ouest, comme c'est le cas aujourd'hui des grands pays d'Amérique, d'Asie et de l'Europe. L'espace géographique et les ressources ont pour ciment la base culturelle qui permet à la population d'avoir une identité et de jouer un rôle important dans le concert des nations. L'Afrique ne peut être un partenaire respecté au banquet de l'universel sans cet enracinement qui marque la spécificité son appartenance à l'humanité.

– Pour compléter votre bibliothèque sur l'île, quel serait votre troisième choix ?

– Le troisième, c'est le *Choc du futur* par Alvin Toffler. Ce livre est arrivé au bon moment pour moi, car je l'ai découvert alors que je venais d'être chargé de conduire la recherche scientifique au Sénégal. J'ai eu le privilège de rencontrer l'auteur à la réunion d'Acapulco, organisée par le Bureau international de l'informatique (IBI). Alvin Toffler qui est considéré comme l'un des plus grands futurologues, a produit d'autres ouvrages, dont le second : « *La Troisième vague* ». Il a montré, dans le premier, que trois types de vie coexistent dans le monde. Une qui continue au rythme des journées, avec la succession du jour et de la nuit, des mois et des saisons. Elle n'a pas changé à travers les siècles, c'est celle des paysans. Ils se lèvent à l'aube et travaillent jusqu'à la tombée de la nuit. En fonction de la pluie, du vent et de la neige, donc du climat. Ils doivent à un certain moment de l'année semer, traiter les cultures, faire la moisson et assurer les récoltes. Ces activités revêtent la forme d'un rituel, parfois religieux, pour certains groupes sociaux, et sont l'occasion de fêtes et de célébrations. Même s'ils ont modernisé leur technique avec des tracteurs, machines agricoles etc., les paysans travaillent et vivent à un rythme alternatif, diurne puis nocturne, mais aussi saisonnier. La deuxième catégorie s'est libérée de la contrainte géographique. Elle mène une activité citadine. Certains vont au travail le matin et rentrent la nuit pour dormir, d'autres font le contraire. Ils ont dans les usines trois rotations de huit heures chacune. L'activité ne dépend pas des saisons. Elle continue en hiver, au printemps, en été ou en automne, en hivernage ou pendant la saison sèche, « qu'il pleuve ou qu'il vente ». C'est une activité moins dépendante de l'environnement de vie. La nuit, ils allument des lampes pour travailler et se déplacent avec des véhicules qui ont des phares. Le premier groupe est constitué par ceux qui sont restés dans le passé tandis que le second vit dans le présent. Le troisième vit au présent mais s'est projeté vers le futur. Il échappe totalement au cycle imposé par le temps. Ce sont, entre autres, les pilotes et le personnel de bord des avions. Ils se déplacent le matin, le soir et la nuit. Avec les aéronefs supersoniques, ils peuvent même franchir le mur du son. Certains sont allés dans l'espace et sur d'autres planètes. Les banquiers et traders, grâce aux nouvelles technologies de l'information, peuvent communiquer avec le monde entier et mener des activités continues, tout autour de la planète, notamment pour effectuer des transactions financières. Ils ne dorment pas beaucoup la nuit et les heures de sommeil ne comptent plus pour eux. La première phase de ces étapes est rythmée par les saisons. La seconde est une adaptation biologique, en un lieu, au travail continu. La troisième, c'est la libération du temps et de l'espace. La dimension temporelle de la vie est l'année pour le premier groupe, le cycle de vingt-quatre heures pour le deuxième, et l'instant pour le troisième. Le livre me permettra d'être relié, à partir de l'île, à ces trois types d'activités et de rester en contact avec tout ce qui est humain.

– Les trois ouvrages choisis marquent trois niveaux d'appartenance. « Le Coran » relie à une communauté élargie aux dimensions de la terre. « Nations nègres et culture » affirme un lien avec une aire culturelle plus centrée. Enfin, « le Choc du futur » vous relie, par la prospective, à une humanité en devenir.

Constituons, à présent, votre discothèque sur l'île.................

– Le premier le disque s'intitule « Lamine Gueye ». Il a été enregistré par l'orchestre célèbre du « *Baobab* », du nom d'un arbre mythique de la savane et qui figure sur les armoiries du Sénégal. C'est une chanson empreinte d'émotion, écrite à la mort d'un des grands hommes politiques de mon pays et de l'Afrique. Avocat, il a défendu les rebelles malgaches qui avaient été arrêtés lors de leur révolte pour la liberté. Membre du bureau de la Section française de l'Internationale ouvrière (SFIO), il a proposé la loi qui a permis de traiter tous les Sénégalais comme des citoyens. Auparavant, dans le système des deux collèges, il y avait les indigènes et les citoyens originaires des quatre communes : Saint-Louis, Dakar, Gorée et Rufisque. Il a été la première victime de cette décision juste. Il a, en effet, perdu les élections parce qu'il représentait, au départ, les citoyens des quatre communes qui étaient moins nombreux que les populations des zones rurales. Mais au-delà du personnage historique, la musique est une prouesse d'art sonore. Le saxophoniste, Issa Cissokho reproduit la complainte et la tristesse d'un peuple éprouvé par la perte d'un père. Le guitariste, Atisso tire de ses cordes des sonorités proches de la kora des Mandingues. La ritournelle de la chanson revient de manière lancinante : « Les sonorités de la guitare commençaient à être belles, mais les cordes ont été brisées parce que Lamine Gueye s'est endormi. Tout le monde pleure car nous sommes devenus orphelins ». C'est une très belle chanson, très mélodieuse. Le chanteur, un des plus grands de l'époque, Laye Mboup, mort dans des conditions mystérieuses, a immortalisé ce personnage de légende du Sénégal.

– *C'est, je pense, une chanson teintée de nostalgie car elle évoque la disparition et la perte....*

– Et le côté inéluctable de la mort. « A la naissance, la seule certitude de la vie, c'est le retour à Dieu ».

– *Est-ce que le deuxième disque nous sortira de cette veine nostalgique ?*

– Le deuxième choix n'est pas particulièrement optimiste parce que c'est Aznavour, avec la chanson *Que c'est triste Venise*.

– En effet, nous sommes toujours dans la nostalgie.

– C'est une chanson basée sur une description de la cité des doges qui exprime le sentiment de perte, pas d'un être humain, mais cette fois-ci de l'amour. C'est le contraste de la ville illuminée par le bonheur d'un couple amoureux et la grisaille de la cité « ... Quand on cherche une main, que l'on ne vous tend pas, ... Adieu tous les pigeons, qui nous ont fait escorte, adieu pont des soupirs, adieu rêves perdus... ». L'être humain appréhende les choses en fonction de son cœur. Quand on est joyeux, un objet est lumineux, il évoque le plaisir et l'espoir. Quand on est malheureux, le même objet devient tristesse et désespérance. C'est une chanson très romantique. De plus, j'aime Venise qui me rappelle ma ville natale, Saint-Louis, cité de l'eau, du fleuve et de la mer. Les gondoles ne sont pas très éloignées des pirogues et les pigeons, compagnons de jeu d'enfance, volaient au-dessus des cours de nos maisons. Il y avait même des hirondelles, qui annonçaient, avec leur présence sur les fils électriques, le changement de saison.

– Et votre troisième choix.

– Le troisième est plus universel, c'est le concerto d'Aranjuez, et surtout l'Adagio, que je trouve magnifique. C'est une combinaison du souffle des cordes et de la pétulance des notes de la guitare. C'est l'une des plus belles pièces de la musique classique populaire, plus accessible au commun des mortels. J'ai beaucoup aimé l'orchestre symphonique de Monteverdi qui a produit la version en ma possession. C'est une mélodie presque universelle qui existe dans de nombreuses versions. Elle a eu un grand succès.

– Après la bibliothèque et la discothèque, passons à présent à la composition du musée. Nous allons demander au génie de la lampe de vous apporter trois œuvres d'art, étant entendu, comme je vous l'ai dit, qu'il y a le choix entre des peintures, des sculptures, des films, des architectures, enfin tout ce que l'on peut mettre sous le qualificatif d'œuvre d'art.

– Si je devais choisir une sculpture, ce serait la tête couronnée de l'Oni d'Ife, ce fameux bronze, au visage très fin, avec un cercle au-dessus de la coiffure. Les légères cicatrices, spécifiques de l'identité ethnique africaine, définissent aussi une fonction dans la hiérarchie sociale. Cette sculpture est d'une beauté céleste et d'une sérénité sidérale qui défient le temps.

– *Et d'une technique dite de la cire perdue d'une grande virtuosité....*

– Elle date du XIIe siècle. Cela montre un degré très avancé de civilisation et de culture, déjà à cette époque. L'homme, après avoir inventé des outils de domination de la nature a heureusement créé des œuvres de beauté. Ce fut un stade crucial de l'évolution de notre espèce. Cette sculpture est donc une combinaison de l'efficacité d'une technique avancée et de la beauté d'une réalisation artistique. Elle réalise un contraste frappant entre la cire malléable en formes délicates et le métal marqué du sceau de la dureté. Les deux caractéristiques opposées s'unissent pour assurer la pérennité et même l'éternité de la douceur d'un visage dont le raffinement défie le temps.

– *La statuaire d'Ifé se particularise des fondements de la sculpture africaine. Elle rappelle par son harmonie la statuaire grecque.....*

– C'est, en effet, un des exemples d'une œuvre qui n'est pas représentative de l'art africain traditionnel dont la caractéristique est l'asymétrie. Dans la construction de bâtiments, on parle de parallélisme asymétrique. La statuette choisie est une exception à cette règle. L'art africain met généralement en exergue un élément qu'on veut mettre en évidence. Par exemple, la natalité est exprimée avec un gros ventre et des seins volumineux. Les personnages ne sont pas représentés en respectant les règles mathématiques, de Léonard de Vinci, d'équilibre des différentes parties du corps. Au contraire, l'harmonie est brisée en faisant apparaître avec proéminence le sujet principal qui défie alors les proportions habituelles. C'est le cas pour des personnes : l'homme viril, la femme callipyge, les personnages avec les signes distinctifs de leur statut social ou enfin, les masques grimaçants qui représentent des génies. J'ai porté mon choix sur cette statue car elle est d'une grande beauté mais aussi parce qu'elle montre une facette de l'art du continent qui ne respecte pas les canons orthodoxes plus connus.

– Continuons à garnir le musée imaginaire. Quel est votre deuxième choix ?

– C'est un film, *La Guerre des étoiles.* Il m'a fait tant rêver. J'ai toujours été friand de revues et d'illustrés de science fiction quand j'étais jeune. J'ai vu ce spectacle stupéfiant de George Lucas. La sortie dans l'espace, le voyage à travers le temps vers les étoiles avec, en toile de fond, le côté saisissant et tragique des relations de Dark Vador, mauvais génie, avec le héros du film qui pourtant est son fils. Il s'était laissé tenter par le côté obscur de la force. Mais, au-delà du romantisme et du lyrisme des personnages, du classicisme et du traditionalisme des relations humaines, transposés dans un monde futur, ce sont surtout les effets spéciaux qui m'avaient impressionné. Je ne les avais jamais vus auparavant et je crois d'ailleurs que c'était la première fois dans l'histoire du cinéma qu'on réussissait à avoir des avions qui pouvaient, par le jeu des « flash » de lumières, faire une translation instantanée dans l'espace et défier le temps. La conquête de l'espace qui a commencé avec le voyage sur la Lune et continue aujourd'hui avec les missions vers les stations spatiales, rappelle la grande compétition entre les Russes et les Américains, Spoutnik et Apollo, ainsi que le défi du Président Kennedy. Tous ces évènements avaient créé un environnement propice à l'évasion hors de la réalité quotidienne. En outre, je suis allé voir ce film sans information préalable et l'effet de la surprise a été total. Il montrait des êtres humains qui n'étaient pas assujettis à la force de la gravité et pouvaient s'échapper de l'attraction du globe terrestre. A la fin, l'ordre moral était respecté, car les forces du mal n'ont pas pu l'emporter sur celles du bien.

– Il est permis de détecter une convergence avec le choix du livre d'Alvin Toffler « Le Choc du futur », *car les deux ouvres parlent d'avenir....*

– C'est exact. Je pense aussi que, pour quelqu'un qui était chargé de la recherche scientifique, cela ne devait pas être tout à fait déplacé d'explorer le futur même si c'était dans une salle de cinéma.

– Enfin nous allons demander au génie de la lampe d'Aladin un dernier effort pour nous fournir la troisième œuvre choisie pour compléter le musée insulaire....

– Pour cette troisième demande, j'aurais grand besoin du génie, parce que je souhaiterais avoir, à mes côtés, le Taj Mahal. Je me contenterai cependant d'une miniature. C'est une des plus grandes réalisations du monde. Au-delà de l'architecture, de la symétrie des différentes pièces de l'édifice, de ses jardins, des systèmes d'approvisionnement en eau, de la qualité des matériaux utilisés, le marbre, etc., c'est l'un des chefs d'œuvre les plus accomplis de nos civilisations. J'ai écrit dans le livre d'or, lorsque j'ai effectué la visite du site, que « le Taj Mahal est un hymne éternel à l'amour. » J'aurais pu dire « un hymne à l'amour éternel ». Mais j'ai aussi pensé à *Shâh Jahân* et imaginé sa mélancolie quand il a été déposé par son fils. Il a été mis au reclus dans un endroit d'où il pouvait voir de loin cette belle expression d'attachement à celle qu'il avait tant aimée. Le Taj Mahal, c'est aussi le drame d'une vie, et les croisements émotifs entre un père et son fils, un homme et sa femme. La conclusion tragique de cet affrontement entre deux générations ne fut heureusement pas funeste. Deux priorités du dirigeant face à son amour pour son épouse et à son devoir pour son peuple. C'est une source de réflexion profonde sur les sentiments humains, et leurs rapports avec l'art mais aussi sur les obligations de la fonction suprême d'un pays. C'est la transposition en extrême orient du drame cornélien de l'Extremadura ibérique, celui d'un choix douloureux. Le fils voyait son père dilapider les biens d'une population pauvre qui avait faim et qui risquait de se révolter. Le père consacrait son énergie et ses moyens à construire un patrimoine exemplaire pour les générations futures. Ce sont deux manières de percevoir la vie et les responsabilités. Le fils a fait le choix de relever son père de ses fonctions sans le tuer. Il l'a mis en prison au Taj Mahal. L'histoire poignante de ce patrimoine de l'humanité me semble aussi importante que la valeur esthétique de l'œuvre de beauté.

– Vous voilà donc raisonnablement outillé pour défier la solitude et l'ennui sur l'île déserte. Nous allons à présent quitter De Foe pour Marcel Proust et son célèbre questionnaire repris par Bernard Pivot dans son émission « Apostrophes ». En allégeant ce long questionnaire, nous allons commencer par la première question : Quelle est la vertu que vous préférez ?

– La patience, parce que dans le monde rien de durable ne se fait si on « ne donne pas du temps au temps ». Un de mes professeurs de management rappelait que le seul facteur sur lequel nous n'avons pas de prise, c'est le temps. Or, la patience c'est gérer le temps et savoir attendre le moment opportun pour agir. Cela ne veut pas dire être passif, mais savoir qu'une période de réflexion et de maturation est nécessaire avant l'action. C'est ma vertu préférée, même si c'est l'antithèse de mon caractère. Ce qui m'oblige à faire de gros efforts pour ne pas réagir en fonction de mon impulsion initiale.

– Quel est précisément le principal trait de votre caractère ?

– C'est la fidélité à mes convictions. Depuis mon adolescence qui a suivi l'enfance insouciante, j'ai essayé de bien regarder, autour de moi, l'environnement et au-delà les hommes, les idées, les opinions, les appréciations. J'ai fait des choix qui sont devenus, avec le temps, des convictions soumises à l'épreuve des conjonctures. C'est ce qui m'a permis d'éviter d'être ballotté au gré des circonstances, des influences, des déceptions, mais aussi des satisfactions. J'ai essayé de maintenir un équilibre grâce à un fil d'Ariane pour me guider dans la clarté solaire des satisfactions et dans l'obscurité nocturne des déceptions de la vie. J'ai voulu être toujours fidèle à mon intime conviction dans les choix que je fais. Certains de mes proches pensent que je suis têtu. Ce n'est pas exact. Mais il faut me convaincre pour que je change d'opinion.

– La qualité que vous préférez chez un homme ?

– Le courage, naturellement. Dans notre éducation, au Sénégal, on nous apprend très tôt qu'un homme qui n'a pas de courage ne saura jamais à quel point sa mère a travaillé pour qu'il soit un homme porteur d'un grand dessein. Dans notre système de matriarcat, c'est la mère qui détermine notre destin. On nous rappelle qu'on ne meurt qu'une fois mais il faut que cette mort soit digne.

– La qualité que vous préférez chez une femme ?

– La douceur et la fidélité. La femme, c'est la mère qui est le refuge, qui nous allaite, qui nous élève, qui nous entoure de son affection. L'homme doit être en retrait, représenter la force tranquille, la solidité de la famille. Ces sentiments, on les retrouve avec son épouse, qui est la confidente, qui comprend les réactions d'homme et qui parvient à créer l'équilibre familial à force de douceur et de fidélité. Ce sont les qualités principales d'une femme.

– *Quel est votre principal défaut ?*

– C'est l'inflexibilité. J'ai tendance à être trop ferme sur mes principes. Certes pas au point de dire « *Périsse l'empire pourvu qu'un principe demeure* », mais je me suis rendu compte qu'au cours de ma vie, j'ai été parfois trop catégorique. En cela, je n'ai pas appliqué l'une des leçons de l'éducation sénégalaise : « La vie, ce n'est pas du couscous, mais on y met du liant, lalo (poudre de Baobab : Adansonia digitata et de Mbepp : Sterculia Setigera) qui le rend plus lisse et plus comestible ». Je me suis demandé, si parfois, ce n'était pas une manière de fuir le risque de remettre en cause les bases fondamentales de mes certitudes. Dès lors que l'on commence à transiger, on s'aventure sur un terrain dangereux dans le champ miné des justifications et des transactions. J'ai donc une propension à rester ferme sur mes positions. J'admets que j'ai pu, à certains moments, ne pas tenir compte suffisamment des sensibilités ou des contraintes que je considérais comme des excuses pour certains comportements.

– *Mais pour préserver ses convictions, il y a une marge entre le compromis et la compromission...*

– L'art des nuances est plus difficile que les affirmations catégoriques. C'est pour cette raison que la solution de facilité c'est l'inflexibilité.

– *Quelle est votre principale qualité ?*

– Accepter de changer quand on me prouve que j'ai tort. C'est ma qualité principale. Autant je suis inflexible, parce qu'homme de conviction, autant je suis prêt, sans orgueil mal placé, à accepter de revenir sur mes opinions si on m'apporte la preuve que je n'ai pas raison.

– *Qu'appréciez-vous le plus chez vos amis ?*

– La franchise, parce que dans la vie ce qui est le plus difficile, c'est d'avoir quelqu'un qui vous dise la vérité. Il n'y a que les amis et les parents proches qui peuvent vous dire ce que vous ne voulez pas écouter. Par essence, l'être humain aime qu'on lui dise ce qu'il a envie d'entendre. La meilleure chance que l'on a de corriger ses erreurs, c'est d'avoir un proche qui puisse vous dire que vous avez tort. C'est au demeurant au niveau d'un pays, ce qui fait qu'une presse libre est indispensable à une bonne gouvernance démocratique.

– Votre occupation préférée ?

– La lecture et la musique. Je dois cependant avouer que depuis que je suis à la tête de la FAO, je ne me suis pas suffisamment adonné à ces deux activités, faute de temps. Mon rêve, quand je vais quitter mes fonctions actuelles, c'est de pouvoir lire des ouvrages et écouter de la musique. Comme je suis un optimiste, j'ai pendant des années accumulé un grand nombre de disques et de livres en étant convaincu que le jour viendrait où je pourrais avoir la latitude de consacrer des journées, et parfois des nuits, à mes occupations préférées.

– Votre rêve de bonheur ?

– Mon rêve de bonheur, c'est un monde plus solidaire et plus juste, parce que je trouve qu'on ne peut pas être heureux individuellement si, autour de soi, on voit la misère, la pauvreté, la souffrance. Je ne crois pas que l'on puisse éprouver du bonheur dans ces conditions là. Le monde du partage et du banquet universel est celui qui me permettra de m'épanouir sans remords.

– À part vous-même, qui voudriez-vous être ?

– Mon grand-père maternel.

– Auquel vous avez consacré un livre ?

– Parce qu'il représente les vertus qu'on voudrait trouver chez un homme. Intelligent et instruit, il a osé à son époque quitter sa ville natale, Saint-Louis, aller à Rosso qu'il n'a pas trouvé assez éloigné et partir ensuite pour Médine (Soudan/Mali). Après avoir éduqué ses jeunes frères, il les a installés dans ses comptoirs du fleuve Niger, à Bafoulabé et, jusqu'à Tombouctou. Mais il a également osé l'aventure d'un commerce régional africain. Il a bâti une des plus grandes fortunes de son temps. Il a su utiliser ses ressources financières pour construire des mosquées et développer la foi, Il s'est épanoui en aidant les pauvres. Il a fait construire des logements gratuits pour les sans toit et distribué de la nourriture aux affamés, fourni des dons en nature et en espèces aux démunis. Au cours de ses pèlerinages, il a fait creuser des puits, notamment à Médine et à la Mecque. Mais il a surtout été un homme d'ouverture et de dialogue. Il a voyagé en France, puisque ses partenaires commerciaux résidaient à Bordeaux mais aussi à Jérusalem, à Alexandrie et jusqu'en Perse. Il a été un entrepreneur moderne. Il a fait enregistrer toutes ses opérations au niveau du Tribunal. Il a eu des conseillers comptables, fiscaux, juridiques, etc. Et il a compris très vite qu'on ne peut pas faire un commerce rentable sans maîtriser les transports. Il a donc acheté des chalands, fait venir des charpentiers de marine pour construire des pirogues capables de naviguer sur les petits bras des fleuves. Il a assuré toutes ses cargaisons, à l'aller comme au retour. En même temps il était humble. Il avait des habits simples et vivait dans une chambre mal éclairée par quelques bougies avec, sur la table, un chapelet et un saint Coran, une bouilloire, un crachoir, et beaucoup de livres. C'était un environnement austère. Homme de religion, il a essayé de vivre sa foi tout en soutenant les confréries qu'il invitait chez lui. Mais il coexistait aussi cordialement avec les Chrétiens. C'est chez lui d'ailleurs qu'ont eu lieu les réunions entre Catholiques et Musulmans, notamment pour obtenir le rétablissement du Tribunal musulman. C'est un exemple très motivant. Je dois dire que parfois, je suis heureux de savoir, dans un monde plein de préjugés qu'il existait à l'époque des hommes d'une qualité exceptionnelle qui ont été nos ancêtres. Ces temps étaient propices à ce genre d'aventure. Il a accompli de grandes choses au cours d'une vie relativement courte.

– En dehors du pays natal, quel pays auriez-vous choisi pour y vivre ?

– En dehors du Sénégal, je pense que ce serait dans l'île de Robinson Crusoé où j'aurais mes livres, mes disques, mes œuvres d'art…

– Quelle couleur préférez-vous ?

– Ah ! Le vert. C'est une combinaison de l'incandescence du rouge et de la douceur du bleu. C'est aussi la couleur de la nature luxuriante et riche qui, grâce à l'eau source de vie, se développe pour nous offrir un cadre de vie agréable et apaisant, avec ses plantes et ses arbres, ses parcs, ses gazons, ses jardins, ses prairies et ses forêts. C'est une couleur attachante.

– *La fleur que vous aimez ?*

– La rose rouge, sans hésitation. C'est l'une des plus belles fleurs. J'aurais pu être exotique et choisir « les becs de perroquet » que j'aime beaucoup aussi. Mais c'est cette fleur immortalisée par tant de grands poètes qui a ma préférence. Elle a été améliorée après des décennies d'efforts de jardiniers passionnés qui ont réussi à donner à ses pétales, au bout de tiges plus ou moins épineuses, des formes qui sont un ravissement pour le regard et l'expression de sentiments de grande affection pour la personne à qui on l'offre.

– *L'oiseau que vous préférez ?*

– La colombe ! Car c'est le symbole de la paix, mais aussi parce que dans notre prime enfance, nous avons élevé dans nos maisons des pigeons auxquels nous étions très attachés. C'étaient les compagnons que nous allions retrouver dès la sortie des classes pour leur apporter de l'eau et de la nourriture.

– *Quels sont vos héros de fiction favoris ?*

– Vous n'allez pas être surpris, Don Quichotte et Zorro. La lutte dans les grands espaces de la Mancha contre les moulins à vent. C'est très proche de ce que je fais dans mon combat contre la faim du monde. Avec son fidèle compagnon et antithèse Sancho Pansa, il s'est battu pour sa Dulcinée de Toboso. L'autre, c'est Zorro, avec sa cape et son épée, luttant contre l'exploitation des paysans par les grands propriétaires terriens du Mexique. C'est, sur le mode de la fiction, l'évocation de la révolution de Zapata et, pour ma génération, celle d'une épopée, au son de la malagueña, immortalisée par de grands acteurs, comme Pedro Armandáriz et Dolores del Río.

– Et les héroïnes de fiction ?

– J'ai deux héroïnes, l'une réelle, c'est Awa Fatim. Cette Linguère vivait dans le Royaume du Walo, au nord du Sénégal. Son village fut attaqué par les Maures du Trarza, en l'absence du Roi (le brack) et de ses guerriers. Elle décida alors de s'enfermer avec son entourage dans la grande case et d'y mettre le feu pour mourir avec toutes ses compagnes, afin d'échapper à la honte de la captivité.

– Et la deuxième ?

– La deuxième, c'est Antigone de Sophocle. Elle a accepté de mourir par devoir familial. Elle a décidé, malgré l'ordre du Roi, de donner une sépulture à son frère. C'est la liberté de choix, d'un chemin difficile. Pour avoir défié le Roi, elle sera conduite à la mort. Mais elle a surtout refusé la compromission et n'a pas accepté le fils du Roi comme fiancé, ce qui l'aurait sauvée. J'aurais pu ajouter Cérès, la déesse de l'agriculture de la mythologie qui figure sur la médaille la plus prestigieuse de la FAO, décernée aux grands personnages féminins du monde. Notre classe préparatoire aux Grandes Ecoles d'Agronomie du Lycée François Ier de Fontainebleau portait le nom : « Pure Cérès - Base Bleau ».

– Et vos héros dans la vie réelle ?

– Vous ne serez pas surpris, c'est Mandela. D abord pour ce que représente l'homme de conviction qui s'est battu pour les droits de son peuple, mais aussi parce qu'il a combattu courageusement l'apartheid, qui était la négation de l'unité du genre humain. Il a accepté de rester presque trente ans en prison, en refusant toutes les offres qui lui avaient été faites pour le détourner du long chemin si dur qu'il avait choisi. Ensuite et surtout, pour sa capacité de pardon qui force l'admiration aux quatre coins du monde. A sa sortie de prison, il a décidé de dépasser un ressentiment légitime pour forger une nation arc-en-ciel avec toutes les composantes de la population. Il est resté fidèle aux idéaux de son combat en ne voulant pas faire un apartheid des noirs majoritaires contre des blancs minoritaires.

Mon deuxième héros, c'est l'un des rois du Cayor, Alboury NDiaye. Il s'est battu pour la liberté et la souveraineté de son peuple sur deux mille quatre cents kilomètres, depuis le Cayor, à travers le Ferlo, le fleuve Sénégal, le Tekrour, la Mauritanie, le Soudan, jusqu'au Niger où il est mort tué d'une flèche empoisonnée. Il avait décidé de résister à la colonisation française. Il avait permis, grâce à la résistance de ses troupes, à son allié Ahmadou, fils d'El Hadj Omar qui avait mené le Jihad, d'arriver au Nigéria. Ahmadou a ainsi retrouvé, l'émir Bello qui lui a donné la région de Zamfara où il est resté jusqu'à sa mort. Certains de leurs guerriers ont continué leur route jusqu'en Arabie. D'autres ont poursuivi le combat contre les Anglais.

– *Et vos héroïnes dans la vie réelle ?*

– Rita Montalcini, c'est une grande dame que je trouve exceptionnelle. C'est la rencontre de l'intelligence, dans son expression la plus brillante puisqu'elle a eu le prix Nobel de médecine, et d'une vie consacrée à la science pour soigner, faire reculer la maladie, diminuer la souffrance et éviter la mort. Malgré son âge avancé, elle est restée d'une grande simplicité et a toujours été disponible pour toutes les grandes causes humaines. L'autre, c'est Mère Térésa, qui a donné sa vie pour soigner les pauvres, sur le continent indien, bien loin de son Albanie natale. Elle a su dépasser les divisions religieuses en travaillant dans un pays qui était hindouiste. Elle a encouragé l'éducation et la formation. Elle a surtout su donner de l'affection et de l'amour à ses frères et sœurs sur terre.

– *Qu'est-ce que vous détestez par-dessus tout ?*

– Le mensonge. Parce que ce n'est pas seulement l'antithèse de la vérité, mais il fait du mal à des innocents. C'est ce qui me révolte le plus. Ma grand-mère disait qu'il fallait non seulement dire la vérité pour des raisons morales, mais aussi pour des raisons pratiques de discernement. Il y a en effet une seule vérité alors qu'il faut se souvenir du mensonge que l'on a inventé.

– *Quels sont les personnages historiques que vous méprisez le plus ?*

– Les esclavagistes. Ceux qui ont vécu de la traite des êtres humains qu'ils ont exploités comme des animaux, pour accumuler des richesses.

– Quelle est la nourriture et la boisson que vous préférez ?

– Sans surprise, la gastronomie sénégalaise : le *tiebou dieune*, le riz au poisson, et comme boisson le bissap, le jus de fleur d'hibiscus, qu'on appelle « kerkédé » au Soudan et dans le monde arabe. La nourriture est une des caractéristiques de la culture d'un peuple.

– Les faits historiques que vous admirez le plus ?

– Au XXème siècle, c'est la chute du mur de Berlin qui me semble avoir été une étape importante de la libération de l'humanité. En Afrique, sur mon continent, c'est la fin du colonialisme.

– Le don de la nature que vous voudriez avoir ?

– Etre un excellent guitariste. Quand j'étais au lycée, j'ai essayé les premières notes d'une chanson : do-do-mi, do-ré-mi-fa-sol. J'ai renoncé car je n'étais pas doué pour faire vibrer les cordes de la guitare et leur tirer les sons qui sont une des merveilles de l'art musical.

– Vous n'avez pas fait d'études musicales ?

– Non, j'ai suivi les cours de solfège au lycée, mais j'étais surtout bon en histoire de la musique. Mes connaissances de la technique musicale sont restées rudimentaires. Cependant, j'adore la musique et j'ai une belle collection des meilleurs chanteurs et orchestres du monde. Heureusement, je les ai enregistrés sur mon IPOD.

– Sur l'île déserte vous aurez beaucoup de temps pour essayer d'être comme le guitariste de la chanson sur Lamine Gueye.

– Il n'est jamais trop tard pour bien faire, mais j'aurais le temps d'écouter la musique, car même si je ne peux pas la produire, je sais l'apprécier.

– Quel est l'état présent de votre esprit ?

– J'ai toujours dit que je suis un optimiste structurel. C'est la seule manière de ne pas se décourager face au spectacle des injustices dans le monde. J'ai réalisé qu'avec un peu plus de cœur et d'amour pour son prochain, on pourrait bâtir un monde où il fait bon vivre pour tous. C'est aussi un puissant moteur pour l'action.

– *La faute qui vous inspire le plus d'indulgence ou le moins de mépris ?*

– La timidité parce que c'est psychologique. Ce n'est pas de la faute de ceux qui en souffrent. Ils manquent beaucoup d'opportunités dans la vie, car ils n'agissent pas par la parole ou l'acte au moment voulu. C'est important dans le cours de la vie d'oser pour réussir.

– *Avez-vous une devise ?*

– « La vérité finit toujours par triompher. » On le dit d'une manière plus poétique dans la culture sénégalaise : « La vérité (la parole du vieil homme) peut rester très tard dans la forêt, mais elle n'y passe jamais la nuit, elle revient toujours au village avant l'aube. »

– *Comment préférez-vous mourir ?*

– Dans mon lit, entouré de ma famille.

– *Qu'aimeriez-vous entendre Dieu vous dire, le jour de la résurrection ?*

– Que je vais aller au Paradis car j'ai mené une vie d'homme de foi parmi ses frères et sœurs humains que j'ai aimés, respectés et aidés.

Témoignages

Extraits des lettres de témoignage :

Jacques Chirac – ancien Président de la République française

Voilà plus de trente ans que je connais Jacques Diouf. Je l'ai rencontré une première fois à Dakar, jeune membre du Gouvernement sénégalais, lors d'une réception donnée en l'honneur du Maire de Paris. [...] C'est ainsi que s'est établie entre nous une relation de travail, de coopération et d'amitié.

[...]

Quand j'ai été élu Président de la République en 1995, il était déjà Directeur général de la FAO. J'ai donc fermement soutenu ses candidatures successives pour un deuxième puis un troisième mandat à ce poste. J'apprécie sa force de caractère, ses profondes convictions pour l'Afrique et ses connaissances agricoles encyclopédiques au plan international.

[...]

Notre relation se nourrit de l'histoire récente de l'Afrique et du Sénégal qui enjambe la fin de la période coloniale et la décolonisation, période au cours de laquelle Jacques Diouf s'est formé et a pris sa part de responsabilités politiques aux côtés de Léopold Sédar Senghor puis d'Abou Diouf.

[...]

Attaché à son pays, à sa famille et à l'action déterminante de Léopold Sédar Senghor, le Chef d'État sénégalais et poète de la négritude, il l'accompagne dans la transition douce vers l'indépendance. Là se fait sa formation politique qui le conduit au Parti socialiste sénégalais. Là aussi naît une vision politique pour l'Afrique et le Sénégal sans jamais renier la francophonie à laquelle il demeure fermement attaché, jusqu'au sein de la FAO où il défend l'usage de la langue française. Il est fidèle en cela aussi à Abdou Diouf, Secrétaire général de la francophonie après avoir succédé à Léopold Sédar Senghor à la tête du Sénégal. C'est une des nombreuses raisons qui m'ont conduit, en 1998, à élever Jacques Diouf au grade de Commandeur dans l'ordre de la Légion d'honneur.

[...]

Enfin, notre relation se nourrit aussi des actions conduites ensemble. Parmi elles figure, en bonne place, la défense des écosystèmes forestiers d'Afrique centrale qui nous a réunis à Brazzaville, en 2002.

[…]

Pour toutes ces raisons, et au moment où Jacques Diouf s'apprête à achever son troisième mandat à la Direction de la FAO et à ne pas en solliciter un nouveau, chacun comprendra que je lui rende un hommage très chaleureux pour toute son action au service de cette Organisation qui remplit une fonction essentielle au niveau international et accomplit une tâche trop méconnue, mais essentielle en faveur de la sécurité alimentaire dans les pays en développement.

[…]

Mais je veux saluer ici la ténacité de Jacques Diouf et son courage. Toujours il a avancé et relevé les défis. Jamais il n'a baissé les bras.

[…]

Un grand merci à Jacques Diouf pour tout ce qu'il a réalisé à la tête de la FAO.

France, janvier 2011

*

* *

Kofi A. Annan – Alliance pour une révolution verte en Afrique

C'est avec grand plaisir que je rends honneur comme il convient à un frère, à un collègue pendant de longues années et à un partenaire dans le combat mené pour éliminer la faim et la pauvreté de la surface de la terre et, en particulier, en Afrique. Cher Jacques, votre contribution passionnée à la lutte mondiale contre la faim et contre la malnutrition, pendant vos trois mandats passés à la tête de la FAO, a représenté une formidable richesse, d'une valeur inestimable, pour la communauté mondiale.

[…]

Jacques Diouf était depuis trois ans à la tête de l'Organisation des Nations Unies pour l'alimentation et l'agriculture (FAO) quand j'ai présidé pour la première fois, en 1997, la réunion du Conseil des chefs de secrétariat des organismes des Nations Unies pour la coordination. J'ai immédiatement pu voir la passion qu'il mettait à exhorter ses collègues du Conseil à jouer leur rôle dans le combat contre la faim et contre la pauvreté, en mobilisant la volonté politique des dirigeants et en les amenant à engager les ressources nécessaires, afin que les pays en développement puissent affronter leurs problèmes en matière de sécurité et de politiques alimentaires.

[…]

J'ai demandé à Jacques Diouf de jouer le rôle de chef de file de l'effort conjoint déployé par neuf institutions des Nations Unies, ainsi que la Banque mondiale, visant à mettre au point des solutions durables aux crises récurrentes et liées à la sécheresse dans la région de la Corne de l'Afrique. Jacques Diouf a mobilisé les capacités et les ressources de la FAO et a travaillé avec l'équipe de haut niveau inter-institutions qu'il a dirigée, pour formuler des propositions concrètes qui orientent aujourd'hui encore les interventions à long terme menées dans la région par les gouvernements et les institutions bilatérales ou multilatérales.

Jacques Diouf a organisé le remarquable Sommet mondial de l'alimentation de la FAO, à Rome, en 1996. La plupart des chefs d'État et de gouvernement des 186 États Membres y ont participé et se sont engagés à tout faire pour réduire de moitié le nombre de personnes sous-alimentées d'ici à 2015.

[...]

Il a toujours été un partisan fervent de la coopération entre les pays en développement et a ouvert la voie au premier programme de coopération Sud-Sud pour la sécurité alimentaire de la FAO qu'il a lui-même lancé immédiatement après sa prise de fonctions en 1994. Ce programme, de grande ampleur, était destiné principalement aux pays à faible revenu et à déficit vivrier, au nombre de 44 en Afrique. Son but était d'améliorer la sécurité alimentaire des ménages et des pays grâce à une augmentation rapide de la productivité et de la production, de façon viable sur le plan économique et environnemental.

[...]

S'efforçant inlassablement de faire en sorte que la sécurité alimentaire soit garantie pour tous, il a organisé la Conférence de haut niveau sur la sécurité alimentaire mondiale en 2008, en réponse à la crise alimentaire de 2007/2008.

[...]

L'une des plus remarquables réalisations à porter au crédit de Jacques Diouf en tant que Directeur général de la FAO, est peut-être la création, en 1994, du Système de prévention et de réponse rapide contre les ravageurs et les maladies transfrontières des animaux et des plantes qui, également connu sous le nom d'EMPRES, est consacré aux questions de santé animale, de protection des plantes et de sécurité alimentaire – comme la fièvre aphteuse, la peste bovine, la grippe aviaire ou encore les criquets pèlerins. Jacques Diouf peut aussi s'enorgueillir de la toute récente déclaration de l'éradication de la peste bovine, l'une des plus grandes victoires de l'humanité dans le domaine de la santé. C'est là le résultat du Programme mondial d'éradication de la peste bovine qu'il a lancé en 1994, en collaboration avec divers partenaires nationaux et internationaux.

[…]

J'ai eu le plaisir et l'honneur de travailler en étroite collaboration avec Jacques Diouf, un homme qui nourrit une passion profonde pour son pays – le Sénégal – comme pour le continent africain, mais aussi et surtout, pour son engagement avisé et enthousiaste en faveur des pauvres et des personnes sous-alimentées dans le monde entier, en menant inlassablement campagne pour éliminer la faim et assurer la sécurité alimentaire pour tous.

Kenya, juin 2011

*
* *

José Maria Aznar – ancien premier Ministre du Gouvernement espagnol

[…]

L'Espagne n'a pas hésité à son tour à lui remettre des décorations et à lui conférer des honneurs pendant son mandat : Gran Cruz de la Orden del Mérito Agrario, Pesquero y Alimentario en 1996, docteur honoris causa de l'Universidad Politécnica de Madrid en 1998 et docteur honoris causa de l'Universidad Politécnica de Valence en 2009.

Il ne fait absolument aucun doute que mon ami Jacques Diouf a mérité tous ces honneurs, en reconnaissance de la lutte qu'il a menée pendant dix-sept ans pour qu'un monde libéré de la faim soit possible. Nous devons avoir présent à l'esprit que cet objectif ne peut être atteint que si la dignité humaine inspire toujours la recherche de la paix, le progrès et l'espoir en un monde meilleur.

Je suis convaincu que vous allez poursuivre votre combat pour le droit à l'alimentation. Sachez que vous pouvez toujours compter sur mon engagement en faveur d'un monde plus juste.

Espagne, mai 2011

*
* *

Vigdis Finnbogadottir – ancien Président de la République islandaise

[…]

L'intérêt que Monsieur Diouf a porté à nos efforts concernant la pêche et l'agriculture a été une source d'inspiration de premier ordre pour nos institutions et nos équipes concernées par ces sujets. Je tiens également à faire part de ma profonde gratitude à Monsieur Diouf pour l'intérêt qu'il a porté à mon pays et pour toute l'aide qu'il a apportée au renforcement de notre coopération internationale dans ces domaines.

[…]

Je n'oublierai jamais ma première visite au Siège de la FAO : j'ai alors été témoin de la conviction avec laquelle Monsieur Diouf a exprimé sa vision du rôle de la FAO dans la lutte contre la pauvreté et la faim dans tous les pays en développement. Pendant tous nos débats, il a illustré la mission de la FAO avec un courage et une ténacité qui m'ont profondément marqué.

Islande, mars 2011

*
* *

P.J. Patterson – ancien Premier Ministre de Jamaïque

En qualité de Directeur général de l'Organisation des Nations Unies pour l'alimentation et l'agriculture (FAO), Jacques Diouf a joué un rôle moteur, à la fois inspiré et passionné, avec la détermination sans faille d'éradiquer la faim et de garantir la sécurité de tous les peuples de notre planète.

[…]

Son soutien au développement de la production agricole et vivrière dans les pays du sud a traduit son idée que la faim ne serait jamais éliminée sans une amélioration profonde de la chaîne de production et de distribution des denrées alimentaires. La faim n'était pas pour lui qu'une simple question économique, mais relevait des droits fondamentaux de l'homme et était une question de justice.

Qui pourrait oublier les défis audacieux qu'il a lancés lors du Sommet mondial des Nations Unies en 2005 ?

> « Pouvons-nous rester indifférents devant cette scandaleuse opulence, ce gaspillage sans frein et cette consommation à outrance qui côtoient la misère, la malnutrition et la mort précoce ? Faut-il continuer à feindre la surprise devant tant d'injustice, source d'une génération perdue glissant sur la pente de la violence et du nihilisme ? »

[…]

En tant que citoyen du monde, il a su être impartial dans sa recherche de solutions aux problèmes qui sont à l'origine de la diffusion de la faim à l'échelle planétaire. En tant qu'être humain, il a partagé les souffrances des affligés et a mêlé ses larmes à celles de ceux qui ont survécu au fléau de la faim, sans jamais perdre de vue le travail qui l'attendait encore.

[...]

C'est un honneur d'avoir pu travailler avec Jacques Diouf et de pouvoir rendre hommage comme il se doit à un homme d'une valeur inestimable pour la communauté internationale.

Jamaïque, mars 2011

*

* *

Carlo Azeglio Ciampi – ancien Président de la République italienne

[...]

En tant que Président de la République italienne, je suis personnellement intervenu au Sommet mondial de l'alimentation organisé par la FAO en juin 2002.

Inquiet de ne pas réussir à atteindre les objectifs fixés dans la Déclaration de Rome de 1996 et son Plan d'action qui prévoyaient de réduire de moitié le nombre de personnes souffrant de la faim pour 2015, Monsieur Diouf, son Directeur général, avait voulu avec ténacité et détermination ce sommet extraordinaire de l'Organisation.

C'est à cette occasion que j'ai rencontré Monsieur Diouf et que j'ai pu apprécier toute la passion qu'il mettait dans son travail, ainsi que sa vaste connaissance des problèmes et sa très grande culture personnelle.

Au cours de mon intervention, j'ai avant tout confirmé à Monsieur Diouf que l'Italie appréciait son institution, que mon pays lui était lié de façon particulière et la soutenait.

[...]

La passion et le dévouement de Monsieur Diouf ont toujours été à la hauteur des priorités planétaires au cours des longues années qu'il a passées à la Direction générale de la FAO.

Italie, mai 2011

*
* *

Joaquim Alberto Chissano – ancien Président de la République mozambicaine

Il est toujours difficile d'écrire quelques lignes au sujet d'une personne que l'on admire. C'est encore plus difficile quand il s'agit d'un ami.

[…]

Mon amitié avec Jacques Diouf est née d'une approche commune de l'agriculture et de la sécurité alimentaire.

[…]

À l'époque, ce qui nous a frappés, ce n'était pas seulement ce que la FAO faisait en tant qu'institution pour nous aider, c'était aussi le dévouement de son Directeur général. Nous avons alors commencé à éprouver de l'admiration pour les qualités de dirigeant de Jacques Diouf et pour sa capacité à saisir la complexité des problèmes auxquels l'Afrique était confrontée.

Notre longue histoire de collaboration avec la FAO est riche d'événements qui mériteraient d'être rappelés. Faute de place, je me contente d'en mentionner un qui est plus particulièrement inscrit dans ma mémoire : le processus qui a conduit le continent africain à approuver le Programme détaillé pour le développement de l'agriculture en Afrique (PDDAA) et le principe des projets bancables.

[…]

La plateforme qui a accompagné le PDDAA a plusieurs piliers (terre et eau, infrastructures et marché, offre alimentaire et lutte contre la faim, technologie). J'ai eu l'honneur de présider le sommet qui a adopté le document à l'unanimité.

Dans le PDDAA, également connu sous le nom de « Déclaration de Maputo », les chefs d'État et de gouvernement se sont engagés à consacrer au moins dix pour cent de leur budget national à l'agriculture. C'est là une des mesures courageuses qui furent prises grâce à l'appui technique de la FAO.

[…]

Mozambique, mars 2011

*
* *

Lula – ancien Président de la République fédérale du Brésil

[...]

Il y avait certes un consensus entre les dirigeants mondiaux, parmi lesquels le Directeur général de la FAO, Jacques Diouf, sur les problèmes auxquels le monde devait faire face, mais très peu d'actions et très peu d'exemples de réalisations concrètes visant à éliminer définitivement la faim et la pauvreté dans le monde, et à garantir ainsi une vie plus digne à tous les êtres humains.

[...]

Le projet « Fome Zero » a été le fruit d'un débat national et interne, mais aussi du débat international organisé par la FAO.

[...]

Forte d'une longue expérience, la FAO a su faire face à de redoutables défis au cours de son histoire. Elle défend le droit à une alimentation adéquate et à un accès durable à la terre, à l'eau et aux ressources forestières et animales. Tout cela n'a été possible que grâce à l'ambition et à la qualité de ses dirigeants. Nul doute que Jacques Diouf a été un leader à la hauteur des défis de son époque. Son travail et son dévouement ont forcé mon admiration et celle de bien d'autres. Son rôle a été fondamental. Il a sensibilisé le public à la nature et à l'ampleur du problème de l'alimentation dans le monde. Il a su mobiliser la solidarité internationale dans la lutte contre la faim, la malnutrition et la pauvreté.

[...]

Jacques Diouf a su accomplir son devoir et passer le témoin à une nouvelle génération, afin que se poursuive la noble mission que constituent l'élimination de la faim et la promotion du développement durable du milieu rural.

Brésil, juillet 2011

*
* *

Nelson Mandela

Tous mes vœux à Jacques Diouf, un Africain remarquable qui se distingue par son dynamisme.

Afrique du Sud, août 1996

*
* *

Maná – Ambassadeur de bonne volonté

[…]

Permettez-nous, Monsieur le Directeur général, de vous manifester notre admiration pour vos efforts inlassables et votre ambition à la tête de cette Organisation prestigieuse. Comme vous l'avez souligné, c'est en temps de crise que l'humanité connaît de grands bouleversements sociaux, économiques et politiques. La lutte contre la faim exige de mettre en jeu talent, créativité, collaboration et sensibilité humaine, ce qui nous mène bien au-delà du simple objectif qui consiste à donner à manger à ceux qui ont faim, et définit un nouvel ordre social fondé sur la solidarité, la fraternité, la coopération, la justice sociale et la protection de l'environnement. Nous adhérons donc, sans l'ombre d'une hésitation, à la campagne « Un milliard d'affamés »: la communauté internationale doit unir ses efforts, réellement et concrètement, de façon à ce que nous puissions effectivement combattre la faim dans le monde.

[…]

Comme vous l'avez souligné à de nombreuses reprises : « la suppression de la faim n'est pas une question de charité, mais une question de justice ».

Nous formons le vœu que vos paroles nous guident et nous inspirent pour que, animés d'optimisme, unis dans l'effort et engagés dans l'action, nous puissions répondre au besoin le plus élémentaire de l'homme : le droit à l'alimentation.

mars 2011

*
* *

Pierre Cardin – Ambassadeur de bonne volonté

[…]

Dès nos premiers entretiens, s'est imposée à moi votre aptitude à conduire les activités de la FAO avec sagesse et de façon éclairée. Les résultats obtenus ont été à la mesure de votre ténacité et de votre autorité morale. Depuis que je vous connais, j'ai pu observer que vous ne perdez jamais de vue le fait que, comme dans d'autres domaines d'activités humaines, la production vivrière et l'accessibilité des aliments sont des questions qui, de nos jours, ont une dimension internationale, voire mondiale, que les efforts déployés doivent s'appuyer sur des compréhensions internationales, et sur la collaboration et la bonne volonté de chacun et, qu'en fin de compte, l'idéal et l'inspiration qui guident la FAO doivent être soutenus et nourris en permanence grâce, notamment, à l'engagement de la société civile.

[...]

La FAO, sous votre direction inspirée, a joué un rôle fondamental dans la lutte contre l'insécurité alimentaire. Elle s'est employée à mobiliser des gouvernements qui, souvent, vont jusqu'à se montrer indifférents au fléau de la faim.

Je tiens à vous renouveler toute mon estime pour l'action de la FAO et pour votre engagement personnel, auquel j'ai toujours été très attentif. Grâce à la générosité de votre action, le développement de l'agriculture et la sécurité alimentaire demeurent parmi les objectifs prioritaires de l'action politique internationale.

mars 2011

*

* *

Dee Dee Bridgewater – Ambassadrice de bonne volonté

[...]

Depuis maintenant plus de dix ans, grâce à vos conseils et à votre soutien, j'ai toujours davantage pris conscience des efforts que la FAO entreprend pour promouvoir le droit à l'alimentation et améliorer la qualité de vie à travers le monde. [...] Votre clairvoyance et vos valeurs humaines ont depuis toujours fait de vous un guide qui éclaire notre route. L'ambition, le courage et la volonté d'agir sont en effet indispensables dans la lutte contre la faim mondiale.

[...]

Jacques, du fond du cœur, je souhaite que vous continuiez à collaborer au progrès vers un nouveau monde empreint de dignité et de justice humaine, quel que soit votre futur. Je sais à quel point vous tenez à ce que le monde soit un jour libéré du fléau de la faim.

avril 2011

*

* *

Carl Lewis - Ambassadeur de bonne volonté

Au cours des dix-sept années pendant lesquelles vous avez assumé le rôle difficile mais ô combien passionnant de Directeur général de la FAO, vous avez montré au monde que la solidarité internationale est non seulement nécessaire, mais aussi possible, que le développement dépend en dernière analyse du respect des droits fondamentaux de l'homme. Il nous faut donc travailler ensemble, en étant responsables collectivement et en étant redevables les uns des autres, car l'avenir des droits de l'homme est entre les mains de chacun d'entre nous, dans toutes les communautés.

Vous avez exhorté les États Membres à mieux faire dans le domaine des droits de l'homme, et en particulier dans le droit fondamental à l'alimentation. Votre action se poursuivra auprès de tous ceux pour lesquels œuvre la FAO : les affamés et les pauvres où qu'ils soient. Vous laissez derrière vous un héritage fait de compassion individuelle, de solidarité collective et de valeurs humanitaires.

avril 2011

*

* *

Ronan Keating – Ambassadeur de bonne volonté

Monsieur le Directeur général, votre rôle est bien connu de tous ceux qui sont engagés dans la lutte contre la faim à travers le monde et de nombreuses personnes, auxquelles je m'associe, admirent les efforts que vous menez sans relâche et votre approche visionnaire. Je vous souhaite les plus grands succès dans vos prochaines entreprises et je tiens à vous exprimer toute ma gratitude pour l'opportunité que vous m'avez offerte d'entrer dans la grande famille de l'Organisation des Nations Unies pour l'alimentation et l'agriculture.

mars 2011

*

* *

Lea Salonga – Ambassadrice de bonne volonté

[…]

Monsieur le Directeur général, vous m'avez appris que la FAO, forte de son personnel particulièrement motivé, est le porte-parole de ceux qui n'ont pas voix au chapitre, que votre institution prend fait et cause pour ceux qui sont sans défense.

Vous m'avez permis de comprendre que presque tout est possible si nous travaillons ensemble. Ensemble, nous pouvons prendre en charge de lourdes responsabilités et écrire l'histoire.

[…]

Quel que soit votre rôle à l'avenir, vous-même, la FAO, les Nations Unies et tous ceux que nous avons l'intention d'aider, peuvent compter sur mon soutien permanent aux activités de la FAO et à la campagne mondiale contre la faim, pour permettre à ceux qui sont menacés par la famine de se prendre en main et de s'attaquer aux causes profondes du problème de la faim.

mars 2011

*

* *

Susan Sarandon – Ambassadrice de bonne volonté

[…]

Nous tous, qui nous sommes engagés à soutenir les efforts des Nations Unes dans l'élimination de la pauvreté et de l'insécurité alimentaire au nom des personnes défavorisées, nous devons exprimer toute notre gratitude à l'Organisation des Nations Unies pour l'alimentation et l'agriculture et en particulier à vous, Monsieur le Directeur général, pour vos remarquables qualités de dirigeant, votre engagement et votre contribution au service de l'humanité.

février 2011

*

* *

Céline Dion – Ambassadrice de bonne volonté

[…]

Je voudrais ajouter que je vous tire mon chapeau, Monsieur le Directeur général, pour avoir eu le courage de lancer le projet « Un milliard d'affamés en mai 2010 » car il était vraiment temps de tirer la sonnette d'alarme auprès des décideurs politiques, de la société civile et de tout un chacun : il est possible de mettre un terme à la faim si nous unissons tous nos efforts et si nous nous attelons à la tâche.

Je sais que les pauvres et les affamés du monde entier peuvent continuer de compter sur votre engagement personnel pour réaliser cet objectif qui est pour moi le plus important et le plus urgent de tous : un monde libéré de la faim pour nos enfants et nos petits-enfants. Je vous soutiens dans cette entreprise ambitieuse.

mars 2011

*
* *

Rita Levi-Montalcini – Ambassadrice de bonne volonté

[…]

Pendant toutes ces années, j'ai eu la possibilité d'apprécier votre action en tant que Directeur général de la FAO, une action empreinte d'un engagement éthique de haut niveau qui, depuis que vous avez pris les rênes de cette institution importante, affronte des questions qui dépassent désormais les frontières des seuls États nationaux et des différents continents.

[…]

Pendant vos mandats, des initiatives directes ont été lancées en vue de désactiver le mécanisme pervers de la faim et de la pauvreté, pour créer les conditions permettant aux personnes épuisées par la misère et l'oppression de vivre dignement dans leur pays d'origine. Comme vous l'avez toujours dit, la production de nourriture et l'accès à celle-ci sont des enjeux qui nécessitent un soutien permanent et vigoureux à la FAO, auquel la société civile doit aussi participer.

La récente et remarquable campagne intitulée « Un milliard d'affamés », que vous avez voulue avec force et qui a été lancée en mai 2010, a permis à la FAO de sensibiliser le public à l'urgence de la lutte contre la faim. Elle a mis en évidence qu'il était indispensable de tout mettre en œuvre pour atteindre cet objectif prioritaire qui engage la politique internationale au niveau mondial.

[…]

Monsieur le Directeur général, c'est avec émotion que je vous remercie de la passion et de l'engagement avec lesquels vous avez mené cette mission fondamentale.

février 2011

*
* *

Roberto Baggio – Ambassadeur de bonne volonté

[…]

Sous votre direction, la FAO a joué un rôle fondamental dans la lutte contre l'insécurité alimentaire, en exhortant sans relâche les gouvernements à ne pas rester indifférents face au fléau de la faim, mais à s'engager et à prendre leurs responsabilités.

[…]

Grâce à votre action inlassable, le développement de l'agriculture et la sécurité alimentaire restent inscrits parmi les objectifs prioritaires de l'action politique internationale, un accent particulier étant mis sur les groupes les plus fragiles, les plus défavorisés et les plus vulnérables, comme les jeunes et les femmes.

[…]

Je vous exprime ma gratitude la plus profonde, Monsieur le Directeur général, et je vous remercie pour tout ce que vous avez réalisé avec passion dans le cadre de ce redoutable défi.

[…]

Je vous prie d'agréer, Monsieur le Directeur général, l'expression de ma reconnaissance infinie pour votre action indéfectible.

Qu'ajouter ? Tout simplement que je souhaite le meilleur à Jacques Diouf dans tous les nouveaux défis qu'il relèvera. Je ne doute pas qu'il continuera à faire preuve du même dévouement, de la même volonté de servir et du même enthousiasme, tout en conservant intacte sa simplicité.

mars 2011

ANNEXE I

Pensées poétiques pour mon épouse Aida
Départ à l'aube

Elle est partie à l'heure où le jour blême émerge doucement de la nuit, couleur de suie.
Elle s'en est allée quand la lueur vacillante striait de rouge le ciel, encore sombre.
Elle m'a quitté alors que les volutes de brume fleurissaient de la terre, gorgée de rosée.
Elle s'est éloignée quand le paysage, obscurci par les ténèbres, déployait sa parure de verdure.
Elle s'est retirée sur la pointe de son silence, lors même que la ville s'éveillait dans le bruit.
Elle s'est écartée, aux aurores, de la torpeur languissante vers des rythmes mécaniques
Elle a pris au petit matin le chemin aérien des noctuelles, au delà de la colline des « mamelles ».
Elle est montée sur un héron au plumage d'airain, à l'assaut d'un horizon aux reflets irisés.
Elle s'est échappée de la pesante gravité, aux premiers balbutiements de l'aube naissante.
Elle s'est évanouie, à l'instant où le clair obscur moirait l'océan atlantique somnolent.
Elle a disparu au lever du jour, luciole esseulée brillant dans le lointain firmament.
Et je dérive sur l'onde de ma solitude, emporté par le cours tumultueux d'un sort ombrageux.
Comme dans un rêve amer, se lève impétueusement le chaud soleil de l'hivernage.
Tandis que dans mon cœur palpitant, s'installe doucement le froid hivernal de la mélancolie.

Jacques Diouf (1963)

ANNEXE II

Cérémonie solennelle en hommage à Monsieur Léopold Sédar Senghor à l'occasion de son quatre-vingt-dixième anniversaire Siège de l'Unesco, le 18 octobre 1996

Éloges de Senghor par Jacques Diouf, Directeur général de l'Organisation des Nations Unies pour l'alimentation et l'agriculture

Monsieur le Président de la République du Sénégal,
Monsieur le Président de la République du Mali,
Monsieur le Directeur général de l'Unesco et cher collègue,
Excellences, Mesdames, Messieurs,

Si j'étais poète, si j'étais de ces magiciens de la parole capables de faire danser et chanter les mots au gré de leur inspiration, je célébrerais cet instant solennel dans l'horizon des temps, au rythme des "tam-tams" du Joal natal, un soir de clair de lune.

Si j'étais sculpteur, si j'étais de ces maîtres des formes, capables d'exprimer avec du volume et du vide la magie plastique de l'univers, j'utiliserais le moulage de la terre cuite de Nok et la ciselure du bronze d'Ifé, pour accentuer le contraste de vigueur et de sérénité d'un visage d'ébène aux cheveux d'albâtre, salés aux tanns du Saloum.

Si j'étais artiste, si j'étais de ces esthètes de l'harmonie gestuelle et de la rythmique sonore, capables de provoquer le jaillissement lumineux d'œuvres de beauté dans le ciel couleur de nuit des ritournelles coutumières de la vie, je rendrais grâce au mécène éclairé qui créa le théâtre Daniel Sorano et le Musée dynamique.

Si j'étais un homme de lettres, si j'étais de ces féconds voltigeurs de l'écriture, capables de recréer sur le théâtre des passions et des aspirations, la tragédie et la comédie humaines, j'offrirais à la jeunesse d'Afrique, désorientée par les images de détresse et de misère du Continent, l'exemple d'un enfant du fin fond du Sahel, entré vivant dans la légende en devenant un immortel de l'Académie française.

Si j'étais un homme de culture, si j'étais de ces mages de la versatilité artistique, capables de retrouver, par la puissance du génie humain, le fil d'Ariane dans le labyrinthe des expressions multiformes de la pensée et des sens, avec Malraux, je dirais de l'organisateur du Festival des Arts nègres "que pour la première fois, un homme a pris entre ses mains périssables le destin culturel d'un continent".

Si j'étais humaniste, si j'étais de ces preux chevaliers, apôtres des exclus et proscrits du village planétaire, capables de faire renaître l'espoir dans le cœur des démunis et des spoliés mais aussi d'éveiller la conscience des puissants et des possesseurs, je bénirais le chantre des causes douloureuses de la "trilogie des peuples souffrants".

Si j'étais philosophe, si j'étais de ces "amis de la sagesse" de Pythagore, capables "d'activité réflexive et critique" sur des propositions dogmatiques à l'intérieur de systèmes de thèses, je louerais la générosité intellectuelle de l'hôte prodigue qui, délaissant la famine des antagonismes stériles, nous a convié à la convergence féconde du "banquet de l'Universel".

Si j'étais idéologue, si j'étais de ces virtuoses de l'augure, capables de donner une cohérence épistémologique à un ensemble de perceptions tendues vers le discours et l'action, j'exalterais le défenseur inlassable de la "Négritude" qui a permis à des générations culturellement écartelées de s'enraciner dans leurs valeurs de civilisation pour s'ouvrir à la diversité et à la richesse du dialogue transcontinental des peuples.

Si j'étais politologue, si j'étais de ces illustres descendants de la lignée de Platon, capables de spéculer sur la dialectique du pouvoir dans la cité, je rendrais hommage au bâtisseur qui, fidèle aux conseils prophétiques du Général de Gaulle, a érigé sur la terre de Lat Dior, de Coumba N'Doffene, d'El Hadj Omar et d'Aline Sitoe, un Etat "qui s'est donné les moyens de se faire obéir".

Hélas, hélas, je ne suis rien de tout cela.

Mais parce-que je suis de père Serère je dirai d'abord : "*Nafio Léopold* - Salut Léopold".

Parce-que je suis de mère Wolof, je dirai ensuite : "*Sa dian wac na Sedar*. Quelle belle œuvre accomplie Sedar".

Parce-que je suis Saint-Louisien, je dirai mon appréciation à Senghor, pour avoir immortalisé les "signares" à la démarche altière et fait découvrir au monde, la finesse des manières et l'urbanité des comportements d'une cité, "microcosme du Sénégal".

Parce-que je suis sénégalais, je dirai toujours : Gloire à Léopold pour avoir conduit mon pays à la souveraineté internationale et rappelé aux tenants du racisme que le sang chaud et rouge de nos tirailleurs a coulé sur les champs enneigés et les verts pâturages de l'Europe, pour que le monde fût libéré du nazisme.

Parce-que je suis africain, je dirai encore : Merci à Sedar pour avoir, avec Kwame Nkrumah et Gamal Abdel Nasser, concrétisé l'idéal du panafricanisme en créant l'Organisation de l'Unité Africaine, symbole de l'aspiration des peuples du Continent à un mieux-être, dans la liberté et l'unité.

Parce-que je suis du Tiers-Monde, j'applaudirai à la vision de celui qui a milité en faveur de la solidarité des pays en développement dans le cadre d'un "Bandung économique", précurseur du Groupe des 77 et qui tout au long de sa vie n'a cessé de dénoncer l'injustice de la "dégradation des termes de l'échange".

Parce-que je suis à la tête d'une agence spécialisée du Système des Nations Unies, je rendrai grâce à l'avocat de la civilisation pan-humaine et du "métissage culturel" qui, dans ses discours à l'Assemblée générale, a toujours su dépasser la dichotomie des conflits Est/Ouest pour mettre en exergue l'unicité de destin des habitants d'une même planète-Terre.

Parce-que je suis croyant, je dirai simplement : Paix à Senghor pour avoir enseigné l'esprit de tolérance, pratiqué le respect des croyances et encouragé l'entente entre les religions qui toutes prônent une morale commune, de coexistence pacifique et fraternelle dans la société.

Parce-que j'ai été abreuvé à la langue de Voltaire dans mon enfance et chanté la Marseillaise dans mon adolescence, je dirai mon admiration à Léopold pour avoir cimenté la solidarité de la France avec les pays d'Afrique, d'Europe, d'Amérique, des Caraïbes, d'Asie et d'Océanie en portant sur les fonts baptismaux des instances internationales, la bannière vibrante de la "francophonie".

Parce-que je suis maintenant hôte de cette ville éternelle, des Thermes de Caracalla et du Colisée, qui évoque dans nos mémoires assoupies l'écho sonore des marches martiales des centurions victorieux, je dirai sûrement "Ave César" à Sedar pétri de latinité, pour son discours inoubliable "Florence, as-tu la paix ?"

Parce-que je suis un démocrate, je dirai surtout ma reconnaissance à Senghor pour avoir construit, à l'extrême occident de l'Afrique, une Nation où a pu fleurir la loi et éclore la liberté d'expression, à un moment où les populations du Continent, enjeu des ambitions internes et des rivalités mondiales, souffraient cruellement sous le joug de la dictature et de l'arbitraire.

Parce-que je suis un disciple de ce grand Homme d'Etat, je dirai ma gratitude à Léopold pour m'avoir enseigné la force de la rigueur, la valeur de la méthode, l'efficacité de l'organisation, l'importance du détail et surtout la primauté déterminante du travail et de la patience.

Mais les propos d'un agronome par essence terrien, étranger au temple des muses et éloigné des hauteurs du Parnasse, ne peuvent s'élever à la verve poétique qui sied aux éloges dus à un homme d'équilibre, porté aux cimes de la grandeur, à force de tempérance et d'humilité, d'intelligence et de connaissance, de courage et d'honnêteté. Aussi je vous prierais d'avoir l'indulgence d'accepter qu'à la place de l'art ce soit le cœur qui ait parlé.

En ce jour anniversaire de celui qui a su forcer l'admiration de ses pairs et de ses frères, je voudrais adresser à Léopold Sedar Senghor cette prière fervente de notre savane africaine, combien profonde d'affection et de respect : "Puisse Dieu, au soir de votre vie exemplaire, vous laisser encore très longtemps auprès de nous" pour continuer à nous guider, sur le sillon éthique difficile que vous avez tracé et qui seul mène à l'épanouissement : celui de l'effort, du courage, de l'opiniâtreté et de la foi.

Je vous remercie de votre aimable attention.

ANNEXE III

Message de Jacques Diouf
Directeur général de la FAO
à l'occasion du
70ème anniversaire de Cheikh Hamidou Kane
17 décembre 1998

Soixante-dix ans déjà ! Mon Dieu que nous sommes frêles face à la fuite inexorable du temps qui passe à la vitesse d'une comète lumineuse dans le ciel clair obscur de nos vies éphémères !

Au détour d'un coin d'Afrique mère si vaste et si profonde de l'histoire originelle de l'homme, j'ai rencontré Cheikh Hamidou Kane. C'était en 1965 à Lagos, ville bruissant du silence des ancêtres yoruba qui avaient bâti cette civilisation florissante immortalisée par les pièces du musée de "Tinubu Square" où la statue empreinte de grâce et de finesse de la femme-libellule de Ben Enwowu accueille avec élégance les visiteurs.

Ce fut tout de suite une communion intellectuelle avec l'initiation à la riche littérature et au foisonnement spirituel d'un grand Nigéria, trop longtemps asservi, et qui manifestait sa souveraineté internationale nouvelle par la liberté et la variété des formes d'expression culturelle. Des frasques amoureuses de "Jagua Nana" de Cyprien Ekwensi, à la démagogie populiste d' "Un homme du peuple" de Chinua Achebe, en passant par l'autocritique humoristique de "Comment être Nigérian" de Peter Enahoro, nous avons passé de longues soirées d'exilés à redécouvrir à travers les personnages, intrigues et paysages du pays où vécut Cheikh Ousmane Dem Fodio, les caractères, l'environnement et les traditions que nous avions laissés au Sénégal.

Avec nos filles et fils, nous avons vu fleurir l'innocence de l'enfance égaillée de querelles affectueuses sur la propriété de "Tonton Jacques", de plaisanteries renouvelées sur les chamailleries avec "Augustin" et des tours multiples joués aux enfants pour tempérer leur passion des randonnées en voiture.

Avec nos épouses, nous avons passé des nuits de fin de semaine à écouter et à apprécier au Kakadu et au Maharani, chez Fela Ranson Kuti et chez Bobby Benson, le "High-life", ce mélange épicé et trépidant d'échos sourds du tam-tam et de jaillissements impétueux des sonorités claires du saxophone, assaisonnés au crissement pétillant du choc cristallin des calebasses et des perles.

Avec nos amis nigérians, d'une hospitalité généreuse, nous sommes entrés dans le cercle des familles bourgeoises vivant alors, sans souci du lendemain, au gré des fêtes nombreuses durant nuit et jour. Dans cette ambiance feutrée, les femmes rivalisaient de beauté et de fastueuses tenues brodées "Anango" aux dessins raffinés, surmontés de foulards noués avec un art millénaire, en monuments de circonvolutions savantes. Les hommes faisaient étalage de générosité et d'amples boubous "Agbada" aux couleurs vives, complétés par des coiffures rutilantes portées avec la dignité de "l'Oga".

Mais ces moments furent surtout l'opportunité d'une plus grande conscientisation. La lutte parfois sanglante et les sacrifices immenses de nos aînés pour reconquérir la liberté et la souveraineté de leur peuple, afin de faire revivre la splendeur des royaumes et empires d'antan, trouvaient leur justification dans une symbiose dynamique de modernité technique et de culture traditionnelle.

Les hauts dignitaires sortaient des files de limousines en tenue nationale, les titres de Docteur côtoyaient ceux d'El Hadj, la froidure de la hiérarchie administrative était tempérée de chaleur humaine, la chefferie ancestrale coexistait avec les ministères du Gouvernement, le salut révérenciel traditionnel était encore le signe du respect dû aux autorités.

Des millions de jeunes avides de savoir et portant les espoirs de lendemains prospères se précipitaient dans les institutions académiques qui fleurissaient à Ibadan et Ife, Kano et Zaria, Enugu et Port Harcourt. Dans les centres urbains, des immeubles montaient à l'assaut du ciel. Des vertes campagnes affluaient le cacao, l'huile de palme et l'arachide sur des routes bitumées toutes neuves. Des paysages arbustifs du sahel septentrional descendaient en longues files de vastes troupeaux de zébus et de bœufs. Héritiers d'une longue civilisation agraire, les semeurs et pasteurs alimentaient du sel de la terre le banquet de la prospérité.

Notre pays hôte offrait alors toutes les apparences et tous les attraits d'une grande démocratie, respectueuse des équilibres ethniques et religieux, bâtissant une économie forte et dynamique appuyée sur des exportations agricoles et énergétiques diversifiées, ainsi que sur un marché de plus de cinquante millions d'habitants.

Avec un tel exemple, l'intuition-promesse des penseurs panafricanistes Marcus Garvey, Georges Padmore et Cheikh Anta Diop, avait toutes les chances d'une concrétisation éclatante, au grand bonheur des militants des Etats-Unis d'Afrique, à l'heure où les pères fondateurs entonnaient à Addis Abeba l'hymne de l'Unité africaine.

Ce fut hélas ensuite la stupéfaction paralysante et l'incrédulité douloureuse devant l'effondrement soudain d'une société traditionnelle équilibrée et ouverte. En une nuit, sous les coups de centurions avides de pouvoir et sensibles seulement à l'argument de balles funestes, le socle solide de la trilogie politique bascula dans le chaos. Le langage élégant et shakespearien de Tafewa Balewa se tut, la légitimité historique du Sardauna de Sokoto, Ahmadou Bello, fut balayée, l'intellectualisme politique de Namdi Azikiwe fut oublié.

Et le déferlement de la vague de violence emporta ce qui devait constituer l'ancrage solide de l'unité d'un continent pour lequel tant de martyrs étaient tombés. Le beau navire de nos rêves de renaissance et de gloire sombrait dans la détresse du naufrage de l'Etat de droit et la tristesse du chavirement des libertés individuelles. Pour de longues décennies, l'Afrique allait entrer dans la tourmente de l'instabilité et dans les ténèbres de l'arbitraire. Guerres civiles, coups et contrecoups d'Etat allaient se succéder. Beaucoup de citadelles de la démocratie allaient s'effondrer l'une après l'autre. Après les affres du colonialisme des étrangers, venaient les souffrances de la tyrannie des frères. Les nouveaux maîtres réussissaient souvent l'impossible performance de faire des habitants de pays fabuleusement riches, ceux des plus miséreux du monde. Nous redécouvrions ces mots tragiques de Paul Valéry : "Nous autres civilisations nous savons que nous sommes mortelles."

Et peut-être parce qu'inconsciemment nous ne pouvions supporter le spectacle quotidien de l'envol brisé d'un grand dessein et celui des cendres chaudes d'un espoir brûlé ; Cheikh partit pour la Côte d'Ivoire et plus tard le Canada, tandis que je suivais son exemple quelque temps après en m'établissant au Libéria.

Naturellement, notre amitié faisait fi des distances. Au gré des correspondances ou des appels téléphoniques, nous maintenions un contact suivi. Parfois, nos chemins se croisaient de nouveau. Que ce soit à Ottawa, dans une cave chaude, à côté d'une cheminée léchée par les flammes aux étincelles crépitant, alors qu'à l'extérieur soufflaient les rafales de vent du rude hiver canadien, ou à Monrovia, dans une villa climatisée au bord de l'Océan Atlantique, dans la moiteur tropicale d'un Sinkor pluvieux, ou encore à Tokyo à l'architecture futuriste, notamment, au chevet d'un lit d'hôpital gâchant un nouveau voyage de noces ultra-marin, nous nous retrouvions toujours avec un égal bonheur, festonné d'affection profonde.

De retour au Sénégal, nous avons eu le privilège de servir notre pays dans le Gouvernement de la République et d'entrer en politique. Ce fut une expérience exaltante et passionnante sur le théâtre des convictions et des ambitions, des aspirations et des réalisations, des consciences et des convenances, des certitudes et des interrogations. Cette épreuve rythmée par la cyclothymie de la chose publique allait nous apporter de grands motifs de satisfaction et parfois d'amères déceptions. Elle a surtout renforcé notre foi dans le peuple sénégalais qui, grâce à la solidité de sa culture et à la densité de son histoire, a la capacité de relever les défis du développement économique et social et de dépasser les querelles intestines ainsi que les divisions crypto-personnelles de ses cadres, au demeurant de très grande valeur, dans l'union enfin retrouvée.

Et vogue la nef à grande voile du temps imperturbable sur la mer houleuse de nos joies et de nos tristesses ; et tourne la bruyante sphère céleste dans le silence glacial de l'espace sidéral. Le jour se lève sur un soleil de feu aux couleurs écarlates, puis la nuit plonge aux lueurs cendrées du clair de lune dans l'abîme des ténèbres insondables. Et le cycle des saisons apporte les joies de la célébration des récoltes d'abondance et parfois les tristesses de la compassion des disettes de sécheresse. L'horloge égrène inlassablement les heures, les jours, les mois, les années et nous voilà surpris de nous réveiller vieux de quelques décades de plus.

Au fil du temps, nos enfants ont grandi. Ils ont fréquenté l'école, fille de la "schola" latine, où, selon la République de Platon, "l'instruction en tant que rapport des objets au savoir est elle-même une éducation" et où, aujourd'hui hélas, l'accumulation des connaissances prend le pas sur l'acquisition des méthodes et la culture du savoir-être. Maintenant, ils s'exercent aux responsabilités de jeunes adultes. Fidèles à la tradition de nos pères, nous avons eu l'honneur et le bonheur de donner en mariage les filles de l'un et de l'autre et de voir de petits enfants s'éveiller à la vie. Maintenant, Cheikh est revenu aux sources de sa carrière littéraire ; il s'est ancré dans la praxis de la foi et les obligations sociales d'un patriarche. J'ai repris mon bâton de pèlerin planétaire au service de ceux qui ont faim. Mais la modernité offre le privilège de raccourcir les distances et de permettre l'usage du verbe à partir des quatre coins du monde afin de rapprocher davantage ce qui est déjà si proche par le cœur et la pensée.

Aujourd'hui, nous assistons au spectacle d'un siècle qui meurt et d'un millénaire qui naît. Eternel miracle divin, la dualité, qui est antagonisme ou complémentarité, émaille les facettes de la vie. C'est la douleur qui enfante le bonheur, l'âme élève le corps, la création porte en germe la destruction. Sur le chemin de l'effort, Janus est toujours au rendez-vous de Sisyphe.

En ce jour anniversaire de Cheikh Hamidou Kane, d'éminentes personnalités retraceront sa vie, son œuvre, mais aussi son apport inestimable à la littérature et à la pensée du XXème siècle. En ami, j'ai voulu simplement porter témoignage d'un itinéraire commun qui m'a fait découvrir un honnête homme, alliant une bonté spontanée qui frise la candeur et une culture profonde puisée aux sources d'un fleuve, qui depuis des temps immémoriaux traverse ma ville natale pour aller faire, comme les Danaïdes, un travail impossible, celui d'adoucir la mer. L'enracinement dans les valeurs d'une civilisation solide lui a ouvert la voie de l'universel sans qu'il y perde son âme. Au contraire de Samba Diallo, le héros de l'Aventure ambiguë, il symbolise la solidité de l'acier qui résiste à l'usure des épreuves parce que bâti sur l'alliage du fer de la technologie occidentale et du carbone de notre culture noire.

En cette occasion solennelle, je voudrais lui exprimer ma profonde gratitude pour toutes ces années d'attention délicate, de solidarité agissante et de disponibilité constante qui illustrent si bien les grandes vertus du terroir sénégalais, et je prie Dieu Tout-Puissant pour qu'Il nous permette de célébrer avec éclat et faste d'autres anniversaires d'un des plus dignes fils du continent africain.

PHOTOGRAPHIES

Classe préparatoire Grandes Ecoles, Lycée François 1er, Fontainebleau, 1958-1959

Jacques Diouf avec Son Excellence Monsieur Félix Houphouët-Boigny, Président de la Côte d'Ivoire, 1971-1972

Jacques Diouf, Président de la Première Commission, à la Conférence des Nations Unies sur la science et la technologie, Vienne, 30-31 août 1979

Jacques Diouf, avec des dirigeants de banques centrales africaines et le Président de la République du Kenya, Son Excellence Monsieur Arap Moi, 1986

Monsieur Jacques Diouf avec Son Excellence, Monsieur Senghor, Président du Sénégal, à l'occasion de la visite de l'Institut de Technologie Alimentaire, 1979

Jacques Diouf, Secrétaire général de la BCEAO avec le Gouverneur Fadiga, 1986

Dédicace à Jacques Diouf de Son Excellence Monsieur L.S.Senghor, Président du Sénégal, 1979.

Jacques Diouf avec Son Excellence Monsieur François Mitterrand, Président de la République française et le Président Abdou Diouf, St- Louis, Sénégal, mai 1982

Jacques Diouf avec Monsieur Kim Jaycox, Vice Président de la Banque mondiale, Dakar, Sénégal, 1989

Jacques Diouf avec Enrico Macias, Hammamet, Tunisie

Jacques Diouf avec Monsieur Koffi Annan, Secrétaire général de l'ONU, juillet/août 1997

Jacques Diouf avec Son Excellence Monsieur Abdou Diouf, Président du Sénégal, à l'occasion du Sommet Mondial de l'Alimentation de la FAO, Rome, 1996

Jacques Diouf avec Sa Sainteté le Pape Jean-Paul II et le Premier ministre Romano Prodi à l'occasion du Sommet Mondial de l'Alimentation de la FAO, 1996

Jacques Diouf avec Son Excellence Monsieur Suharto, Président de la République d'Indonésie, à l'occasion du Sommet Mondial de l'Alimentation de la FAO, 1996

Jacques Diouf lors de sa réélection comme Directeur général de la FAO, 1999

Jacques Diouf avec le Premier Ministre de la Jamaïque, Son Excellence Monsieur Percival James Patterson et Miriam Makeba, à l'occasion du concert de TeleFood, Jamaïque - 28 novembre 1999

Jacques Diouf dans le bureau ovale de la Maison Blanche avec le Président des Etats-Unis, Son Excellence Monsieur Bill Clinton, Washington DC, 2000

Jacques Diouf avec le Président Nelson Mandela, Maputo, Mozambique, 2001

Jacques Diouf avec Sa Majesté le Roi Abdallah ben Abdel Aziz al Saud, Gardien des Lieux Saints de l'Islam, Ryad, Arabie Saoudite, 2009

Jacques Diouf avec Sa Sainteté le Pape Benoît XVI, à l'occasion du Sommet mondial sur la sécurité alimentaire, FAO Rome, 16-18 novembre 2009

Jacques Diouf avec Son Excellence Lula Da Silva, Président du Brésil, à l'occasion de sa visite officielle au Brésil, Brasilia, 2003

Jacques Diouf avec Son Excellence Jacques Chirac, Président de la République française, à l'occasion de sa visite officielle à Paris, 2006

Jacques Diouf avec Son Excellence George Bush, Président États-Unis, et Son Excellence Olusegun Obasanjo, Président de la République fédérale du Nigéria, à l'occasion du Sommet du G-8, Genova, Italie, juillet 2001

Jacques Diouf avec Son Excellence Monsieur Olusegun Obasanjo, Président de la République fédérale du Nigéria, à l'occasion du Sommet Mondial de la FAO, 2002

Monsieur Jacques Diouf avec Son Excellence Monsieur Wen Jiabao, Vice Premier et Premier Ministre de la République populaire de Chine, à l'occasion du Sommet de Mondial de la FAO, Rome, 2002

Jacques Diouf avec Son Excellence Monsieur R. T. Erdogan, Premier ministre de la République turque, à l'occasion de la remise de la médaille Agricola, Ankara, Turquie, 2007

Jacques Diouf, photo de groupe avec des Chefs d'État, à l'occasion du Sommet du G8, L'Aquila, Italie, 2009

Jacques Diouf avec Son Excellence Monsieur Obama, Président des Etats-Unis, à l'occasion du Sommet du G8, L'Aquila, Italie, 2009

Jacques Diouf avec le président Fidel Castro en 1995

L'HARMATTAN, ITALIA
Via Degli Artisti 15; 10124 Torino

L'HARMATTAN HONGRIE
Könyvesbolt ; Kossuth L. u. 14-16
1053 Budapest

L'HARMATTAN BURKINA FASO
Rue 15.167 Route du Pô Patte d'oie
12 BP 226 Ouagadougou 12
(00226) 76 59 79 86

ESPACE L'HARMATTAN KINSHASA
Faculté des Sciences sociales,
politiques et administratives
BP243, KIN XI
Université de Kinshasa

L'HARMATTAN CONGO
67, av. E. P. Lumumba
Bât. – Congo Pharmacie (Bib. Nat.)
BP2874 Brazzaville
harmattan.congo@yahoo.fr

L'HARMATTAN GUINÉE
Almamya Rue KA 028, en face du restaurant Le Cèdre
OKB agency BP 3470 Conakry
(00224) 60 20 85 08
harmattanguinee@yahoo.fr

L'HARMATTAN CÔTE D'IVOIRE
M. Etien N'dah Ahmon
Résidence Karl / cité des arts
Abidjan-Cocody 03 BP 1588 Abidjan 03
(00225) 05 77 87 31

L'HARMATTAN MAURITANIE
Espace El Kettab du livre francophone
N° 472 avenue du Palais des Congrès
BP 316 Nouakchott
(00222) 63 25 980

L'HARMATTAN CAMEROUN
BP 11486
Face à la SNI, immeuble Don Bosco
Yaoundé
(00237) 99 76 61 66
harmattancam@yahoo.fr

L'HARMATTAN SÉNÉGAL
« Villa Rose », rue de Diourbel X G, Point E
BP 45034 Dakar FANN
(00221) 33 825 98 58 / 77 242 25 08
senharmattan@gmail.com

Achevé d'imprimer par Corlet Numérique - 14110 Condé-sur-Noireau
N° d'Imprimeur : 94024 - Dépôt légal : janvier 2013 - *Imprimé en France*

www.ingramcontent.com/pod-product-compliance
Lightning Source LLC
LaVergne TN
LVHW011449061026
849535LV00004BA/1013